## 权威·前沿·原创

皮书系列为
"十二五""十三五""十四五"时期国家重点出版物出版专项规划项目

BLUE BOOK

智库成果出版与传播平台

浦东新区蓝皮书
BLUE BOOK OF PUDONG NEW AREA

# 上海浦东社会治理发展报告（2023）

ANNUAL REPORT ON SOCIAL GOVERNANCE DEVELOPMENT
OF PUDONG NEW AREA (2023)

主　编／韩志明　张武君　庄新军

社会科学文献出版社
SOCIAL SCIENCES ACADEMIC PRESS (CHINA)

图书在版编目(CIP)数据

上海浦东社会治理发展报告.2023/韩志明,张武君,庄新军主编.--北京:社会科学文献出版社,2023.1
（浦东新区蓝皮书）
ISBN 978-7-5228-1270-0

Ⅰ.①上… Ⅱ.①韩…②张…③庄… Ⅲ.①社会管理-研究报告-浦东新区-2023 Ⅳ.①D675.13

中国版本图书馆 CIP 数据核字(2022)第 242108 号

浦东新区蓝皮书
## 上海浦东社会治理发展报告（2023）

主　　编 / 韩志明　张武君　庄新军

出　版　人 / 王利民
组稿编辑 / 邓泳红
责任编辑 / 王　展
责任印制 / 王京美

出　　版 / 社会科学文献出版社·皮书出版分社（010）59367127
　　　　　 地址：北京市北三环中路甲 29 号院华龙大厦　邮编：100029
　　　　　 网址：www.ssap.com.cn

发　　行 / 社会科学文献出版社（010）59367028
印　　装 / 天津千鹤文化传播有限公司

规　　格 / 开　本：787mm×1092mm　1/16
　　　　　 印　张：18.25　字　数：273 千字
版　　次 / 2023 年 1 月第 1 版　2023 年 1 月第 1 次印刷
书　　号 / ISBN 978-7-5228-1270-0
定　　价 / 158.00 元

读者服务电话：4008918866

▲ 版权所有 翻印必究

# 《上海浦东社会治理发展报告（2023）》编委会

主　任　彭琼林　陈高宏

副主任　邢　炜　王高安

主　编　韩志明　张武君　庄新军

统　筹　王奎明

编委会　（以姓氏笔画为序）
　　　　丁　倩　王奎明　付建军　庄新军　刘子扬
　　　　刘羽晞　李春生　杨　旸　余敏江　张　冉
　　　　张　波　张　辉　张武君　张继宏　张雯琪
　　　　郑智鑫　赵　蕾　顾燕峰　徐全勇　高恩新
　　　　康红英　韩志明　魏程琳

# 主要编撰者简介

**韩志明**　上海交通大学国际与公共事务学院、中国城市治理研究院教授，博士生导师，国家社科基金重大项目首席专家，中国行政管理学会青年理事，中国青年政治学会理事，澎湃特约评论员。主要研究领域为国家治理、城市治理和社区治理。历年来主持国家级和省部级项目20余项，先后出版专著或编著6部，在《政治学研究》和《中国行政管理》等报纸杂志上发表文章190余篇，40余篇被《新华文摘》、《中国社会科学文摘》和人大复印报刊资料等杂志全文转载。

**张武君**　中共浦东新区委员会党校校务委员会委员、浦东新区委员会党校副校长，浦东新区行政学院副院长。

**庄新军**　中国共产党上海市浦东新区地区工作委员会副书记。

# 摘　要

在30余年的辉煌发展历程中，浦东新区在产城融合方面先行先试、深入探索，先后经历了产城割裂、产城混合以及产城融合三个发展阶段。作为首个国家级新区，浦东自建设初期就充分发挥区位优势，着力实现产业的快速集聚和规模扩张。依靠政策的战略性规划和科学指引，浦东新区秉承产城共荣与协同发展的理念，推行了产业发展与社会服务互相融合、顶层设计与基层创新互相统筹、价值引领与技术补充互相联动的全方位改革举措，促进了经济、社会、文化、生态等城市各个子系统的统筹平衡，初步构建了多元主体融合共治的现代化城市治理格局，取得了令人瞩目的发展成果，形成了大量值得推广复制的经验，成为产城融合领域的重要标杆。

面临复杂多变的形势，浦东各方面工作都坚持稳中求进的总基调，区域发展呈现新面貌。特色产业园区接连涌现，现代化国际社区日益完善，数字赋能社会治理提质增效，党建引领价值更加凸显，基层治理动能不断激活，"复合共治"模式逐步成形，经济发展与社会治理实现有机互嵌，公共服务水平显著提升……作为创新发展的先行者，浦东跑出了产城融合高质量发展的加速度，满足了浦东人民对于美好生活的殷切期待，探索出一条与产业高质量发展相适应的社会治理新道路。

浦东的产城融合发展战略在多个领域取得了累累硕果。在产业集聚引领方面，浦东多措并举引导集成电路、生物医药、人工智能等高端产业规模倍增。在基础设施建设方面，浦东在产业引领的基础上，致力于提升城市公共服务、资源配置、生态居住、休闲娱乐等功能。在增进开放合作方面，浦东成立了央地融合区域化党建联盟，全面促进全方位、宽领域、多层面的对话交流，实现了阵地、空间的延展融合。在融合共治方面，浦东着力提升治理体系与治理能力的现代化建设水平，打造共建共治共享的产城融合共治新格局。站在新的历史起点上，浦东新区正全力以赴优化营商环境，加速动能转换，赋能经济发展，提升治理绩效，力求成为城市治理能力和治理成效的全球典范。

**关键词：** 产城融合　城市治理　高质量发展　浦东新区

# 目 录

## Ⅰ 总报告

**B.1** 融合共治：浦东产城融合发展的经验与启示
　　………………………… 韩志明　赵　蕾　李春生 / 001
　一　浦东产城关系演进的历史梳理 ……………………… / 002
　二　浦东产城融合演进中的举措与成效 ………………… / 010
　三　浦东产城融合进程中的难题和挑战 ………………… / 020
　四　推进浦东产城融合共治的路径与方法 ……………… / 027

## Ⅱ 五大板块画像

**B.2** 复合共治：陆家嘴街道探索党建引领基层治理新模式 …… 余敏江 / 037
**B.3** 经社互嵌：浦东外高桥片区产城融合中的社会治理
　　及其发展道路 ………………………… 张　冉　王利君 / 059
**B.4** 由园变城：张江科学城发展中的社会治理之路 ………… 张继宏 / 081
**B.5** 统筹治理：经济开发区产城融合发展的长时段考察
　　——以金桥经济技术开发区为例 ……………………… 高恩新 / 098
**B.6** 制度创新：临港产城融合中的社会治理及其发展道路 …… 付建军 / 115

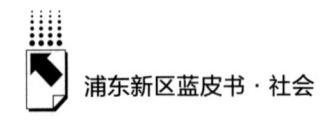

## Ⅲ 特色案例素描

B.7 引产入城：新场镇助推世界级生物医药产业集群发展 …… 顾燕峰 / 136

B.8 走向善治：党建引领商务楼宇治理的探索与展望
　　——以上海浦东陆家嘴金融城为例 …………………… 丁　倩 / 153

B.9 央企融入：党建引领世博地区"央地融合"的实践 …… 郑智鑫 / 170

B.10 刚柔并济：合庆镇推动流动人口治理新实践
　　…………………………………………………… 张　波　王　幽 / 194

B.11 汇治联盟：打通前滩社会治理经络 ………………… 王奎明 / 208

B.12 创新+科技：临港新片区高质量社会服务体系建设 …… 张雯琪 / 224

B.13 城中村治理：从空间失序迈向规范治理 …………… 魏程琳 / 243

B.14 先破后立：金桥镇探索"类住宅"治理新模式 ……… 刘羽晞 / 260

皮书数据库阅读 **使用指南**

# 总报告
General Report

## B.1
## 融合共治：浦东产城融合发展的经验与启示

韩志明　赵　蕾　李春生*

**摘　要：** 产城融合是工业化和城镇化发展的高阶阶段，也是实现城市治理转型升级的重要战略。产城融合是贯穿浦东开发开放历史的重要主线，大致经历了产城割裂、产城混合和产城融合三个历史阶段，规定了城市经济和社会发展的进程、方向及其内容。围绕产城融合的主线，浦东在产业结构转型升级、营商环境优化、人才制度体系、管理体制改革、公共服务质量、宜居环境、党建引领、基层治理、社会组织发展和数字治理赋能等方面取得了显著成效。未来浦东在产城融合共治进程中还面临着顶层设计、空间布局、产业结构要素、人才服务体系、公共服务配套、基础设施建设、综合交通体系、文化服务、基层治理、人文关怀等诸多层

---

\* 韩志明，上海交通大学中国城市治理研究院、国际与公共事务学院教授，博士生导师，主要研究方向为国家治理、城市治理和基层治理；赵蕾，华东政法大学政府管理学院副教授，主要研究方向为城市治理、基层治理；李春生，上海交通大学国际与公共事务学院博士研究生。

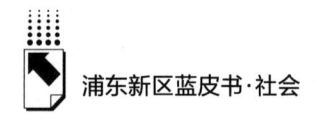

面的短板与挑战。需要进一步高位统筹产城融合的顶层设计，适时推进城市空间规划的系统改革，整体平衡产城融合中的矛盾性诉求，建构适配产城融合共治的管理机制，强化产城融合配套资源的高效供给，实现社会公共服务的持续提质增效，大力改善优化城乡居民的宜居环境，塑造共建共治共享的基层治理格局，夯实产城融合共治的数字治理系统，全面提升人民群众的获得感和幸福感。

**关键词：** 产城融合　社会治理　高质量发展　融合共治　浦东

从最初的产业发展试验田，到如今的社会主义现代化建设引领区，浦东因改革开放而生，因国家战略而兴，在服务国家改革开放的大局中持续取得跨越式的发展，在过去阡陌纵横的农田上建成了功能完善、创新要素集聚和产业基础雄厚的现代化新城。产城发展的问题是浦东经济和社会发展的重要主线，贯穿在30余年的辉煌发展历程中。城市是一个有机生命体，是动态复杂的巨型系统，经历了产业发展单兵突进、城市功能严重割裂的粗放式发展，以及政策追补与市场动能催生的无序式探索等阶段性困局之后，城市核心功能与社会治理能力的共向提升，日益成为浦东实现经济社会高质量发展、打造现代城市治理示范样板的核心变量。

## 一　浦东产城关系演进的历史梳理

现代城市的发展是一个渐进持续的过程，在不同阶段会遵循不同的发展逻辑，显现出不同的治理形态。尽管浦东新区在创建伊始就承载了明晰的战略使命，遵循着自我发展和服务全局的双重逻辑，但在宏观发展脉络上依然体现出较为明显的阶段性，即在发展初期主要遵循增长逻辑，凸显出强烈的集聚效应，其后随着基础逐渐厚重，结构更加稳定，则更强调功能逻辑，体现更多的驱动与辐射效应。① 具体而言，根据发展动力、空间关系与功能交互等维度，可以将浦东产城关系的演进历史大致划分为三个发展阶段，即成本主导——"产城割裂"阶段、产业升级——"产城混合"阶段和创新驱动——"产城融合"阶段。

## （一）成本主导——"产城割裂"阶段

一般来说，新城创建之初，为了降低发展成本，快速获取发展优势，产业空间往往独立选址于地价比较低廉的城市外圈，致力于发展劳动密集型以及低附加值的产业，城区的发展动力往往源于廉价的土地、优惠的税收政策或劳动力补贴等低成本优势，因此严格意义上说，这一阶段一般只存在传统的高密度、封闭式的厂房或"开发区"、"产业园区"等，建设方面往往只关注生产功能与需求，忽略生活和生态功能，缺乏生活类设施和服务性要素，不具备城市和社区的基本属性，因此并不存在真正意义上的"城"。正是从这个视角出发，有很多研究者称其为"产城割裂"或"有产无城"阶段。作为首个国家级新区，浦东新区在建设初期也体现出了较为明显的"成本主导"特征，着力发挥成本优势和政策补贴优势，实现产业的快速集聚和规模扩大，"产业引进""招商融资""土地开发""人才引进"等成为这一时期制定政策规划与发展方案的关键词。

获批当年，浦东就隆重发布了开发开放"十条优惠政策"，在全国率先尝试"土地批租、滚动开发"的创新模式，实现了新区"以地集股、以地融资、以地招商、以地抵押的全方位土地批租"②。浦东新区成立前三年，已累计签订外商投资项目 1628 个，协议总投资 64.7 亿美元③；各省区市来浦东投资的"内联企业"项目达 1727 个，投资总额 135.9 亿元；在浦东注

---

① 徐建：《浦东新区打造社会主义现代化建设引领区的全新内涵和推进路径》，《科学发展》2022 年第 1 期。
② 王曼、马晓玥：《浦东开发开放五步走》，《中国贸易报》2022 年 7 月 7 日。
③ 《资金到位　楼房开工　浦东进入功能开发阶段》，《经贸世界》1994 年第 3 期。

册的"内联企业"达3137家,投资总额238.2亿元①。为了迎合产业快速发展的现实需求,浦东固定资产投资一路上扬,1990~1997年的8年间,年均增速约为50%,最高年增速达到83%②。聚焦跨江交通的"东西联动工程"启动,南浦大桥、杨浦大桥、奉浦大桥、徐浦大桥相继开通,连接跨江大桥的内环线浦东段以及相连的罗山路、龙阳路两座大型立交桥投入使用;2000年,第一条跨江地铁(2号线)开通运营。借助"东西联动工程",浦东不仅为浦西人口疏散和传统工业东迁提供了战略空间,也实现了浦江两岸以及区内各片区之间在物理空间上的有效联通,优化了上海的产业布局,有效推进了浦东城乡一体化的进程。

快速的产业聚集导致尚未开启城镇化进程的浦东陷入了有产无城、有产无人的窘境。为了迅速转变这一局面,浦东通过优惠政策引导、行政审批权下放等多元化手段,做到开放门户、广纳贤能、唯才是用。凡是符合标准的优秀人才和紧缺人才,都不受户籍限制,想方设法引进,旨在迅速缓解新区产业发展与人才供给严重失衡的状态。浦东相继成立了区人才交流中心、劳务管理中心和多个人才市场,分别关注不同层次和职业类别的劳动力需求与服务;建立了多个人才信息库和浦东人才信息管理系统,为新区多元化的人力资源配置需求与合理流动提供平台保障。经过政策引导和规划调整,浦东人才发展状况大为改观③,截至1995年底,已引进人才超2万人,其中不乏大量"高层次、高资历、高学历"的高级人才④。人才聚集优势效应初步显现,弥合了产业快速发展的巨大缺口,同时也将基本生活与公共服务的严重缺失凸显出来,城市功能无从谈起,职住分离现象十分普遍。

这一阶段浦东发展的基本逻辑是,在政府的积极主导下,与我国整体经济发展战略对接,以政策因素作为产业集聚和区域发展的初始动力,借助空

---

① 数据来源:《上海浦东新区统计年鉴(1994)》,中国统计出版社,1995。
② 谢广靖:《国家级新区发展的再认识》,《城市规划》2016年第5期。
③ 数据显示,浦东新区开发之初,常住人口中,大学生比例仅为3%,万名人口中专业技术人员仅有472人。参见陈建《加快人才资源开发 服务浦东经济建设——在改革开放二十年上海人事工作回顾座谈会上的发言》,《人才开发》1999年第1期。
④ 周林法:《浦东召唤高级人才》,《人才开发》1996年第5期。

间优势和政策红利,大量引入技术、资金和人才,形成产业集群和规模效应,构建起外部成本优势,逐步形成高"外向度"的区域功能体系。空间的联通与人口的涌入使浦东初步具备了"城"的形式,但包括基础设施、公共交通、基本生活需求和医疗卫生、教育文化、住房养老等基本公共服务在内的"内向度"城区功能,由于缺乏足够的政策关注和市场动力,出现严重的发展滞后和功能缺位。浦东新区人均公共服务资源处于上海各区末位水平,社会治理局限于基本的交通秩序维护、外来人口户籍管理、农村郊区动迁改建等方面,具有明显的被动式监管与应付的特点。除跨区交通因与浦西传统工业东迁工程直接关联,借由东西联动工程实现明显改善之外,浦东的其他城区功能与公共服务都主要依靠外部(相邻成熟城区)的输入和支持,呈现非常典型的"产城割裂"特征。

## (二)产业升级——"产城混合"阶段

进入 21 世纪,随着中国加入 WTO,浦东原有的政策优势日益式微,迎来了充满挑战的"二次创业"。这一阶段,浦东产业结构实现持续快速升级,大批高新技术类、高端制造类以及新能源类研究机构和产业项目落户新区,年均专利申请总量、高新技术企业认定数量和高新技术产业总产值等稳居全市前列。包括金融服务、物流服务和航运服务等在内的一系列现代服务业发展迅速,优势明显。地区生产总值稳居上海之首,到 2010 年已经突破 4500 亿元[①]。郊区经济和城镇化实现快速发展,近郊的人口导入与承接功能、远郊的生产制造中心及生态保护功能逐步形成,初步奠定了浦东多中心的现代化城市发展模式。面对日益凸显的城乡二元结构在经济形态、生产方式和发展能力等方面的矛盾,浦东遵循"三个集中"战略思想,按照"农田向规模经营的大户和农场集中、产业向园区集中、农民居住向城镇集中"的发展思路,逐步实现了产业、土地、人口、资源、技术等发展要素的优化

---

① 《上海浦东新区统计年鉴(2016)》,中国统计出版社,2017。

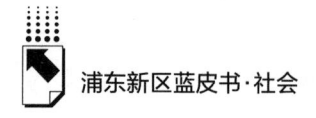

配置①，以布局合理、分工协作、结构完善的产业空间，弥补产城发展的功能错位。

高速的产业聚集与发展催生了大量的就业机会，也带来了巨大的宜居需求和供给缺口，激发了持续的市场动能。这一时期，房屋地产、餐饮购物、休闲娱乐、民营教育与医疗照护等行业的大量民间资本涌入浦东。至2006年1月，浦东第三产业增加值占全区生产总值首次超过50%②。然而这一比重不仅低于全市平均水平，也远低于北京、广州、深圳等国内一线城市。此外，尽管教育培训与医疗卫生的民营资本与机构在政策引导下大幅增加，但浦东整体的医疗和教育资源依然处于严重的紧缺状态，几乎所有的二级（含）以上医院和公立教育机构都处于超负荷状态，人均公共服务资源依然在全市处于末端水平。浦东在基本生活需求、交通住房、医疗教育和基础设施等基本公共服务层面，迫切需要改变对外部（相邻成熟城区）支持的过度依赖。发展初期形成的"产城割裂"矛盾进一步放大，倒逼政府在社会治理与公共服务等领域推进规划调整与适应性改革，补齐城市功能的短板，推进产城功能的匹配发展。

这一阶段，浦东以民生改善、就业服务和社会保障为重点的建设投入逐年增加，各项社会事业全面推进：①针对不断膨胀的人口涌入与宜居需求，大型社区、经济适用住房和安置动迁住房等建设项目和工作全面提速；②东方艺术中心、浦东展览馆等重大功能性文化设施投入使用，竭力满足人民群众的文化需求；③教育投入持续加大，教育改革稳步推进，公用经费、学校数量和教学质量都实现极大提升，浦东教育资源的吸引力逐渐显现；④巩固"万人就业项目"，积极建设创业园区，落实开业贷款担保贴息、自主创业一次性补贴等扶持政策，完善社会保障体系；⑤新区城郊卫生体制二元并轨稳定推进，医疗资源大幅度增长；⑥基础设施投资增速恢复至较高水平，截至"十一五"规划结束，浦东共开通9条地铁线路，其中包括8条跨江线

---

① 袁以星：《"三个集中"的提出和沪郊城市化进程》，《上海农村经济》2016年第3期。
② 《浦东新区第三产业增加值比重上升　首次达到50.3%》，《解放日报》2006年3月1日。

路。新区政府在民生发展与社会服务方面的政策,有效推动了城市公共服务功能、社会保障功能和宜居宜业功能的快速改善,产城功能的匹配与融合水平迅速提升。

2005年,国务院批准浦东在全国率先进行综合配套改革试点,要求浦东在完善社会主义市场经济体制、政府职能转变、推进城乡一体化发展等方面先行先试。2009年,为助力上海建设国际金融中心和国际航运中心的战略目标,南汇区并入浦东新区,新区发展因此获得了更加广阔的资源整合空间和产业聚合空间。同时以世博会筹备为契机,浦东积极抓好生产力布局和城市功能布局,着眼于打造功能复合的城市综合体,进一步加快城乡基础设施建设和环境综合整治,不断提升城市的核心功能,补齐城市宜居短板,公共服务能力显著提高。经过十余年高强度的基础设施建设、基本公共服务完善以及持续积极的政策引导,浦东迅速转变了发展初期的产城割裂状态,构建起辐射周边、联通全球的物流和网络通道,实现从产业新区到综合配套改革试验区的华丽转身,城市辐射与引领功能日益强化。与此同时,浦东在上海乃至全国发展全局中的战略角色也日益明晰,这也对其产城匹配水平与融合程度提出了更高的要求。

### (三)创新驱动——"产城融合"阶段

"十一五"时期末,我国进入工业化和城镇化"双轮驱动"的快速发展阶段。产城融合的理念正是在这一时代背景下,为了应对我国快速城镇化中出现的"产城分离"的现实问题,即内部产业发展与城市建设匹配的不协调现象[①]而提出的。其强调的是城市发展理念从功能主义向人本主义回归[②],是"产""城""人"等多个子系统之间,在空间配置、发展水平与功能辐射等方面的有机融合与相互协同,是优化产业集群结构、提升城市核心功能、实现经济和社会高质量发展的必然选择。上海在"十二五"规划中明

---

① 刘荣增、王淑华:《城市新区的产城融合》,《城市问题》2013年第6期。
② 李文彬、陈浩:《产城融合内涵解析与规划建议》,《城市规划学刊》2012年第1期。

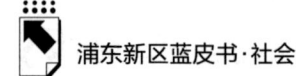

确提出，上海已进入转型发展的新阶段，中心城区及拓展区要增强城市综合服务功能，郊区推进城镇化和工业化，重点推进建设特色鲜明、功能完善、产城融合的新城。新区政府也明确将"坚持统筹协调，积极推进城乡一体、产城融合"作为加快转变经济发展方式的指导思想之一，并围绕产业转型发展和综合城市功能提升提出了产业转型提升战略、和谐发展战略、生态优先战略、区域协调战略、空间优化战略和文化发展策略六大发展战略。①

"十二五"期间，浦东经济发展质量效益不断提升，出台了产业结构调整实施意见和资金管理办法，制定了产业结构调整三年行动计划。"十三五"期间，浦东经济综合实力跃上新台阶，国际经济、金融、贸易、航运中心核心区和具有全球影响力的科创中心核心区框架基本建成，经济密度持续提升，地区经济总量于2018年首次突破万亿元，人均GDP也迈过2万美元门槛②。首个自贸试验区以及后续临港新片区的获批，标志着浦东率先从"要素型开放"向"制度型开放"跃升；而"全球科技创新中心核心承载区"的定位，更意味着浦东发展动能的深刻转变。在金融产业领域内，已形成持牌金融机构、新兴金融机构和金融专业服务机构共同发展的金融机构体系，2021年浦东金融业增加值达到7973亿元，占当年全市GDP比重为18.5%，这一占比已接近美国纽约③。与此同时，负面清单、国际贸易单一窗口、自由贸易账户、科创板、大科学装置、国家实验室等制度创新和平台创设，已经实现了相对于传统的优惠政策倾斜和片区开发模式的本质化升级④。

这一阶段，浦东城市功能建设全面推进，区内市属、区属三级医院已达

---

① 许健、刘璇：《推动产城融合，促进城市转型发展——以浦东新区总体规划修编为例》，《上海城市规划》2012年第1期。
② 浦东新区发改委：《浦东交出"十三五"经济民生高分答卷》，浦东发布，2020年10月22日。
③ 数据来源：《上海浦东新区统计年鉴（2021）》，中国统计出版社，2022。
④ 许健、刘璇：《推动产城融合，促进城市转型发展——以浦东新区总体规划修编为例》，《上海城市规划》2012年第1期。

15家，各级各类医疗机构超过1200家，开放床位数超过2.46万张①，公共医疗服务水平持续提升，基本医疗服务圈得以初步建成；学区化集团化办学和"新优质学校"创建试点项目工作持续深入，就业和保障工作平稳有序；城市管理水平不断提高，初步建成了城市网格化综合管理信息平台，实现了基层治理网格化综合管理与联勤联动的有效融合；"家门口"服务体系全面推广，重点区域"15分钟服务圈"基本形成，"美丽庭院"和"美丽街区"等项目建设成效显著，"浦江东岸生活秀带"项目基本贯通，生态环境得到进一步改善；综合交通体系建设稳步推进，越江通道已达19条，骨干路网体系基本建成，公交线网规模超过2000公里，公交站点300米覆盖率达75%，区内轨交线路达14条，运营里程超过全市1/3，91%的轨交车站出入口百米范围内设有配套公交站点，浦东人民出行品质明显跃升，有力支撑了新区经济社会的快速发展②。

从产城关系演进的历史视角来分析，不同于上一阶段产城功能的应对式探索和无序混合，这一阶段浦东更多的是依赖政策的战略性规划和有序引导，将经济、社会、文化、生态等城市各个子系统进行统筹平衡，实现城市治理与产业发展在空间和功能上的深度融合，进而探索实现高质量发展、打造现代化治理样板城市的有效路径。2021年，《浦东新区人民代表大会常务委员会关于率先构建经济治理、社会治理、城市治理统筹推进和有机衔接的治理体系的决定》出台，深刻分析"十四五"时期浦东产业发展、城市治理和社会发展面临的新要求、新趋势、新挑战，以高效回应人民群众的需求为发展主线，以提升人民群众的获得感与幸福感为改革目标，着力构建经济治理、社会治理、城市治理统筹推进和有机衔接的治理体系，持续提升超大城市治理能力和现代化水平，着力打造产业繁荣、宜居共享、共融共治的人民城市。

---

① 王延：《浦东：15分钟服务圈更便利，社会治理更智能，美好生活全面升级　而立浦东再出发》，浦东发布，2020年11月11日。
② 《到2025年浦东将打造"102030"综合交通出行网络，你期待吗？》，《上观》2022年2月26日。

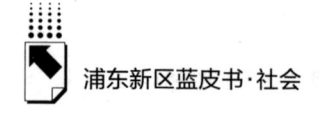

党的十八大以来,中国经济发展步入新常态,国家大力推进供给侧结构性改革;党的十九大则明确提出"我国经济已由高速增长阶段转向高质量发展阶段","我国社会主要矛盾转变为人民日益增长的美好生活需要和不平衡不充分的发展之间的矛盾"。2020年以来,中央先后出台《关于支持国家级新区深化改革创新 加快推动高质量发展的指导意见》、《关于支持浦东新区高水平改革开放 打造社会主义现代化建设引领区的意见》(以下简称《引领区意见》)等发展战略,"十四五"规划和二十大报告都将"实现高质量发展"作为全面发展的核心主题。在上述战略引导与时代背景下,浦东肩负"更高水平改革开放的开路先锋"、"全面建设社会主义现代化国家的排头兵"、"彰显'四个自信'的实践范例"和"社会主义现代化建设引领区"等重大历史使命,将以产城共荣与深度融合为发展抓手,不断探索超大城市治理现代化的新模式和实现经济社会高质量发展的新策略。

## 二 浦东产城融合演进中的举措与成效

现代化的城市治理模式是突破经济发展瓶颈、实现产城融合的关键。只有水平同步、功能匹配的城市载体,才能为产业发展提供持续动能与活力;产业繁荣的成果与资源,也只有反哺承载它的城市与人民,才能真正实现其发展价值。浦东新区政府秉持产城共荣与协同发展的理念,推行了产业发展与社会服务互相融合、顶层设计与基层创新互相统筹、价值引领与技术补充互相联动的全方位改革举措,成功弥合了产城发展过程中产生的历史性矛盾与错位,初步形成了多元主体融合共治的现代化城市治理格局。

### (一)产业结构逐步转型升级

作为上海战略性新兴产业和高新技术产业发展的主导区,新区规划始终表现出对产业发展规律的充分尊重。自成立伊始,浦东即精准定位高端产业发展,有计划地推动外商投资产业由劳动密集型产业向技术密集型和资本密集型产业扩展,确保在资源配置上有计划地向高端产业持续倾斜,为后续打造产业集群优势、实现产业转型升级奠定良好基础。经过30多年的稳步推进，新区内已陆续建成多个优势聚集、势能互补的高新产业片区，如张江片区、外高桥片区、金桥片区、临港片区等，确保有限的发展空间和资源有规划地向高端支柱性产业流动和聚集。如今浦东产业结构日益优化，转型升级优势明显，基本形成了以现代服务业为主体、战略性新兴产业为引领、先进制造业为支撑的现代产业体系，在部分领域形成了具有一定国际竞争力的产业集群。其中，金融业和高新技术产业等已成为浦东最具标志性的支柱产业。

今天的浦东是全球金融机构最密集、金融要素市场最完备和交易最活跃的地区之一，已形成完整成熟的金融机构和服务体系；聚集了全上海超过40%的高新技术企业，囊括新一代信息技术、智能制造装备、生物医药与高端医疗器械、航空航天等战略性新兴产业或世界级"硬核"产业，并已形成了包括双创团队、在孵企业、高新技术企业、专精特新企业、企业研发机构、小巨人（培育）企业、上市企业等在内的完整的企业成长链，在经济全球化中成为科技、人才、资金、信息等创新资源高度聚合的重要节点。从全国首个综合配套改革试点地区，到中国（上海）自由贸易试验区，再到"五个中心"和社会主义现代化建设引领区，浦东不仅成功挖掘出产业发展的核心驱动力，走出一条产业升级转型和经济能级持续提升的高质量发展之路，更在改革实践中探索出大量可复制的制度性成果，实现了区域内的产业升级和区域外的辐射带动，成为上海乃至长三角地区的重要增长极和高质量发展典范。

## （二）营商环境持续优化改善

浦东是上海"五个中心"建设的核心承载区，先行先试的示范效应突出体现为市场服务与营商环境的优化改善。多年来，浦东以"放管服"改革为主线，着力打造具有国际竞争力的一流营商环境，建立健全由区级统一牵头、片区管理局统筹带动、街镇协同推动的安商稳商和企业服务工作机制，着力构建全区"一盘棋"的经济工作格局。从"四个集中一次办成"

改革组合拳,到2019年自贸区"二十条"、2020年"新十条"和《2021年浦东新区优化营商环境工作要点》,浦东聚焦提升企业开业便利度、降低企业制度性成本、维护公平市场环境、支持新经济新业态发展等方面,不断转变政府职能、优化审批流程、提高服务效率,激发市场主体活力,助力企业升级发展,其中大部分措施在全市领先,多条举措系国内首创,多项改革试点经验在全国各地分层次分领域复制推广,充分发挥示范引领和辐射作用。

自贸区在全市率先实施企业服务"一网通办",在涉企审批事项全覆盖的基础上,实现100%全程网上办理;在线下,实现了涉企事项"单窗通办"全覆盖,窗口压缩率达到57.5%[1],大幅提高通关效率,减轻企业负担,实现了"让数据多跑路,让企业少跑腿儿";率先推进"证照分离"改革,有效降低企业制度性交易成本,进一步破解"准入不准营"问题[2];对标国际高标准经贸规则,率先在自贸区建立了以准入前国民待遇和负面清单管理为核心的外商投资管理制度、以贸易便利化为重点的贸易监管制度、以政府职能转变为核心的事中事后监管制度、以金融开放服务实体经济为目标的金融创新制度,实现了外资准入制度从审批到备案的历史性转变,着力为浦东产业发展构建开放型经济服务体系。在世界银行每年发布的营商环境报告中,我国于2018年首次进入世界前50名,2020年已跃升至全球第31位,这其中先试先行的浦东不仅做出了巨大贡献,也为持续提升区域核心竞争力和城市能级再添新引擎。

### (三)人才制度体系日益完善

从当年的"800壮士"到如今集聚数百万名来自各行业领域的优秀人才,浦东始终将人才视为"第一资源",以不断厚植的人才土壤、日益完善的人才服务和持续升级的安居新政,吸引了大量海内外人才来到浦东投资创业、安居扎根。创建初期,新区政府一方面通过产业调整与政策引导,大力

---

[1] 《从跑N次到跑一次再到"全程网办""一网通办"在上海自贸区跑出"极速"》,《解放日报》2019年3月18日。
[2] 钱智:《浦东开发开放三十周年评估与建议》,《科学发展》2020年第10期。

发展第三产业，以产业结构优化促进白领阶层快速成长，弱化就业市场的性别偏好，逐步解决了发展初期外来人口性别严重失衡问题，形成相对稳定均衡的人口结构。同时加速完善外来人口管理和服务制度，率先试点居住证与户籍衔接机制和多样化"安居工程"，为新区产业聚集与高速发展提供有层次、梯度化、全方位的人才保证。近年来，浦东先后出台了人才"14条"、海外人才"9条"、人才发展"35条"等一系列人才新政，逐步构建起具有全球竞争力的现代化人才制度体系。

在人才引进许可方面，浦东不断完善国内应届毕业生和高层次人才引进机制，率先试点海外人才创业许可、永居推荐、技术入股等改革举措。在人才引进落户方面，浦东率先试点城市户籍审批权、"居转户"优惠政策等，优化人力资源机构审批制度，为人才落户提供更为积极灵活的政策支持。在人才服务方面，浦东设立全国首个海外人才局，创建上海浦东国际人才港，通过全过程的创新孵化体系、全链条的科技公共服务体系、全覆盖的科技投融资体系、全方位的知识产权保护体系，打造高能级、专业化的人才服务综合体系和人力资源配置枢纽。在人才居住与生活配套方面，浦东不断升级和优化人才安居新政，既关注国际人才公寓和国际社区的建设与完善，又不断尝试乡村人才公寓（张江）等多梯度人才安居模式探索。筑巢才能引凤，安居方能乐业。浦东凭借全面、系统、集成的人才制度体系，全方位优化人才发展综合环境，成功打造具有区域和国际竞争力的人才高地，同时也为海内外人才到浦东创新创业、宜居安居提供坚实的政策支撑和制度保障。

## （四）社会管理体制深化改革

面对区域经济能级的持续提升和日益凸显的产城功能错位，新区政府从顶层设计入手，不断探索社会管理体制改革与机制创新，为产城发展的匹配融合搭建体制化平台。21世纪初，浦东在全区范围内推进"撤乡并镇"，为新区逐步厘清了快速城市化进程中基层社区、产业园区和城乡接合区域的有效治理模式。随着社会治理与基层创新改革进入深化阶段，2014年上海市政府提出"1+6"改革一揽子方案，聚焦于"完善基层社会治理体系，提高基层社会治理能力，为城市治理体系和治理能力现代化奠定坚实基础，为上海顺利实现'四个中心'和社会主义现代化国际大都市建设目标提供坚实保障"。浦东率先践行改革路线，以"减负、增能、赋权"为改革思路，以街道管理体制改革为抓手，制定了"统筹核心发展权、下沉区域管理权"的总体方案，将新区社会管理体制的深化改革推向了新的发展阶段。

针对浦东"大区、大镇、大街道"特点，首创"镇管社区"模式，通过基层机构精简、镇级机构灵活设置以及"两个自下而上"机制创建等改革举措，街镇获得了前所未有的域内综合管理权、规划参与权和重大事项的建议权等，有效激活了基层治理活力。2015年，张江在全国率先启动"镇管联动"改革试点，让开发区管委会专注于经济发展，园区社会管理职能则回归到镇政府手中，有效突破了园区和镇区"剪不断、理还乱"的管理困境。在此基础之上，浦东逐步明确了加强党的建设、统筹社区发展、组织公共服务、实施综合管理、动员社会参与、指导基层自治、维护社区平安等街道管理基本职能，使其从传统的"招商引资"指标牵扯中完全剥离出来，公共服务和公共管理功能得以回归和不断强化。在浦东街镇管理体制的改革创新过程中，产业升级与经济增长的丰硕成果，经由高效的体制化管理与制度化渠道，有效反哺承载其繁荣发展的"城"与"人"，为产与城的融合发展找到了破冰之路。

### （五）公共服务质量持续提升

公共服务质量是城市宜居和现代化水平的重要标准。为了切实解决发展过程中出现的"宜产不宜居"等产城割裂问题，浦东在城市各项基本公共服务质量提升与均等配给方面，进行了多角度、多层面的积极探索，逐渐开辟出一条系统集成化的创新改革路径。2017年，浦东首创"家门口"服务体系，逐步推进试点和推广，将基本公共服务进行打包整合，配给到"15分钟服务圈"，持续提高公共服务的品质。经由"三个一批"，即通过盘活存量增加一批、通过社区服务站补缺一批、通过规划完善建设一批，为社区基本公共服务体系建设提供资源统筹的强大合力。同时在全市率先发布实施

《社会事业"15分钟服务圈"建设指南》(2019)等基本公共服务区级标准,建立完善全区统一的集公开、共享、查询于一体的"1+6"资源配置标准体系框架和信息数据库,为社区基本公共服务体系建设提供标准化和规范化的制度保障。

经过多年的探索实践,浦东已基本实现居村服务事项"四站一室"(即党群服务站、市民事项受理服务站、文化服务站、联勤联动服务站和村卫生室)全覆盖,推动各项公共服务下沉到村居委;全面完成教育、卫生、养老、文化、体育5个领域21项基本公共服务设施布局任务,522个基本公共服务设施缺配项全面消除;打造了"浦老惠"养老服务平台、"张江镇申佳综合为老服务中心"、"15分钟生活圈"等一系列可复制、可推广的浦东模式。目前,新区政府在全面完成社会事业"15分钟服务圈"三年行动计划的同时,已于2022年全面启动提质增效三年行动计划。随着公共服务质量的不断提升和城市软环境的持续优化,浦东切实解决了发展过程中存在的"有产无城"、"产强城弱"和"宜产不宜居"等问题,通过为人民提供全面优质的公共服务,打造宜居宜产、融合共生的现代化城区,逐步实现了从产业新城向人民之城、融合之城的华丽蜕变。

(六)区域宜居环境日趋优化

围绕交通网络、社会治安、生态环境和城市更新等区域发展环境的"硬指标",浦东推进了一系列改革探索,为"人"打造更具吸引力的宜居宜业型城区,为"产"开辟更具优势性的发展空间。目前,浦东现代化综合交通网络日渐成形,轨道交通发展实现加速度,在全市轨道交通运营网络中,浦东域内运营里程超过1/3,并基本形成以地铁云、高速数据通信网以及大数据平台为核心的全网数字化基础设施。"10、20、30"便捷交通网络规划(即10分钟内可由重点区域及街镇中心进入高/快速路;20分钟内区行政中心、重点区域、城市副中心互达并可达越江通道;30分钟内各镇中心可达越江通道或主要交通枢纽)已经进入实质化建设阶段。社会治安管理和防控体系建设亮点纷呈,强化"动态隐患清零"的风险防控体系、"情指勤舆援"融合作战的应急处置体系、城市大脑综合管理体系等,通过"管执分离"、"专综结合"、"非现场执法"、"一网通管"和"全域联动"等多项举措,打造社会治安管理领域的浦东样本。

生态与城市环境进一步优化,不断提高林地覆盖率,持续推动新建公园及公园围墙拆除工作,加快建设和启用更多绿地林地、休闲步道、景观小品等与人民生活密切相关的实事工程,全面提升环境品质,打造缤纷社区,让浦东人民能够"开窗见绿色、漫步进公园、四季闻花香",切实享受浦东的生态宜居之美。城市更新与乡村振兴共融,坚持"拆、建、管、美、用"并举,探索更经济、更具人文关怀的城市更新模式,旧区改造、"城中村"改造、拆违工程全面推进。持续创新乡村振兴模式,将其与生态环境优化、农业科技研发、人才配套服务等工作创造性结合,推出"环东村农业合作基地""乡村人才公寓"等浦东经验,推进农业、农村发展切实融入浦东的产业发展框架之中。随着区域宜居环境的全面优化,浦东在生产、生活、生态等层面的发展魅力与空间吸引力进一步提升,为产城共荣与融合发展提供了更为系统集成的外围保障。

## (七)党建引领价值全面凸显

城市是人民生活的主要空间,也是党建工作的重要阵地。在浦东开发开放的30多年中,超前的市场化与国际化,以及跨越式的产业发展带来的快速城市化,使浦东的经济社会形态产生了深刻变化:规模与特征各异的街镇居村和功能区域、大量涌现的新兴组织与社会群体,形成了新的社会结构与社会特征,给新区的社会管理和党建工作带来了巨大挑战。引导好、凝聚好这些"功能节点",是新时期落实党对经济社会发展主导权和协调力的重要体现,也是浦东实现产城深度融合的重要议题。新区发展初期,党建工作的引领价值更多地体现于宏观经济发展与战略规划领域,随着产城融合发展的日益深入,浦东围绕发展过程中出现的新矛盾和新问题,持续推动基层党组织的角色突破与价值创新。近年来,结合"上海会议"精神,浦东制定出台城市基层党建"20条",积极探索构建"以区域化党建为引领、社区党建为基础、行业党建为特色、非公有制经济和社会组织党建为关键、单位党建为基本"的城市党建新格局①，取得了突破性进展。

以上下联动、左右联通为重点，浦东成功打造了覆盖全区、三级联动的"1（区）+42（街镇、开发区）+N（居村、楼宇）"的党建服务阵地，重点推进新兴领域企业、组织的党建工作，在社会再组织的过程中创新探索行业党建；开发建设"浦东 i 党建"信息平台，打造智慧党建格局，实现全区党组织党员管理互联互通、各级各类党建资源共享共用；全面推行"1+1+X"工作法、"四议两公开"、"三会一代理"等党领导下的基层群众自治机制，自下而上发现问题、收集民意、提取需求，以制度化、规范化为重点，完善城市基层党建工作机制。经过不断探索与创新，浦东打造了陆家嘴楼宇党建、潍坊新村楼宇党建、塘桥街道"三口一视界"、高行镇疫情防控"智理网"等多个城市基层党建引领共建共治的浦东样本，有效破解了传统的"就党建讲党建"的局限，把党建工作与经济发展、社会转型和城市治理等高度融合，形成围绕中心、服务大局、共治共享的城市基层党建新格局。

## （八）基层治理动能深层激活

从30多年前的"矮屋小巷"到如今的现代化都市，不计其数的新上海人、新浦东人在新区安家置业，基层治理在浦东社会治理与经济发展中呈现的时代特色与承载的角色价值也随之发生了颠覆性的改变。尤其是2003年"非典"期间，以社区为依托的属地化管理体现出动员和组织社会的巨大优势，社区等基层组织就明确被纳入城市社会管理体制的实践序列②。新区政府借助创新优势和助推政策，在做强党的领导和深化体制改革的基础上，把更多的力量、服务和管理资源向居村下沉，秉持"部门围绕街镇转、街镇围绕村居转、村居围绕群众转"的工作理念，通过建立事权下沉准许制度、

---

① 《上海市浦东新区：聚焦"五大要素"创新构建城市基层党建新格局》，人民网，2018年10月30日。
② 吴志华、翟桂萍、汪丹：《大都市社区治理研究：以上海为例》，复旦大学出版社，2008。

基层约请制度和推动居村电子台账减负工作等①，不断健全条块联动机制，全面为基层减负增能。持续加强基层队伍建设，通过"班长工程"、"基层社工全岗通"、"三个责任制"和"激励关怀15条"等项目的持续推进，形成常态长效管理机制，不断提升基层社会治理专业化水平和工作能力。

浦东社会治理的经验表明，推进融合共治必须把握城市现代化进程中基层治理的演进规律与价值根本，不断提升基层治理的精细化、精准化水平，把基层社区打造成超大城区治理的基础单元、坚实支撑和稳固底盘，打造成群众安居乐业的社会共同体。通过城市网络化综合管理与大联勤大联动深度融合，将网格化综合管理的范围拓展到社会治安、食品安全、消防安全等领域，浦东初步实现了"一口受理、联动处理"，改变了以往条线工作的"单打一"局面，为新区基层治理的效能提升打开新局面。坚持共建共治共享理念，积极扩大社会参与，通过深化完善居村自治和共商共治机制，不断激发基层治理的内生动力和活力，打造社区治理共同体。经由基层治理持续不断的改革创新，浦东为居住在这里的人们提供了现代化的基层治理水平、高质量的社区服务和人性化的宜居空间，为产城融合与互惠打通了基层渠道，同时也为推进社会治理现代化与经济社会高质量发展夯实了人本根基。

### （九）社会组织发展拾遗补阙

在浦东30多年的改革探索中，社会组织蓬勃发展，成为政府决策与市场活动的有效补充、经济发展与社会运转的沟通纽带，以及产城发展融合的链接，始终是新区创新发展的重要特色。从"十一五"时期开始，浦东每隔五年规划出台一版促进社会组织发展的扶持意见，强化政策引导，培育孵化符合浦东经济社会发展重点领域需求的社会组织，依托财政扶持政策与政府购买服务政策，持续构建浦东社会组织健康有序发展的生态。新一版（"十四五"）扶持意见根据"人民城市"建设理念及《引领区意见》的总

---

① 中共上海市浦东新区委员会：《为探索超大城市社会治理新路贡献"浦东智慧"》，《社会治理》2020年第4期。

体要求，在巩固已有发展成果的基础上，借鉴产业扶持与孵化经验，致力于推动浦东社会组织的专业运作、规范发展和能级提升，构建由公益孵化器、加速器、社会创新示范园组成的"一核多点"的社会组织发展生态链，打造成熟的发展体系，进一步发挥社会组织在经济发展与社会治理中的积极作用。

通过政策引导与助推，浦东不断推动社会组织服务社区、服务行业发展和经济建设的功能复位与价值发挥，主要体现在：进一步推进政府购买服务机制创新，探索制定《浦东新区社会组织承接政府购买服务项目清单》；全面推开行业协会商会与行政机关脱钩改革工作，推动行业协会商会完善以章程为核心的法人治理结构，加强规范内部治理、收费行为、评比表彰活动等，引导社会组织投身浦东经济社会建设；结合建设"五个中心"的经济发展需求，推动行业协会商会规范运营，更好发挥优化营商环境、推动行业自律、协助主管部门事中事后监管的功能。目前，浦东已经基本形成了结构合理、功能完善、竞争有序、诚信自律、充满活力的社会组织发展格局，为进一步实现产城融合式发展、全面提升社会治理能力，储备了更为坚实的社会资源和力量。

### （十）数字治理体系持续赋能

随着数字时代的到来，全面推进城市数字化转型，构筑与数字化经济发展相适应的现代化治理体系与治理能力，已成为推进新型智慧城市建设的关键任务。从早期的电子政务探索到如今的智慧城市建设，浦东准确把握信息技术尤其是数字治理的发展规律，快速扭转智慧城市建设初期产生的政务平台或App无序涌现、建设零散和功能割裂等问题，充分发挥既有智能化建设的聚合效应，依托政务服务"一网通办"和城市管理"一网统管"两张网以及城市大脑的建设，聚焦经济治理、社会治理、城市治理三大治理平台的深化整合，多维度打通了经济、社会和城市治理的"三合一"环节，实现了跨领域、跨层级、跨部门的数据共享。智慧化和智能化手段迅速升级，为企业组织、社会组织和人民群众提供了更加普惠便利、快捷精准的公共服

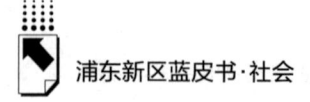

务，推动形成社会多元融合共治的新格局。

2021年以来，浦东持续推进数字化治理体系的迭代升级，探索实现纵向到底、横向到边、全覆盖和无盲区的智能化管理系统，各种自助终端部署到社区、园区和商圈，进一步夯实数字化转型的治理基础，其中特别关注数字化转型衍生的数据安全与隐私保护等问题，将区块链技术应用于智慧政务升级，推出"数据资源链""证照链""电子印章链""时间银行链"等项目，确保公共数据安全，持续优化社会治理手段与营商环境。"十四五"期间，浦东将进一步聚焦经济、生活、治理数字化三大领域，围绕营商环境、民生保障、工程建设、公共安全和基层治理等重点工作，拓展数字治理的应用场景，实现高度智能化和精细化的城市管理和社会服务，打造面向全球和面向未来的数字城市[1]。2022年，《浦东城市大脑白皮书》发布，进一步聚焦城市大脑在城市治理、民生服务和产业发展等相关应用场景中的深度赋能[2]。在上述发展战略引导下，浦东数字治理将迎来新的发展高潮，进一步引领和革新城市的生产生活，真正实现产城发展的成果互惠与深度融合。

总之，经过30多年的发展，浦东之于上海以及全国经济社会发展的角色价值日益深化，已经由原来单一的辐射功能升级为包括辐射、引领、示范在内的多重复合功能。从改革试验区到高质量发展引领区和城市治理示范样板区，浦东先试先行、敢闯敢试，"能人所不能"，取得了经济、社会和城市治理多领域的改革成效，探索出一系列深刻的产城融合发展规律，多元主体共享共治的现代化城市治理格局初步成形。

## 三 浦东产城融合进程中的难题和挑战

在城市化和现代化的进程中，产业的发展和城市的发展从来都是相辅相成的，产与城的融合共治始终是浦东开发开放和经济社会高质量发展的重要

---

[1] 《聚焦经济、生活、治理数字化转型，浦东推进六大重点建设》，《人民日报》客户端上海频道，2021年10月28日。
[2] 全国信标委智慧城市标准工作组：《2022浦东城市大脑白皮书》，2022年1月。

主线。在新的发展格局下,浦东应当对标世界一流产城融合示范城市,主动应对现有问题和挑战,努力形成浦东经验,打造浦东样板。

## (一)缺少产城融合顶层设计

产城融合是城镇化高阶时期的发展主线和重要战略,需要通过全局性和专门性的顶层设计,充分把握工业化和城市化的发展规律,系统规划主导优势产业,有序推进城市功能与社会治理的协同匹配,实现以产兴城、以城聚产的集成目标。在30多年的改革历程中,为实现产城融合发展,浦东在空间规划、基础设施建设、交通网络布局、产业转型升级、公共服务供给、基层治理创新和人才发展规划等方面,都制定了相应的实施办法、改革方案或发展规划,分别提出了各个重点领域或项目协同发展的目标和愿景,努力平衡产城发展的匹配度与融合度。但浦东至今尚未出台聚焦产城融合的总体规划,也未能形成系统性、全局性的产城融合顶层设计方案。相比之下,纽约、伦敦、新加坡和东京等产城高度融合的国际化城市,以及若干个以产城融合为发展理念的各国新兴城市,大部分都制定了专门的总体规划或发展方案。即使是国内其他提出产城融合目标的城市、工业园或开发区,例如四川省绵阳市和南充市、江苏省无锡市高新区(新吴区)等,也都制定了相应的总体方案。未来,强化系统性顶层设计、形成全局性改革方案、尽快出台以产城融合为主线的整体发展规划,是浦东进一步推进产城融合需要重点落实的工作。

## (二)空间规划布局不够协调

产城融合不是简单的各行其是、各自为政,而是要全面统筹产业发展和城市管理的融合关系,在空间上形成产城有机结合的发展共同体。经过30多年的高速发展,以及利用政策扶持上的特殊优势,浦东获得了相对较大的城市空间及规划自主权限,逐渐形成了若干个特色鲜明、功能完善、各有侧重、分工协作的城市功能片区,不断助力上海实现"中心辐射、两翼齐飞、新城发力、南北转型"的发展总目标。但受制于城市建设、产业转型和城市规划的历史性局限和周期性约束,目前浦东在推进产城融合的过程中,依然存在诸多空间规划不协调的问题。第一，职住分离的现象依然比较普遍，受制于住房供给、服务配套和生活成本等因素限制，很多人的居住地和工作地相距甚远，不仅降低了居住品质，也严重制约了产城协同发展的推进节奏。第二，产业用地和城市建设用地尚未实现协调匹配，在各类产业园区附近，用地规划往往是产业用地供给充裕，建设和居住用地规划较少，严重制约了后续生活服务配套设施的建设与供给。第三，过度强调片区的功能性和用地的针对性，比如严格划分产业、配套功能、公共服务和农业发展区，淡化了产业片区的生活属性和社区属性，在客观上造成了"产"和"城"空间规划的"泾渭分明"。

### （三）产业结构要素缺乏协同

目前，浦东已经初步形成了以中国芯、创新药、智能造、蓝天梦、未来车、数据港等六大硬核产业为核心的现代化产业体系，在产业规模、能级和技术水平等方面，已经达到了世界领先的水平。站在新的历史起点上，浦东作为排头兵的排头兵、先行者的先行者，还要继续对标世界领先的城市产业集群，抓住"科技革命之变"、"发展格局之变"和"产业动能之变"的机遇，进一步推动产业结构要素协调发展。相较于纽约、伦敦、新加坡和东京等产城高度融合的发达城市，浦东的产业结构要素协同度还有待提高。一是高端产业在产业结构中的引领作用还相对有限，在集成电路、生物医药、人工智能等领域，产业集群尚未完全形成，高科技产业的外延式增长和科技资源的内涵式增长尚未实现。二是过度关注高精尖产业的布局，服务于产业发展的资产管理、融资租赁、总部经济等服务型产业相对偏弱，全生命全周期的高端产业发展服务体系有待完善。三是相较于数字化产业的快速发展，产业数字化，即数字化赋能产业结构优化升级的水平还相对不足，需要将更多的数字技术嵌入产业发展中，用数字赋能产业资源配置和结构优化升级。

### （四）人才服务体系尚不健全

以产业集聚人才，以人才引领产业、振兴新城，是浦东推动产—城—人全面融合发展的一条重要主线。目前，浦东已经出台了一系列引人引智的重大举措，形成了较为明显的人才优势，但在整体上仍存在"重引才、少育才""重聚才、难留才"等问题。首先，浦东人才"引、育、用、留"全链条服务体系尚未完善，人力资本素养和技能培训体系不足，"精英企业家""政企育才""高层次人才在职学历深造"等人才培育工程尚未实现全面覆盖。其次，人才管理体制不够完善，国内与国际化人才、境内与境外人才、体制内与体制外人才的分类管理体制尚不完备，本地人才培育力度不足，境外人才从业范围存在限制，高层次人才和海外人才的引进和培养存在一定的政策短板。最后，浦东人才配套服务措施相对滞后，区内就业安置能力不足，人才公寓统筹力度不够，职住分离问题依然严重，安居落户、住房补贴、税收优惠、家属就业、子女入学、就医绿色通道等人才服务体系尚未打通，住房贵、入学难、创业难、融入慢等问题仍然比较突出。浦东必须不断完善人才服务和保障体系，打造"近悦远来"的引才生态，让人与城结成"命运共同体"，相互成就。

### （五）公共服务配套建设不足

在浦东产城融合发展的过程中，相对于快速推进的基础设施建设，公共服务的提升与改善则明显滞后。作为全市人口最多的超大型城区，浦东在教育培训服务、医疗卫生服务以及养老服务等方面仍存在很多短板。首先，浦东"产教城"融合发展仍处在探索阶段，学区建设规模还无法充分满足城区面积与人口扩张带来的现实需求，公办教育资源和职业培训资源明显不足，人均中小学数量居全市末端，高等院校共建力度和辐射作用未能充分发挥，外来务工人员就业培训和子女上学缺乏充分的服务保障。其次，区内优质医疗和卫生服务资源存在数量不足、专业配置不成体系和空间配置不均衡等多重困境，人均医疗资源始终低于全市平均水平，儿童、妇产、肿瘤、五官科、传染病等专科医院严重不足，卫生防疫机构缺口较大，难以满足市民多样化的就医需求，跨区就医现象十分普遍。最后，浦东是全市老年人口最多的区，现有的养老服务体系还不足以应对深度老龄

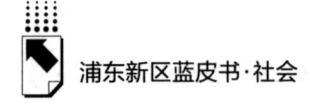

化社会的现实压力，公共养老机构"人多床少"和商业养老机构"空置率高"问题普遍存在，社区与机构相协调、医养康复相结合的综合养老服务体系尚未建成，"大城养老"的浦东样板建设任重道远。

### （六）基础设施建设有待完备

基础设施是城市经济发展和社会活动有效运行的物质基础，对于促进经济增长和提升城市功能具有实质性意义。新区成立以来，在基础设施建设方面经历了从无到有、从落后的棚户区到现代化都市的飞跃式发展，也完成了一系列地标性的设施项目，极大地改善了投资环境、空间联通状况和城市面貌。但随着城市化进入高阶发展阶段，迎合产城深度融合与协同共治的发展要求，浦东还面临许多困难和挑战。在基础设施的空间分布上，浦东南部和中北部差距较大，远郊农村的基础设施与产业功能区和中心城区也呈现严重不均衡的发展状态，道路交通、信息化建设、市政工程和民生服务设施都相对滞后。未来的"张江南扩""临港飞越""金色中环发展带"等新的发展战略，也因此受到较大制约。在投资建设的重点领域上，重视交通枢纽、商业办公、港口航运等与经济发展和产业升级密切相关的基础设施建设，而关乎民生的生活配套、医疗机构、家门口文体设施和生态设施等方面的基础设施，则发展相对缓慢。已经建成若干标志性的文体场馆和大型医院等，但其无法从根本上弥补浦东产城发展过程中产生的民生类基础设施的巨大缺口。

### （七）综合交通体系存在短板

浦东的综合交通体系建设，始于跨越黄浦江的"东西联动工程"，发展和服务于新区产城功能的持续升级与协同共治。经过 30 多年密集型的持续推进，浦东初步形成了包括地面公共交通、轨道交通、骨干路网和跨江通道在内的现代化综合交通体系。但在加强综合交通建设的空间规划与融合互通，以及提升交通体系管理智慧化、精细化方面，还有较大的提升空间。一是相较于浦西高度密集便捷的公共交通网络，新区在线路设计、站点设置、运营时长和发车间隔等很多方面都亟待完善，公交专用道的设置与管理较为低效，地面公交、城市轨道交通和市域铁路等多层次交通网络的换乘互通、数据匹配、站点衔接等还需要进一步优化。二是自贸区临港新片区、外高桥保税区等远郊重点产业功能区，与中心城区及其他区域的公共交通网络还比较薄弱，区内公共交通缺口更大。三是慢行交通建设长期被忽视，道路规划设计中人行道和非机动车道的空间不足与设计缺失比较明显。区内道路通行能力、舒适程度和便捷程度都因此受到较大限制。浦东现有的交通体系，与"立体互联、区域引领、多样融合、管理创新"的现代化国际大都市综合交通体系标准还存在较大差距。

### （八）文化服务体系尚不均衡

公共文化服务是衡量群众获得感、幸福感，体现群众生活质量的重要标尺。多年来，浦东文化建设保持蓬勃发展势头，多个领先全市乃至全国的文化地标落成，从陆家嘴片区延伸到花木片区的高层次文化服务区基本成熟。然而，浦东不仅有人口高度密集的中心城区和高端产业园区，还有地广人稀的远郊村镇，面对不同的发展基础和发展水平，文化需求必然复杂多元。2020年，上海在全国率先基本建成现代公共文化服务体系，在这一体系中，浦东的引领示范作用显然尚未充分发挥：公共文化硬件设施缺口依然较大，信息化数字化能级有待提升，公共文化设施网络亟须完善和打通"最后一公里"，财政投入偏重重大功能性文化设施、轻基层公共文化设施。文化服务供给体系尚未形成"服务平台+多元主体"的良性模式，社会组织数量和参与度不高，文化服务类企业引入比例不足，公共文化服务社会化、专业化发展水平偏低。此外，区域发展不均、人才匮乏、资源整合不足等传统问题依然存在，有效链接产、城、人的文化空间新格局尚未形成。如何让在浦东奋斗的人们享受到高质量的公共文化生活，进而为浦东产城融合的持续发展注入文化动能、提供不竭动力，是浦东文化服务体系改革面临的重要挑战。

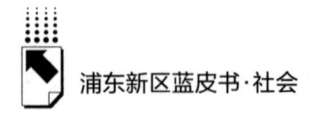

### （九）基层治理体系不够完善

长期以来，浦东始终面临着人口多、流动性大且区域内发展极度不均衡等多重治理压力，由此不断涌现的各类社会问题、差异化的管理情境以及多元化的服务需求，使得浦东在产城功能深度融合与发展的道路上还要攻克很多难题。首先，基层治理体系和服务机制创新后继乏力，上下联动的组织体系效力不足，"最后一公里"尚未完全打通，尤其是居村一级的治理水平亟待提升，数字化工具的实质性应用与赋能还需要进一步探索。其次，基层管理队伍素质偏低、人员配备不足、任务严重过载等问题非常突出，党建引领作用尚处于探索阶段，市场资源与社会力量未得到充分激发，多元共治的基层治理格局有待完善。再次，基层治理的城乡二元格局依然突出，城乡之间的联动治理依然是未解难题，近郊新城区无法承载快速聚集的人口和日益多样的基层需求。最后，开发区管理机制有待完善，目前浦东很多开发区采用管镇一体的管理机制，即管委会主要负责区内经济发展类事务，社会管理类事务由镇政府承担。事实证明，管委会和镇政府在治理方式、工作重点与管理思维等多个层面都存在较大差异，权属责任也存在交叉。这些都给浦东未来推进基层治理的融合发展带来了巨大挑战。

### （十）人文关怀供需尚不匹配

城市的魅力不仅来自发达的产业经济、优美的城市环境，更需要有温度的人文关怀、大气包容的城市精神。在长期的发展进程中，浦东也曾过多关注GDP增长和城市基础设施建设，一定程度上忽略了城市发展中的人文关怀。例如在很多近郊新城区，依然缺乏足够的宜居设施和照料服务，口袋公园、休闲步道、儿童设施、照料中心和党群服务站等人文空间建设不足。虽然近年来新区政府和基层部门做了大量工作，积极关注儿童、妇女、老人、新业态从业人员等社会群体，努力完善各类文化设施、积极创设民生服务类项目、鼓励开展志愿活动以及提升社区管理温度等，但依然存在人文关怀措施形式不够丰富、吸引力不足、供需难以匹配等问题。一些工业产业园区在配套建设和生活服务方面缺乏足够的民生关注,大量产业工人的生活质量得不到保障,群租、商住混用等非法租住现象比较普遍,外来务工人员由于在基本公共服务方面的差别待遇,归属感缺失,无法融入浦东的发展与生活。从人本角度来谋篇布局,真正把"人"的元素渗透和融入城市发展的细节之中,让人进得来、留得住、发展好,打造高品质的人文生活环境,塑造兼具时代特点和人文关怀的城市精神,浦东仍然有很多工作要做。

肩负着中国改革开放开路先锋的历史使命,明晰高质量发展引领区建设的战略定位,浦东要发挥先行先试的示范效应,关键在于突破传统意义上的城市功能建设模式,秉持产城融合的协同发展理念,推动产业发展、市场环境和社会服务等城市核心功能有机融合,进一步加强区域发展与改革战略的系统集成,实现城市能级提升与高质量发展,探索现代城市综合治理的新模式与新路径。

## 四 推进浦东产城融合共治的路径与方法

产城融合是城镇化发展的高阶阶段,是实现城市治理转型升级的重要战略。推进产与城的融合共治,发挥先行先试和示范带动作用,浦东既面临着诸多现实的挑战,也面对着前所未有的历史机遇。

### (一)高位统筹产城融合共治的顶层设计

产城融合是一项庞大的系统工程,需要在产业升级、公共服务、社会治理、人才聚集、生活环境、医疗教育等多领域、多角度共同发力,保证发展资源的有序配置和发展要素的全局规划,形成战略性的统筹引导与制度化的顶层支撑。面对产城融合发展的新阶段、新态势,进一步落实浦东经济和社会发展战略,做到产业、城市与人口的融合发展,实现以产兴城、以城促产、产城融合、协同共治,浦东必须根据《引领区意见》和党的二十大坚持推进高质量发展的总体要求,围绕打造集成电路、生物医药和人工智能世界级产业集群的目标,巩固产业能级的既有发展成果,大力发展壮大战略性新兴产业集群，前瞻性地培育未来先进产业，加快创新发展，推动产业规模、经济能级和技术水平的跃迁，形成浦东产业能级持续提升的长期规划。

浦东的融合共治必须兼顾产城融合发展进程中的历史问题和新兴问题，坚持人民城市和融合共治的发展理念，切实做到以人民为中心，着眼于满足广大人民群众对于美好生活的需要，谋划和落实产城融合的系统性方案，积极推动超大规模城市治理现代化的探索，着力打造具有中国特色的现代城市治理样板，持续推进经济和社会高质量发展，着力创造人民群众的高品质生活。为此，必须进一步坚持和强化党对城市发展的领导地位，避免各街镇分头和独立谋划产城融合模式造成的无序创新与发展陷阱，进一步明确浦东发展的长期愿景、总体思路和原则方法，高位统筹经济和社会发展需要，系统整合政府、市场和社会多方力量，加快产城融合的制度设计、政策落实和资源配套，形成系统集成的改革方案和整体规划，打造超大规模城市产城融合的新标杆。

### （二）适时推进城市空间规划的系统改革

远大的发展战略需要系统的空间规划来支撑。长期以来，浦东坚持最严格的节约用地制度和耕地保护制度，通过守住"两块地""两条线"，保障高速发展的可持续性和高质量。目前，在"以圈层梯度模式引导产业布局"的总体规划下，浦东建设用地的规模已经接近极限，开发保有量也接近饱和，对建设用地指标和耕地占比平衡指标的需求量较大。但受到历史开发模式的影响，浦东大量土地利用非常粗放、产出效率较低，退出也比较困难，严重制约了产城融合的深入发展。近年来，浦东积极完善资源型要素配置的市级统筹机制，做好市级与区级两级总体规划的有效衔接，大力推进土地利用总体规划，开展城乡建设用地增减挂钩、建设用地减量化等改革创新试点工作，依托"五大倍增行动"，在城市规划、土地管理、土地集约化利用、土地整治与土地信息化等方面都取得了显著成效。

高质量的城市空间规划离不开高质量的土地治理模式。持续推动浦东产城发展的融合共治，为经济社会高质量发展提供空间保障，既要加大产业空间供给力度,也要推动土地空间规划改革,以高水准规划引领高质量用地,对土地利用功能、开发强度、建筑形态进行弹性动态控制,持续优化土地供给模式。加快完成低效建设用地减量工作,实施优质企业增产扩容行动,强化产业用地的复合高效利用和多功能土地的混合利用,提升土地节约集约利用水平,实现高质量、精细化和紧凑式的土地开发与管理模式。加强对全区存量用地更新改造的谋划,提高项目主体参与的积极性与主动性,推动土地全生命周期治理常态化。构建平衡多元主体发展诉求并兼顾品质的产业社区,为企业提供全周期产业链的活力场所,同时为人提供居业无界的工作、交往和生活空间,以及便捷、优质的生活配套设施和生活环境,推进产与城的深度融合。

### (三)整体平衡产城融合中的矛盾性诉求

作为城市化发展的高阶要求,产城融合从来就是一篇大文章,内含城市核心功能提升、空间结构优化和人文生态协调发展等方面的多重诉求,与人民群众的生产和生活都密不可分。产业、城市以及人的融合发展要求,实际上直接映射了城市快速发展中的不充分和不平衡的问题,比如人口红利减弱、基础设施供应不足、管理服务水平较低以及城市运行效率减损等。产城融合的核心是人,融合共治的核心也是人,都注重围绕人及其需求来谋求经济和社会发展,着力体现从单一的经济功能到全面的人本价值的进步。然而,城市发展是各方合力的结果,不同的人所构成的不同形式和类别的社会主体,也必然产生截然不同的利益诉求。政府对显性政绩的偏好、企业对降低成本的关切和人民群众对美好生活的需求,既有相互兼容的共识,也存在相互抵触的矛盾。

这就要求立足浦东整体规划,系统梳理新区各街镇和各功能区发展中的优势和短板,权衡城市规划、功能单元、企业诉求以及群众需求等多方面的因素,合理布局基础设施和公共服务等资源。在基础较好的若干重点片区,如陆家嘴核心区和金桥、张江等城市副中心,应注重强化发展优势和功能独立,提升经济社会发展的系统性与集成性;在临港新城、外高桥地区等处于发展初期或城镇化基础较差的片区，应注重园区公共服务与生活配套的项目建设与能级提升，推动片区产城的均衡发展与融合共治。从浦东发展的历史路径来看，产城融合的问题已经充分显现出来，但受到顶层规划、政策法规以及发展历史的路径依赖等限制，解决产业功能和城市功能在各个方面的矛盾性诉求必须有更宏大的视野、更系统的思维、更灵活的策略，通过全局统筹来协调不同社会主体的利益诉求，以战略性和集成化的创新方式来推进产城融合的相关规划。

### （四）建构适配产城融合共治的管理机制

高品质的发展需要高效能的社会治理。作为改革开放的前沿阵地、社会主义现代化建设引领区，浦东肩负着树立融合标杆的使命，也面临着更加复杂的治理体系和管理机制问题，产业区与主城区间的协调发展问题、政府与企业间的互通互动问题、经济发展与社会治理的平衡问题等广泛存在，需要建构适配浦东发展诉求的产城融合共治体系和管理机制，加快推进行政管理体制改革，深化"放管服"改革，持续优化营商环境，着重推进"多证合一、一证一码"登记制度改革，持续探索推进"证照分离"，打造"一站式审批、一条龙服务"企业审批服务平台，大力招才引智，深化产学研融通，充分激活政府、企业和其他社会组织等多元主体在产城融合共治中的动能，建构适配产城融合共治的体系和管理机制。

创新管镇企联动发展的融合机制，从区域功能统筹整合出发，理顺开发区管委会与周边街镇之间的发展定位，明晰双方之间的权责利关系。其中管委会专注经济发展、科技发展和项目建设，街镇则全力承担公共服务和社会治理职责，尤其是要进一步优化利益动态共享机制，为街镇做好公共管理、公共服务和公共安全工作提供财力保障。创新产业区与主城区间的融合机制，不断完善定期评估和动态调整机制，及时根据人口和产业需要进行政策调整，让产业区建设与主城区、副中心城区的未来发展紧密关联，让主城区、副中心的公共服务配套与产业区的需求紧密结合。创新政府与企业一体化运营的融合机制，邀请更多的企业参与治理过程和立法创新，更好地响应企业的政策需要，用企业发展、产业链建构推动城市产业发展，推动政府和企业协同联动、同频共振、互相支持、互为动力。

### （五）强化产城融合配套资源的高效供给

产城融合的关键是产业、城市和人口之间形成良性循环，进而在全球范围内进行高效的资源配置。作为先行先试的改革试验区，浦东必须立足发展战略定位，构建国内大循环的中心节点和国内国际双循环的战略链接，更好利用国内国际两个市场、两种资源，提升全球范围内配置资源的能力，促成产业、城市和人口的良性循环与深度融合。产城融合固然需要产业的带动，但更需要城市配套资源的供给，以满足产业聚集、资源聚集和人口聚集所提出的多元化需求，尤其是需要立足新发展格局，打好规划资源科学利用组合拳，通过进一步腾挪发展空间，缓解发展的瓶颈约束，释放内部发展的动能，预留水、能源、环保、交通等基础设施和文化、医疗、教育、体育等公共服务设施，满足未来发展需求。

在资源的统筹和供给方面，浦东要立足于城市总体规划、着眼于产城融合的核心发展目标，完善市政基础设施建设，形成城市、功能区和社区三级配套资源供给，切实提升资源利用效益。城市级的资源配套主要着眼于相关政策资源、土地规划配套资源和大型基础设施资源的供给，比如对土地利用功能设计、开发强度和建筑形态进行弹性控制，丰富企业和生活用地形态。功能区级的资源配套主要着眼于不同产业功能区的具体需求，差异化供给托幼服务、基础教育、医疗服务、健康疗养、体育健身、物流配送和商业服务等，构建以功能区为核心的工作生活圈。社区级资源配套主要着眼于民生服务的配套升级，例如建设社区绿地、体育休闲娱乐设施、便捷购物和医疗卫生设施等，满足居民日常生活需要，形成宜居宜业、职住平衡的生活场所。

### （六）实现社会公共服务的持续提质增效

浦东已于2020年完成第一轮社会服务"15分钟服务圈"三年行动计

划，启动了第二轮提质增效三年行动计划（2021~2023年），从强质量、优布局、增功能和提活力四个方面入手，进一步向公园绿地、交通设施、托育服务、社区商业等民生领域拓展，推动公共服务从"有没有"向"优不优"持续优化升级。未来，浦东要在"圈"上下足功夫，人民期待和需要什么服务，政府就要想办法"圈"什么服务，重点关注目前日益增长的托育服务、养老服务、文体休闲等需求。积极用好大数据和人工智能技术，系统设计和提供兼具标准化和差异性的高品质服务，推进公共服务的市场化和专业化，用市场力量配置高品质公共服务资源，用专业力量供给高配置公共服务内容，推动社区功能不断完善、品质不断提升、环境不断改善。

把人才引进及其安居乐业摆在重要位置，是产城融合高质量发展的重要抓手。人才是浦东发展的根本依靠，也是未来浦东发展的战略资源。今天的浦东是人才的高地，是国内人才最密集的地区之一。持续深入推进产城融合发展，必须进一步聚焦于人才的需求，兼顾吸引人才和留住人才，围绕人才的高品质生活提供最优质的公共服务，开启城市与人才的"双向奔赴"。根据《引领区意见》的要求，持续推进浦东国际人才港人才审批业务，完善外国人来华工作、居留审批"单一窗口"和"一体化"服务体系，开展"一证通用"改革，健全外国人才永居推荐"直通车"制度，承接外国高端人才审核权，逐步放开专业领域境外人才从业限制，建立国际职业资格证书认可清单制度等，为各类人才营造宜居宜业的良好环境，担负起中央赋予的人才引领区建设的重大使命。

## （七）大力改善优化城乡居民的宜居环境

产城融合的核心是人，城市的发展在根本上体现为人民群众的宜居、安居、乐居。浦东有接近一半的近郊和乡村地区，城中带乡、乡中有城、城乡结合是浦东城乡格局的重要特征，很多产业园区的从业人员，在园区内从事着高精尖的科技研发工作，却因人才公寓供不应求而只能居住在附近的城中村或乡村地区，安居乐居无从谈起。推进产城融合，浦东必须抓住主要矛盾，结合全国文明典范城区的创建工作，推进"城中村"的集中整治项目，实现"城中村"环境面貌的持续优化和提升。加强农村人居环境的改善优化，推动乡村从干净整洁向生态宜居升级。大力改善城乡人居环境，为各类群体提供舒适、安全、便捷的居住体验和生活环境，打造具有浦东引领区特色的宜居风貌。

一是要优化制度的统筹设计，健全长效管理机制，为改善城区人居环境提供更高标准和更加细化的行动方案，推进宜居环境优化的多元实践创新，统筹协调人、财、物等资源，发挥集聚效应。二是重点整治"城中村"、违法建筑、违法用地和违法居住等问题，大力推进"五违四必"环境综合整治，满足人们更干净、更整洁、更有序、更亮丽的环境期待。三是大力建设生态宜居的美丽乡村，按照《浦东新区农村人居环境优化提升行动实施方案（2021~2025年）》的要求，深刻领会党的二十大精神中全面推进乡村振兴的改革方略，推动城乡公共基础设施均衡发展，加强农村自然景观修复和提升，全面优化农村生态环境，打造各具特色的村容风貌。此外，还应继续推动公园城市建设，加大美丽庭院、美丽社区等项目的建设力度，把浦东建成人与人、人与自然和谐共生的美丽家园，以更好的宜居环境迎合人民群众对高品质生活的需要。

## （八）塑造共建共治共享的基层治理格局

在全面推动产城融合的进程中，城市治理现代化尤其需要强本固基，系统性地推动基层治理建设，为基层赋权、减负和增能，持续提高基层治理体系现代化水平，探索适合超大规模城市特点和规律的基层治理现代化的新路子。大力推动基层治理体系改革和机制创新，加快构建权责分明、上下联动、执行有力的组织体系，既让上面的政策和命令能够"下得去"，也让基层的需要和诉求能够"上得来"，形成上下互通的良性治理网络。着眼于超大城区基层治理的复杂性，不断划小基层管理和服务单元，推动基层管理与服务的精细化和差异化供给。进一步加强党建引领基层治理的实践创新，强化党对基层治理的统筹协调和价值引领，提升基层党组织驾驭基层治理的能力，综合发挥政府、市场和社会的力量，形成多元共建共治共享的治理格局。

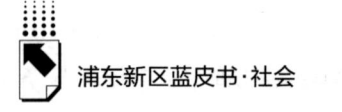

把基层治理队伍建设摆在突出位置，持续壮大基层治理的队伍力量，提升基层治理的队伍素质，强化基层治理队伍的责任感与使命感，尤其需要加强居村干部的队伍建设，落实居村干部的激励和关怀措施，为居村干部队伍注入生机和活力，提高其履职尽责的能力与价值。重点关注乡村基层治理，加快消除浦东社会发展过程中的二元差距，提升城市化与现代化过程中的融合性与全局性。持续推进治理重心和治理资源下移，彻底打通基层治理的"最后一公里"。加快推进基层治理的数字化转型，深化数字治理在基层的应用，不断夯实村居数据底座，推动各类数据下沉至村居空间，让广大人民群众共享数字治理的红利。将既往不受重视的"治理末梢"，真正转变为城市发展中至关重要的"治理枢纽"，为产城深度融合提供持续不断的动力。

### （九）夯实产城融合共治的数字治理系统

作为浦东未来重点发展的产业之一，数字化技术不仅承担着浦东产业结构转型的重任，也是助推浦东城市治理数字化转型、推动产城融合的重要内生动力。目前，浦东在政府管理、市场管理、城市治理和社会治理等多个领域的数字化建设取得了重大突破，有效提升了城市治理的专业化、精细化和智能化水平，也积累了大量经验和创新模式。在新的发展阶段，浦东须紧密结合现有发展规划，以促进城市治理的全面数字化转型，系统优化数字治理的平台、机制和方法，高效回应人民群众的需求为发展要义，以全面推动治理手段、治理模式、治理理念创新为主要路径，着力打通经济、社会、城市三个治理领域的数据，引导政府、市场、社会同向发力，构建经济治理、社会治理、城市治理统筹推进和有机衔接的治理体系，加快形成共建共治共享的治理格局。

依托"一网统管"和"一网通办"等数字化平台，搭建经济治理、社会治理、城市治理统筹的监管模式，打造智能发现、数据共享、快速预警、协同处置、要素共治的统筹治理监管平台。依托城市大脑综合管理系统，结合既往的城市管理、公共安全、疫情防控等实战经验，聚焦城市治理与综合管理的若干关键环节，探索运用大数据、云计算、人工智能等最新技术，建立健全治理场景标准化开发机制，构建精细化、立体化、场景化的治理体系，进一步实现经济、社会和城市治理流程优化和智能化提升。深入落实《浦东新区人工智能赋能经济数字化转型三年行动方案（2021~2023年）》的各项要求，重点围绕"5大工程23项任务"，建设开放创新平台，打造典型数字化应用场景，利用数字化技术，全面驱动经济和社会的数字化转型，充分赋能城市治理，用无形的数字之网联动全城。

### （十）全面提升人民群众获得感和幸福感

30多年来，浦东大胆试、勇敢创、自主改，走出了中国改革开放的新路子，浦东人的命运也与这座城市发展的脉搏牢牢交织在一起。浦东的巨大发展成就离不开广大人民的艰辛奋斗，让人民群众共享改革开放成果，全面提升人民群众的获得感和幸福感，是浦东未来发展规划的重要使命。面对实现高质量发展和打造高品质城市样板的时代要求，浦东应该以产城融合为立足点，不断提升城市吸引力和影响力，切实为广大人民群众排忧解难，以更好的城市环境和更优的城市服务，吸引更多的海内外人才投身浦东，在这里落户扎根、创业奋斗。引导外来人口全面融入浦东社会发展，推动不同社会群体和社会组织的融合共治，打造全龄友好的城市治理体系，以一流的公共服务支撑高品质的城市生活。切实践行党的二十大精神，坚持以人民为中心的发展思想，实现"发展为了人民、发展依靠人民、发展成果由人民共享，让现代化建设成果更多更公平惠及全体人民"。

为此，首先要加强党建引领，丰富人民群众的参与渠道和平台，为不同就业群体提供温馨的"红色家园"，从细微之处提升人民群众归属感和价值感，打造具有浦东底蕴的人文之城。其次，要围绕不同年龄的人群及其生产和生活需求，部署和落实儿童友好、青年友好、老年友好以及其他各种人群友好的城市建设，全面提升城市管理和运行品质。此外，要将社会服务资源和力量进一步向基层倾斜，让群众可以方便快捷地"办好事、享服务、广参与"，让广大居民有充分的空间和便捷的场所，享受城市治理的底蕴、温

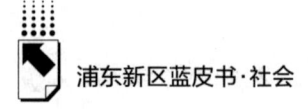

度和情怀。最后，提升人民群众的获得感和幸福感，还需要打造丰富有趣、充满烟火气息的公共文化服务空间，加快发展和建设各类文化体育和休闲娱乐设施，实现内容丰富和灵活便捷的文体服务供给，塑造具有浦东气质和上海文化的城市精神。

党的二十大旗帜鲜明地指出："要坚持以推动高质量发展为主题，把实施扩大内需战略同深化供给侧结构性改革有机结合起来，增强国内大循环内生动力和可靠性，提升国际循环质量和水平，加快建设现代化经济体系，着力提高全要素生产率，着力提升产业链供应链韧性和安全水平，着力推进城乡融合和区域协调发展，推动经济实现质的有效提升和量的合理增长。"这也为浦东未来的改革、创新和发展指明了方向。浦东新区将深入践行习近平总书记关于人民城市建设的重要理念及要求，打造高质量发展和现代城市治理的浦东样板，把最好的资源留给人民，将优质的服务送到群众身边，满足人民群众对于美好生活的向往，确保经济每增长一分，人民群众的生活就改善一分。构建经济治理、社会治理、城市治理统筹推进和有机衔接的治理体系，加快形成共建共治共享的融合治理新格局，提升社会主义现代化建设引领区的善治效能。

# 五大板块画像

Portraits of Five Modules

## B.2
## 复合共治：陆家嘴街道探索党建引领基层治理新模式

余敏江*

**摘　要：** 产城融合与社会治理的有机统合是市域共同体平衡产业发展、民生保障与公共服务的关键路径。在产城融合的宏观背景下，陆家嘴街道采取了以楼社联动化解治理困境、党建引领完善治理体制、联勤联动破除多头管理困境、"三会自治"推动民主治理、社区自治撬动社会活力、"数智赋能"提供精准服务的"复合共治"模式，既有效规避了资源不足、多头管理、治理碎化的困境，提升了社会治理效能，又推动了社会经济发展，满足了各方主体对美好生活的强烈期待。目前，陆家嘴街道复合共治工作举措，取得了显著的治理成效，凝结了构建以问题为导向、以人民为中心的多元主体共治格局的生动经验。未来，陆家嘴街道应通

---

\* 余敏江，政治学博士，同济大学政治与国际关系学院教授，中国特色社会主义理论研究中心特约研究员，博士研究生导师，主要研究方向为环境治理、社会治理等。

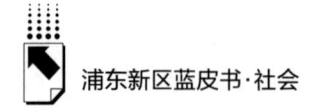

过强化基层治理体制顶层设计、夯实党建引领运行机制、打造基层社会生活共同体格局、加强基层社会治理智能化场景设计等，进一步探索和优化产城融合下的社会治理创新空间，不断提升复合共治的治理效能，形成可操作、能复制与易推广的"陆家嘴样板"。

**关键词：** 楼社联动　楼宇党建　综合执法　社区自治　数智赋能

2018年11月，习近平总书记莅临上海浦东新区城市运行综合管理中心考察时强调："一流城市要有一流治理，要注重在科学化、精细化、智能化上下功夫。既要善于运用现代科技手段实现智能化，又要通过绣花般的细心、耐心、巧心提高精细化水平，绣出城市的品质品牌。上海要继续探索，走出一条中国特色超大城市管理新路子，不断提高城市管理水平"[①]。城市治理直接决定着城市发展质量，影响着城区居民的生活品质。在提升城市治理水平过程中，创造城市治理实践模式占据着基础性地位。事实上，治理模式与治理质量密切相关，体制迭代是撬动治理资源下沉、打通服务群众梗阻、打造社会治理样板、实现居民安居乐业的制度保障。

此外，党的十八届三中全会通过的《中共中央关于全面深化改革若干重大问题的决定》明确强调要从根本上实现产业与城市发展的深度融合。自此，"产城融合"成为新时代城镇化发展的重要航向。产城融合标志着我国城市发展进入新阶段，产城融合的核心在于实现生产、生活、生态"三生空间"的有机融合，从而形成集聚效应，推动产业结构升级、生活品质提升和生态空间扩容。在产城融合的大背景下，城市社会治理也面临着新的要求和挑战。一方面，产业结构调整直接带来人口结构的变化，而人口结构

---

① 《习近平在上海考察》，新华网，https://baijiahao.baidu.com/s?id=1616476865210471405&wfr=spider&for=pc，2018年11月7日。

的变化意味着城市社会治理内容与标准的更迭;另一方面,产业转型升级创造了多样的城市空间形态和多元的城市经济业态,给城市空间转型与更新带来强大推动力,但也带来更为复杂多变的城市社会问题。城市治理迈入"复杂性"时代,传统社会管理体制已经无法有效应对日渐复杂化的城市治理问题[1]。基于此,如何创新城市社会治理实践,切实有效地解决复杂性治理难题,营造良善有序的人居环境,提升社区居民的满意度、幸福感和获得感,是摆在城市治理面前的重要议题。

陆家嘴街道所拥有的国际化、开放性优势区位,使其社会经济快速发展,也驱使着社会环境复杂化。社会治理面临着严峻的人员结构多元、人流高度流动、服务诉求多样、个体意识多变等复杂性问题。对此,陆家嘴街道秉承浦东新区"十四五"规划纲要精神,坚持将"聚焦融合城区、高效城区、品质城区,打造以新基建、新经济为引领的高质量发展最佳实践区,以产城融合为特色的高品质生活最佳示范区"[2]作为转变城市社会治理的指导思想。在产城融合背景下,陆家嘴街道在楼宇党建、楼社互动、社区自治、公共服务等方面协同发力,走出了多头管理与治理资源的治理困境,提升了街道社区民众的获得感与幸福感。为此,本文聚焦陆家嘴街道,深挖其在推进复合共治过程中的实践经验,对探索与创新超大城市社会治理具有一定的理论与实践意义。

## 一 陆家嘴街道复合共治模式的工作缘起与背景

长期以来,我国城市社会治理以单位制和街居制为基底。自20世纪90年代末以来,随着浦东开发开放的加速推进与产业结构的优化升级,以服务

---

[1] 柳立博:《由"化繁为简"到"与繁共生":复杂性社会治理的逻辑转向》,《北京行政学院学报》2016年第6期,第76~83页。
[2] 《浦东新区深化上海国际金融中心核心区建设"十四五"规划》,上海市浦东新区人民政府网,https://www.pudong.gov.cn/pudong-interaction-front/zwgk/zcwj/content?InfoId=c14f2b4f-e52f-4a01-b8c3-9b1e11dc8d72,2022年8月22日。

业为主导的第三产业占比迅速上升，构成浦东产业结构的主要形态。随着服务业的高度发展，楼宇经济在浦东新区陡然崛起。至2022年6月，在陆家嘴金融城有限的31.78平方公里范围内，已建成包括上海中心大厦、环球金融中心、金茂大厦等在内的285幢商务楼宇，开办4万多家企业，从业人员约50万人。楼宇经济不仅成为陆家嘴街道的主要经济形态，而且逐渐发展成为脱离原有街居制的新型社会空间，成为一种竖起来的"垂直社区"。在产城融合的政策推动下，"楼宇+社区"形成"工作+起居"的复合空间形态，使得陆家嘴街道基本形成以功能完善、各有侧重、协作推进为主要特征的综合空间功能区。

但是，在社会治理方面，陆家嘴街道日益面临着人口快速流动以及高端产业发展所带来的挑战与难题。透析近年来社会治理的发展过程不难发现，产城融合所催生的空间新形态游离于既有管理体制之外，从空间正义及其组织形式方面进行基层治理创新成为推进城市社会治理的重要领域。而且，新形态空间所诱发的人口结构变化及人员倒挂生成了新的公共服务需要，个性化、多元化、差异化需求不断增长，使得公共服务无法有效满足社会多元需要，从公共服务供给方面进行基层治理创新亦成为推进城市社会治理的题中应有之义，具体表现如下。

其一，楼宇经济的高度发展促进了"垂直社区"的生成，该社会形态不同于传统居住社区，其内部表现为自愿性的联合关系，其外部表现为边界清晰的独立空间，这就使得楼宇社区具有"低度整合、高度流动、相互间隔"的形态特征。其二，社区新老并存结构凸显，老旧小区与高品质生活之间存在一定差距，部分居民无法享受现代生活设施带来的便捷性。其三，"15分钟生活圈"和"家门口"服务体系建设持续推进，城市公共服务功能趋于完善，但在功能识别、空间优化等方面仍然存在诸多问题，使得居民主体需要与政府公共服务资源难以精准对接。其四，社区居民自治活力激发不足，抑或由于社会性条件制约着居民参与社区治理等，传统行政主导治理实践无法有效彰显城市治理的人民性逻辑。

总之，产城融合下的陆家嘴街道社会治理面临着复杂的治理环境与治理问题，这些复杂性迫使社会治理需要对前述问题加以有效回应：怎样破除分工悖论与多头管理的部门困境，从而形成治理合力；怎样构建齐抓共管的工作格局，从而推进多元主体协同治理；怎样聚合治理资源，有效解决空间嵌套下的多元公共服务难题；怎样盘活居民自治资源，从而激发社区居民自治活力等。随着工作的不断完善，产城融合下的陆家嘴街道探寻符合自身需要的基层社会治理方案，构建起了复合共治的治理举措，治理围绕问题转，激活了城市治理结构的"神经末梢"。

## 二 陆家嘴街道复合共治模式的举措机制

陆家嘴区域人口结构异质、人群高度流动、居民利益诉求多样，为了实现资源整合、精准服务与有序管理，须形成以政治引领、社会服务和利益协调为基调的城市社会共治格局。一直以来，陆家嘴街道积极探索"1+3+N"复合共治模式，即以居民区党组织为核心，联动居委会、业委会、物业"三驾马车"，联结"N"个社区单位、社会组织、群团组织等力量，共同参与社区事务治理。当前，通过系统梳理各项内容，总结提炼实践经验，形成"1+3+N"系列工作措施，为加强党建引领基层社会治理、提高居民社区服务与自治能级提供制度支撑和参考依据。

### （一）楼社联动：化解社会治理的"孤岛困境"

居民区楼组与商务区楼宇，本是两个毫不相干的区域，尤其是在党建领域，更有着截然不同的工作手段与方法。对于既拥有"高大上"的中央商务区，又有16万居民的浦东陆家嘴街道来说，要创新基层社区治理模式，充分发挥党建联建推动基层治理效能跃升的制度性功能，就需要探索区域化党建模式，打破楼组与楼宇、企业与社区之间的隔阂，通过整合楼宇企业资源、链接社区服务资源，促进基层社会治理从点状式走向区域化。

陆家嘴街道"金色纽带"党建新模式自2015年启动以来，按照"地域相邻、人员相熟、文化相近、构成相似"的原则，以辖区内若干个居民区和商务楼宇为单位，依靠现有的网格化综合管理责任区及楼宇综合服务站，建立若干个以"楼-街""楼-楼"为单位的片区区域党建共同体，以此形成"党建工作网格化"的组织管理体系。这个体系的常设机构是由片区内居民区、楼宇党组织负责人，以及社区民警、业委会、物业公司、驻区单位、"两新"组织等方面的党员代表共同组成的片区党建促进会。促进会通过强化党建引领，推进片区范围内的共建共治和居民自治。

"金色纽带"中的"金色"，代表党的阳光照耀陆家嘴金融城；"金色纽带"中的"纽带"，代表"两楼联动"、两头延伸的党建新模式，串联街道居民区与商务楼宇，传递党的声音、实现价值引领的互惠、互信、互通。在社会治理工作中，通过这条重要纽带，陆家嘴街道在楼组与楼宇间实现了楼社联动，通过"党务共议、政务共商、事务共治"等常态化工作机制，在经济最富活力的地方，开创有助于激发党组织引领力与战斗力的"社区大党建"模式。

## （二）楼宇党建：系好社会治理的"组织纽带"

1996年浦东新区率先探索楼宇党建工作，创新实践了"支部建在楼上"的组织模式。在楼宇中建立党组织的初衷是实现楼宇内流动党员的组织化管理，因此，楼宇党建在工作初期主要侧重于党务工作[①]。然而，由于"两新"组织不断壮大，为了充分发挥基层党建在党员服务、资源整合与治理优化等方面的重要功能，以服务为导向的党建转型成为党建引领有效运转的关键。2003年，浦东新区提出和开展的"三服务"活动，很好地回应了党建引领楼宇社会治理功能扩展的需要。"党务"转"党服"，不仅解决了党的工作机制覆盖问题，也实现了党建工作的服务转向。截至2021年底，陆家嘴金融城共有402个"两新"党组织，覆盖非公企业2000余家党员10255名，各商务楼宇组织覆盖率高达75%以上，工作覆盖率达到100%。

---

① 陈海燕：《整体性推进商务楼宇党建文献综述研究》，《理论视野》2020年第3期，第86~92页。

同时，党建服务始终紧抓楼宇企业、职工最关心最直接最现实的利益问题，通过软性服务，使得楼宇党组织对年轻人才的吸引力度增强，共计新增党支部150个，发展党员186人，收到入党申请书2000余份，也迅速打开了党建引领工作新局面。服务企业需要、发展企业文化、满足职工需要等成为楼宇党建的新工作内容。

2014年上海市委出台"1+6"文件，提出党建引领创新社会治理加强基层建设主张，在此基础上陆家嘴金融城党群服务中心（原"金领驿站"）成立。陆家嘴金融城党群服务中心以服务凝聚为重点，创新工作方式，为满足企业、党员、白领的多元需求，服务中心提供项目化的精准服务，形成了政府职能部门、各类社会组织、企业、社区、员工等多元主体参与的公共事务和社会服务体系，建立"双向认领"机制，形成三大清单。第一张清单是需求清单，所有来驿站参加过活动的党员、青年都可以把自己的需求记录在案；第二张清单是资源清单，驿站可以提供的所有服务，都能让党员一目了然；第三张清单是项目清单，每隔一段时间都会更新，所有项目都会根据青年白领提出的需求来设计和改进，办事进度也都记录在案。

陆家嘴街道党工委立足"两新"组织、楼宇单位的利益交汇点，以"陆家嘴公益城"为依托，搭建"党建+公益"区域大平台，力求解决党建载体不够丰富的问题。以利益交换和增长的方式解决利益互补式机制不足问题，通过上下衔接、左右联动，力争实现公益项目去碎片化，最大限度地凝聚城市建设的正能量，有效推动楼宇党建促进网络建设，将楼宇内部及之间分散的组织体系融贯在一起，形成治理合力。

## （三）联勤联动：破除社会治理的"多头困境"

政府组织内部的专业化分工在提升各部门自身业务效率的同时，也极易造成组织整体出现多头管理、职能交叉、协调困难等困境。分工悖论与多头管理的部门困境在城市事务治理领域尤为凸显。过去，陆家嘴地区黑车、黑导游等"黑+"社会乱象屡禁不止，一度成为社会关注的热点。究其原因，就是市域管理缺乏牵头部门，产生多头管理、力量分散与成本高昂等治理乱象。2013年4月,浦东新区决定对该地区实行属地化管理,将综合管理职责移至陆家嘴街道办事处,并设立区属街管的常设机构——陆家嘴金融贸易中心地区综合管理办公室,具体负责该地区的综合管理。同时,陆家嘴综管办也对辖区内的公安、城管、交通、文化稽查等执法力量进行整合,统一编入综合执法大队,实行联勤联动、综合执法。

陆家嘴金融贸易中心区地区综合管理执法大队自实体化运作以来,区域内"黑+"社会乱象基本得到清理,并连续完成亚信峰会、陆家嘴论坛等重大活动以及国庆等重要节点的综合保障任务,使得辖区各项社会秩序总体平稳有序,民众幸福度、满意度也不断提高,区域生态环境得到极大改善与提升。

陆家嘴联勤联动执法体制成立后,公安、交通、城管等相关职能部门联手调整勤务管理模式,健全"统一指挥、统一勤务、统一派遣、统一考核"的联勤联动工作机制,实现"管理资源有效整合、执法保障互为支撑"和"一体化管理、执法与社会化参与"相结合的城市社会治理新格局,真正做到管理区域的精细化和全覆盖,持续提升区域综合环境,维护好区域各项社会秩序,最终实现"让城市更有序、更安全、更干净"的治理目标。

为了进一步强化陆家嘴区域城市综合管理工作,增强陆家嘴综合管理执法大队联勤联动工作机制的紧密性、高效性,2021年陆家嘴核心区综合执法2.0版方案正式启动。陆家嘴综合管理执法大队将持续打造"最高标准、最好水平"城区,立足"一张网、一个平台、一份清单、一套机制"区域联勤联动机制,打造陆家嘴更加亮丽的新名片。同时,以"一件事"全流程贯通为目标,统筹好公安110警情平台、城管微平台等智能化平台与陆家嘴中心区城运平台的有机联动,规范好问题发现、平台派单、现场处置、台账记录、结果评估的闭环管理流程,实现全天候、全流程、全覆盖、全地域的综合监管。

**(四)"三会自治":展示社会治理的"民主全景"**

"家门口"是社会治理的起点。左邻右舍的交互或多或少都是凭借有意为之的利益、意图和策略来维系的,它们皆由权利关系生产出来。"三会"

制度的推广推行着重强调居民的参与权利，鼓励居民参与到公共决策及执行过程中，并以此"点亮"城市的社会属性。在单位制退场和社区制尚未成熟的转型期，以"三会"制度为代表的基层民主新机制或许成为城市治理模式升级的重要引擎，亦是"人民城市"理念落地的具体形态，其关键之处就在于运用整体性思维破解治理分散化问题。

"三会"制度源起于黄浦区五里桥街道，指的是听证会、协调会、评议会。2006年，上海市民政局出台《居民听证会、协调会、评议会制度试行办法》；2014年，上海市委、市政府发布《关于进一步创新社会治理加强基层建设的意见》，要求"切实发挥听证会、协调会、评议会作用"；2017年，新修改的《上海市居民委员会工作条例》正式收录"三会"制度。浦东新区落实"三会"制度主要通过加强标准化统筹设计（"三会"实训室和操作手册）、规范化硬件设施（空间要求、基础设施、教具开发）、精细化服务配套（污水纳管、停车位改建、加装电梯、文明养宠等议题清单）等举措，形成了具有浦东特色的城市自治行动方案。通过"三会"情景实训，浦东为各居民区提供了结伴同行、互助学习的平台。从"咱也不知道，咱也不敢问"到平等、充分、有序对话，"三会"制度增强了居民自治能力。

陆家嘴街道市新小区是创新"尊重群众意愿、可操作、规范化"的"三会"实践典型。2020年，市新小区启动浦东新区首个"三会"标准化实训室打造，围绕典型案例挖掘、实训课程开发、"三会"实训室建设、"三会"实训师培育4个方面工作，积极打造有序参与、民主协商、充满活力的社区自治共治新格局，解决了小区一批"急难愁盼"问题。如针对老旧小区"停车难"，市新居民区党总支召开40多场听证会收集居民建议，打出了路面拓宽、绿化提升、智能道闸、车辆登记备案、修订停车管理办法、约定错峰等组合拳；考虑到居民"飞线充电"存在极大隐患，召开多场听证会，将小区非机动车棚改造成配备充电桩等设备的智能车棚。疫情期间，就"实施小区封闭管理""保留单侧入口""健康互助监督"等议题，组织听证决策，为凝聚小区多元主体、共同打赢疫情防控阻击战奠定了基

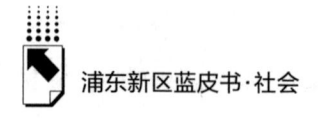

础。2021年市新居民区实现2部加装电梯落地竣工，为"悬空老人"圆了"电梯梦"。"三会自治"让"基层民主"与"社区生活"结合起来，一定程度上缓解了城市内部的二元空间结构张力。

### （五）社区自治金：撬动社会活力的"强力杠杆"

长期以来，传统城市社会治理致力于实现社会稳定、增进社会和谐的目标。但是，随着城市多元异质力量的勃兴，在确保社会稳定之余，人们对提升社会活力的要求也越来越高。面对日益复杂的多样化需求，社区自治能力的提升成为基层社会治理获得成功的重要保障。

2011年，陆家嘴街道率先探索社区自治金制度，旨在用财政资金支持居民自治项目建设、自治团队发展，激发社会活力，吸引各方力量积极参与社区事务。自治金运作具有两大特点：一是采取项目化运作的方式，二是确保项目的产生由居民民主提议。自治金主要支撑从居民区提取产生并符合各小区自身需求的特色项目。在立项时经街道初步审核通过后，由居委会组织召开居民代表大会进行表决。通过后的项目便可在小区里落地，而自治金就成了项目实施所需资金的保障。陆家嘴街道以规范项目管理和使用、提升项目品牌和团队能力、聚焦社区热点和难点问题为切入点，在实践中不断完善自治金制度，并由陆家嘴智慧社区信息发展中心、复旦大学城市治理研究中心等共同发起成立"上海浦东新区凝心聚力社区发展公益基金会"，完成了自治金2.0版的升级。

2021年下半年，陆家嘴街道启动居民区自治金3.0版信息化建设。在三类自治金（基础类、创新类、特殊慰问类）分类扶持的基础上，通过上线"自治金工作线上申报平台"试点，在市新居民区开展数"治"化应用治理实践。申报平台挂靠市区两级人房数据库，采用搭建模型+自助选择+自动计算+实时拍摄+"联想记忆"等智能设计，实现每个自治项目"一口登录、一口申请、自动判别、一表到底、全程留痕"。

此外，陆家嘴街道市新小区活动室依托自治金成立了一支全年无休的志愿者自治管理团队，为小区居民提供场地预约、活动管理、环境保障等志愿服务，并将活动室取名为居民"第二客厅"。"第二客厅"承担着会议召开、业余学习、文艺演出的阵地作用，开展了各类读书会、公益讲座、纳凉晚会等活动，同时还有合唱班、书画班、拳操班等教育活动，丰富了居民的业余生活，成为集"看、听、享、学、议、创"于一体、基层党组织领导下居民自治的实践窗口。2019年起，小区通过与幼儿园、基金会等单位对接资金、医师、物料资源，开展"市新喵星人TNR计划"，科学探索出流浪猫自治减量管理的新模式。

自治金项目化的运作创新了一批自治载体，社区干部感觉好上手、易操作。同时，自治金项目的实施，将邻里间自发的、松散的互帮互助、自律互律行为，通过居民公约、自治章程固化、放大，提升了自治的规范化、稳定性和长效性。经费投入的多少、解决问题的多少，仅仅是表层现象，更为关键的是能否形成一种提升自治水平的机制，激发社区活力，提高自治能力。居民区的活力在于老百姓的参与度，居委会的生命力在于自治功能的彰显。陆家嘴街道通过实实在在的自治金项目，推动街道社区层面的共治，为群众自治创造良好的氛围。

### （六）"数智赋能"：打通社会治理的"神经末梢"

随着大数据、云平台、物联网等信息技术在基层社会治理中发挥着愈加重要的作用，智慧赋能社会治理成为城市治理创新的重要路径。产城融合下的社会治理，需要积极发挥数字治理的技术优势，推动信息技术与城市治理深度融合。陆家嘴街道以提升社区智治水平为目标，积极探索社区治理创新空间。

一方面，完善智能化基础设施建设。陆家嘴街道在城运中心大平台的统管下，结合自身社区自治共治与区域联勤联动管理的实际，按照"要素标准化、监管智能化、处置协同化"的要求，通过完善终端设备、感知网络、数据中心等设施，进一步集成辖区各类要素资源，向上实现与市、区城运中心的高效对接，向下实现联勤联动网络在居民区的全面延伸，横向实现与街道各职能部门业务的全面联通，"努力做到不留死角、不挂空挡、无禁区、无盲点、无漏洞"①，统筹形成互联互通、协同高效的城市智能监管体系。

另一方面，打造智慧社区。陆家嘴街道智慧社区建设重点突出社区管理、公共服务、智慧商圈、人文精神等四大板块。具体建设内容可以概括为"一库、一卡、两平台、多系统"。"一库"指民情档案综合信息库，"一卡"指开发智能卡，"两平台"指社区综合管理信息平台和社区公共服务信息平台，"多系统"指以平台为基础开发的各类具体的应用系统。在实践中，陆家嘴街道依托"一网统管"大数据平台，开发了"独居老人风险分级管理平台"应用场景，形成"动态评估、及时感知、高效处置"的闭环机制，实现了对陆家嘴辖区 1446 名独居老人的全覆盖管理。未来，街道还将进一步整合独居老人的就医就诊、社区助餐、日常出行等信息，不断丰富平台的数据来源，提升数据的质量，为独居老人提供更优质、更便捷的社区服务。

智能化基础社会的完善，提高了陆家嘴基层社会治理的针对性、系统性和有效性。智慧社区的打造，优化了社区居民的居住体验感，为推动基层治理创新增添动能。陆家嘴街道利用"数治"优势，在项目运行、居民需求与资源整合的"多车道"上成效卓越，从而让智能服务更精准、成效更明显、群众更满意。

## 三 陆家嘴街道复合共治模式的主要成效与问题

在产城融合的宏大背景下，陆家嘴街道实施了多样化的基层治理创新举措，形成了党建引领复合共治的代表性实践样本，在基层社会自治共治领域中取得了明显成效。

一是夯实党建引领基层治理基础。商务楼宇新社会空间的特质要求驱动着党建引领基层治理组织与运行模式的调整与创新。商务楼宇"低度整合、

---

① 韩志明：《从"互联网+"到"区块链+"：技术驱动社会治理的信息逻辑》，《行政论坛》2020 年第 4 期，第 68~75 页。

高度流动、相互间隔"的特点,使得这一社会空间的党建工作易出现"空白化处境"或"羸弱化困境"。陆家嘴楼宇党建通过搭建区域化的组织拱架、建立体系化的工作平台、丰富整体性的组织功能等创新举措,实现了党组织在楼宇社区的"全面覆盖",夯实了党建引领基层治理的组织、功能与平台基础。

二是深化综合执法体制改革。为破除科层组织所附带的分工悖论,陆家嘴街道积极寻求组织层面的变革,通过组建和成立陆家嘴金融贸易中心地区综合管理办公室,重新分配部门权力与资源,推动行政体制结构从"以职能为中心"向"以回应为中心"转变,以求化解条块冲突、打破职责同构、明确权责边界、推动综合执法。同时,党建引领在基层社会治理中的领导核心作用与组织枢纽功能,也为基层综合执法体制改革提供了特有的资源。相对于简单的线性思维,综合执法既动用了政党权威这一长期用于破除科层分隔困境的治理方式,又避开了仪式化、模糊化的象征性治理运动,并通过城市治理体制改革、组织变革实现了综合执法的可持续运转。

三是激发社区居民自治热情。居民群众是社区自治的重要主体及自治社区构建的关键力量,因此,唤醒社区居民自治意识、引导居民有序参与社区建设是破除基层社会治理"资源拮据"的重要机理。在识别与满足居民利益诉求多元化、个性化的治理实践中,陆家嘴街道通过社区需求调研、"三会"协商制度、智慧云平台等多种形式,构建起了居民参与社区治理的多种途径,有效提升了居民自治意识与能力,激发了居民参与社会治理的活力与热情。

四是打造社区共建共治共享共同体。在社区治理层面,不少社会问题、难题常常与主体单一、多头管理息息相关,不仅使得各类社会治理主体力量难以充分发挥,而且使得各部门在管理中相互推诿、互相避责、职能重叠,造成了资源浪费与"治理失灵"。此类问题的破除涉及多方主体,如党组织、居委会、街道办、业主、业委会、物业、社会组织、志愿者、社工等。因此,构建一核多元、完善的共建共治共享机制是打造基层社会治理共同体的重要工作主线。在构建共建共治共享治理体系中,陆家嘴街道进行有针性的制度设计,通过推进楼宇、楼组党建,增强党对基层社会治理的政治引领作用,并且积极搭建党群共治平台,明确各方权责,强化科学分工,以项目制形式大力推进党、政、社、企四方的统筹协同与深入参与,从而推进基层治理共同体的形成,打造社区共建共治共享工作格局。

但是,与此同时,陆家嘴街道在创新与推进基层社会治理实践中也存在一些亟待解决的问题。

第一,需求与供给难以精准对接。不同于居民社区,商务楼宇作为经济功能区域,企业构成"楼宇社区"的主要活动者,是繁荣区域社会经济的活力源泉,有着不同于社区居民的利益诉求与表达。从企业发展视角来看,楼宇治理应当集中在两个方面:一是解决企业生产经营中的法律性问题;二是塑造企业生产经营所需的社会化环境。但是,以往党建引领楼宇治理侧重于营商环境的法治化塑造,依托自身组织力影响,通过项目化形式具体解决职工出行、托育等难题,为企业发展塑造良好的周边环境,而没有对企业所需的市场监管、法律服务与金融政策等需求加以回应。这就使得社会治理在一定程度上脱嵌于主体多样需求。

第二,城市空间二元结构显著。总体而言,社区居民普遍高度关注的公共服务设施主要集中在养老和助老服务、基层医疗卫生服务、体育健身服务、基层文化活动等方面。随着社会变迁及老龄化深度发展,传统公共服务设施,如基础教育设施,大多集中在老社区附近,而部分较新社区较为缺乏;新兴公共服务设施,如健身房、游泳馆、运动球场等,却主要集中在新社区内部,公共服务设施呈现新老社区分布不均的状况①。此外,就社会自治力量发育情况来看,有些社区自治组织发育较为成熟,服务站筹建比较健全,社区达人、居民群众发动也较为广泛,能够有效依靠自治力量实现自治自觉和自治自制。但是,对部分社区来说,社区自治基础较为薄弱,自治力量发展一般,有时社区、物业、业委会、业主之间还存在矛盾,难以统合起

---

① 吴庆东、张龄、冉凌风:《城市老社区公共服务设施发展困境与优化对策研究——以陆家嘴地区为例》,《上海城市规划》2012年第1期,第49~54页。

来形成自治合力。

第三，党建引领制度不健全。在陆家嘴街道，商务楼宇、居民楼组体量庞大、差异明显，楼社治理需要覆盖的领域广泛、需要关注的利益主体多元、需要满足的利益诉求多样，这就对党建引领制度建设提出了较高要求。但就目前来看，楼社党建工作在队伍建设、经费保障、基地供给等方面存在不足。一是在队伍建设上，党务工作者普遍存在"多肩挑"的情况；二是在经费保障上，党建经费由党员承担，党建服务类经费尚无统一来源和制度化规定；三是在基地供给上，党群服务中心/站大多与楼社共享公共服务场所，缺乏独立的服务中心或旗舰店，且各楼社基地条件与配置水平参差不齐。

## 四 陆家嘴街道复合共治模式的经验与启示

在产城融合的宏观背景下，陆家嘴街道的社会治理强调党建引领下的"线上+线下"共进式增能，既要通过技术赋能治理，也需要构建以问题为导向、以人民需求为中心的多元主体协同共治。总体上，陆家嘴治理模式对于改革和创新基层社会治理有四大启示（见图1）。

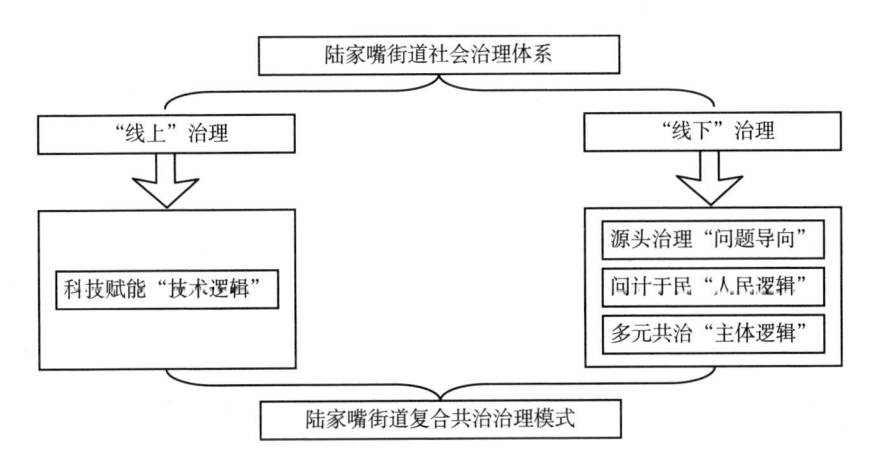

图1 陆家嘴街道社会治理结构体系

## （一）源头治理：复合共治的"问题导向"

以消除问题为导向的社会治理，强调开展源头识别、实施源头治理，这正是陆家嘴街道城市社会治理的重要特征，也是当前及未来长时段基层治理工作的重要逻辑。源头治理意指治理链条由事后处置前移至事前预防，即强调在治理实践过程中，治理中心应当从治标转向治本，实现治理关口前移。因此，除了通过政策、法律、法规等方式进行制度化处置外，社区源头治理下的社会顽疾综治工作有两方面要求。一方面，围绕行为主体，开展自治式源头治理。街道社区应当积极开展多渠道的宣传与教育工作，让每位居民切身感受到有序参与、秩序规范、品质生活的优良性，杜绝乱停乱放、乱搭乱建等违法违德行为，使之契合"人人都能享有品质生活"的城市治理理念。另一方面，围绕公共服务，开展需求式源头治理。通过提升与改善社区公共生活配套设施、社工站、志愿者活动室、社区书屋（智院）等生活、休闲环境与条件，给居民提供更为多样、更为便捷的公共服务，从而实现由后端反馈走向前端创新。

## （二）问计于民：复合共治的"人民逻辑"

问需于民可让社区居民得到赋权，且有助于基层社会治理决策的科学化与合理化[①]。基于新公共服务理论，社会治理的服务对象应为"居民"而非"顾客"，这意在强调要满足服务对象的需求并以需求为导向来开展社会治理。随着人员结构的复杂化及社区居民个性化需求日渐凸显，传统的粗放式管理模式业已失去治理效力，这就要求社区建设凸显"人人都能享有品质生活"的理念，切实开展以居民为主体的自主性治理，实现社会治理由"被动"变"主动"、从"不愿"到"参与"的转变。对此，在社区顽疾的治理实践中，问需于民的主体治理有三种操作路径：一是技术赋能，即通过

---

① 高红：《小区居民自治的集体行动逻辑及其适应性分析——以青岛市镇泰花园小区为例》，《行政论坛》2018年第4期，第111~115页。

线上发动、线下调研,形成项目运行机制、需求和资源整合的"多车道",让服务更精准、成效更明显、群众更满意;二是关注诉求,即拓宽渠道,重视居民群众诉求表达与意见传达,在传统基础上,通过搭建会议等多形式的沟通平台,为居民权益表达创设制度化渠道;三是民主协商,即充分利用"三会"制度,丰富协商内容形式,拓宽议事范畴,形成社区滚动式治理,充分展现基层治理的"人性化"特征。

(三)多元共治:复合共治的"主体逻辑"

基层社区治理实践涉及多方利益主体,伴随着治理重心下沉社区,社区治理越发呈现出多元共治的特征,需要集聚社区内外各种治理资源与力量于社区建设之中。在基层社区多元主体生态下,各类主体相互竞争与合作,只有通过协同共治才能聚合各方资源与能力优势,实现治理效能的最大化与治理成本的最小化,促使治理质量的帕累托改进。一方面,要始终坚持党的领导,充分发挥党建引领核心力量。除了政治方向上的保障,党建引领可以汇聚各方主体力量参与社区治理。因此,街道楼组与商务楼宇应当加强党的组织建设,构建网格化的党建工作体系,基于区域化党建和楼社联动,发挥党组织的资源整合优势,进而引导各类社会主体参与社区共治。另一方面,楼宇党建实现基层党组织的全方位覆盖,并通过创建"金领驿站"等党建品牌,实现场地免费共用,在与不同类型企业合作的同时,按照项目化管理签署合同,实现场地兼用、人员兼职,从根本上解决组织化薄弱所导致的治理力量分散问题,进而实现楼宇社区共治。

(四)科技赋能:复合共治的"技术逻辑"

技术赋能强调了社会治理与现代技术深度融合的逻辑,借助科技手段来提升城市社会治理整体效能与精细化水平。换言之,科技赋能基层社区治理实践,强调运用现代信息技术手段来提升治理能力与综合水平。就独居老人、线上公益等公共服务而言,陆家嘴街道党群服务中心依托"互联网+",积极开展智慧治理,取得了诸多治理成效,给予我们以下三点启示。一是智慧治理的全程化。陆家嘴街道社区治理充分利用"一网通管"智能平台优势，基于精细化治理理念开展智慧治理体系构建，如基于多方协同、需求清单、资源整合的治理体系，构建"陆家嘴公益城"全程化的闭环生态圈。二是智慧治理数据的聚合化。社区智慧治理的有效开展以聚合化的信息技术与数据资源体系为支撑。实践中，基层社区治理通过开发智能 App 等平台，实现公共服务需求与资源数据的聚合化，真正实现智慧治理的"可视、可控、可管"。三是智慧治理手段的时效化。基层治理实践应加强契合新时代特征的新技术、新软件、新应用开发，以提升智慧治理的效能，如在独居老人的就医就诊、社区助餐、日常出行等问题的治理过程中，发挥"独居老人风险分级管理平台"在社区治理实践中的价值，进而为独居老人提供更优质、更便捷的社区服务。

## 五 优化陆家嘴街道复合共治模式的对策建议

虽然陆家嘴街道在产城融合背景下的社会治理工作实现了较大程度的优化升级，通过治理理念、组织形态、运行机制和行动策略的创新迭代，取得了城市治理实践工作的明显成效。但是，正如前文所述，这一治理过程仍然存在服务与需求难以对接、新老结构并存、党建引领制度不健全等问题，这些问题具体可以统括为党建共同体定位模糊、党领制度体系运转不畅、社会生活共同体建设缺位、数智治理延伸不到位等。对此，针对这些问题，需要从顶层设计、制度体系、治理结构与治理方式 4 个方面推进复合共治创新实践。

### （一）强化基层治理体制顶层设计

陆家嘴金融城是陆家嘴街道经济功能的重要承载区，也是其经济发展的活力源泉。为此，陆家嘴以打造升级版国际金融中心为依托，全方位推进金融城能级的整体跃迁，确立了以高开放度和高含金量为导向的高质量发展规划。在高质量发展布局中，陆家嘴街道围绕构建"全球资产管理中心"平台，努力实现集聚中外资总部型、功能性金融机构目标，且遵循"双碳"发展原则，打造国内国际双循环的绿色金融枢纽，形成多层次的绿色金融组织机构体系、多元化的绿色金融产品和服务体系、多渠道的绿色产融结合和产业转型的市场平台体系，有序推进绿色金融市场双向开放，真正发展成为国内国际双循环的枢纽型功能平台。为了实现这一目标，一方面，要加强街道党工委对片区党建工作的全面领导。相对于行政组织难以直接面对广泛、异质且分散的人民而言，党在再组织方面具有明显优势。城市基层党组织要以全域思维推进区域化党建工作，以服务性、功能性党组织建设为抓手，围绕宜居、宜业、宜乐、宜游四大重点领域，着力把党的领导落实到楼社治理各领域、各方面、各环节，由"支部建在楼上"转向为"支部建在兴趣上"，有效发挥区域党建共同体的治理功效。另一方面，要持续深化综合执法体制改革。管街结构作为城市基层治理的支撑性制度安排，决定了部门执法与社会力量互动的总体特征。陆家嘴管街联动要以综合执法体制改革为契机，不断推动执法体制从"以职能为中心"向"以人民生活为导向"转变，通过管街部门综合执法治理来化解条块冲突、打破职责同构、明确权责边界、整合政社资源，从而实现治理模式由行政主导、科层分隔向复合共治转变。

## （二）夯实党建引领运行机制

产城融合需要党的方向引领，唯有落实党建引领制度运行机制，才能实现党建引领制度体系的有效运转，真正将党建引领的治理优势转化为推动楼社经济社会发展的治理效能。陆家嘴街道党工委要围绕"服务金融中心，建设共同家园"的目标，立足优化社会治理、推动区域发展，坚持把党建引领运行机制贯穿于社会治理创新的全过程，从而充分发挥"金色纽带"制度的功效①。

---

① 上海市浦东新区陆家嘴街道党工委：《积极构建城市基层党建工作新格局——"金色纽带"党建模式的探索实践》，《上海党史与党建》2016年第12期，第47~48页。

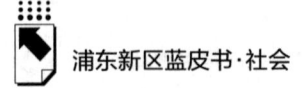

首先，围绕党建引领的服务功能发挥，着眼于搭建党建服务的三个平台，即：搭建机构平台，进一步完善党群服务中心及综合服务站功能，发挥区域性、开放性公共服务作用；搭建组织平台，通过社团注册，成立公益服务社，打造承接党群事务、提供党群服务的枢纽型社会组织；搭建信息平台，以党建 App 为主体，建立集信息发布、服务介绍、需求征集、意见反馈、在线互动等功能于一体的党建服务网络互动平台。

其次，建立互联互通的项目运行机制。从菜单式需求信息入手，按照片区党建促进会提议、楼宇理事会决议、社区党委审批的程序，确定区域化党建项目。项目的实施以片区党建促进会为主体，通过"陆家嘴公益城"及"党建联动月"、"联建认认门"等载体，整合各类资源，联动互通实行。且在项目实行过程中，会员单位要主动认领项目，确保项目实施的常态化、规范化。

最后，建立面向群众的成效评估机制。片区党建促进会要把项目实施的成效评价交给区域内居民，建立包括项目实施绩效、资金使用管理和效益、项目过程质量管理等内容的指标体系，并运用项目评估、问卷调查、入户访问等考核办法，分类开展满意度测评。同时，以"特色党建项目展示周"等为载体，开展"最具创意党建项目"评选等活动，为优化党建服务项目明确新导向。

### （三）打造基层社会生活共同体格局

良好的社会治理结构需要坚持党建引领，整合多方治理主体力量及资源优势，共同形成优势互补、资源互助的协同共治格局。2021年4月《中共中央国务院关于加强基层治理体系和治理能力现代化建设的意见》明确提出"坚持共建共治共享，建设人人有责、人人尽责、人人享有的基层治理共同体"愿景，这就要求城市社会治理始终强调"治理主体的多元化、治理过程的协同化、治理手段的多样化和治理成果的共享化"。陆家嘴街道通过构建"一核多元"的治理结构、民主协商的治理方式和项目运作的治理机制，初步构筑起社区治理共同体。社区治理共同体本质上是一个包含各种行动体系的合作制组织，其有效利用组织要素之间的相互依存关系，形成一个具有强大整合力的有机行动系统，解决了主体合作与凝聚的问题。从这个意义上讲，社区治理共同体遵循的是工具理性，而工具理性并不能真正解决社区生活领域的有机团结问题①。

因此，陆家嘴城区空间的二元结构特征就需要变治理共同体为生活共同体，从而在社会生活领域形成人与人之间理解与合作的有机状态，体现对人的主体性需求及社会福祉的关怀。一方面，探索协商对话新机制，增强民意黏合度。协商对话机制本质上是各方利益主体相互妥协、"去自我中心化"的过程。陆家嘴街道探索协商对话新机制，尝试构建"再中心化"的互动关系模式，通过楼事工作联席会议产生和选派各利益主体代表或专员，从而更好地提炼民意诉求、解决"急难愁盼"问题。另一方面，建立互助合作机制，形成利益共同体。片区党组织应当充分运用"赋权增能"式的价值和手段，积极引入社工站来培育和孵化各类社会互助组织，如社区互助养老组织、睦邻互助合作组织、社区互助基金会等，从而在加大社区自治力度的同时，进一步激发多元主体参与社区治理的积极性，培育共融利益和公共精神，逐步形成基层社会生活、责任与价值共同体。

## （四）加强基层社会治理智能化场景设计

随着大数据、云平台、物联网等信息技术在基层社会治理中发挥着愈加重要的作用，实现对海量信息的感知、识别、追踪、监管，智慧赋能社会治理成为城市治理创新的重要路径。陆家嘴街道利用"数治"优势，在项目提取、资源整合与项目运转的"多车道"上成效卓越，从而让智能服务更精准、成效更明显、群众更满意。

为此，统合信息技术与治理资源就显得尤为重要。一方面，打造一体化信息共享系统，整合数字化服务资源，通过提高治理数据的聚合度，做实数

---

① 陈秀红：《从"治理共同体"到"生活共同体"：党建引领基层治理的社会整合功能实现逻辑》，《北京行政学院学报》2022年第3期，第69~76页。

据治理服务，让数据代替人流，实现党建引领下复合共治的"一网通管"。另一方面，借助信息流，科学配置社会资源，有效整合各治理主体需求，实现治理机制协调、高效、良性运作，最终满足精细化治理精益求精、流程准确、严而不苛、细而不繁的要求，促进社会治理能级的跃升。陆家嘴街道应当积极探索楼社公共服务供给智能化场景设计，通过线上线下联动的方式优化服务清单，及时为社区居民生活、员工工作、企业生产等排忧解难。

但须特别注意的是，信息技术的利用应当是有尺度与有界限的，技术的运行风险需要通过公共价值加以限制与平衡，对公共利益和公共价值的追求应当贯穿智能化治理全过程。

**参考文献**

《习近平在上海考察》，新华网，https://baijiahao.baidu.com/s?id=1616476865210471405&wfr=spider&for=pc，2018年11月7日。

柳立博：《由"化繁为简"到"与繁共生"：复杂性社会治理的逻辑转向》，《北京行政学院学报》2016年第6期。

《浦东新区深化上海国际金融中心核心区建设"十四五"规划》，上海市浦东新区人民政府网，https://www.pudong.gov.cn/pudong-interaction-front/zwgk/zcwj/content?InfoId=c14f2b4f-e52f-4a01-b8c3-9b1e11dc8d72，2022年8月22日。

陈海燕：《整体性推进商务楼宇党建文献综述研究》，《理论视野》2020年第3期。

韩志明：《从"互联网+"到"区块链+"：技术驱动社会治理的信息逻辑》，《行政论坛》2020年第4期。

吴庆东、张龄、冉凌风：《城市老社区公共服务设施发展困境与优化对策研究——以陆家嘴地区为例》，《上海城市规划》2012年第1期。

高红：《小区居民自治的集体行动逻辑及其适应性分析——以青岛市镇泰花园小区为例》，《行政论坛》2018年第4期。

上海市浦东新区陆家嘴街道党工委：《积极构建城市基层党建工作新格局——"金色纽带"党建模式的探索实践》，《上海党史与党建》2016年第12期。

陈秀红：《从"治理共同体"到"生活共同体"：党建引领基层治理的社会整合功能实现逻辑》，《北京行政学院学报》2022年第3期。

# B.3
# 经社互嵌：浦东外高桥片区产城融合中的社会治理及其发展道路

张 冉 王利君*

**摘 要：** 产城融合与社会治理的有机协调是平衡产业发展、城市进步与民生幸福的关键路径。在产城融合的宏观背景下，浦东新区外高桥片区实施了以党建引领完善治理体制、制度规范优化顶层设计、多元合作推动资源共享、数字赋能提升管理水平等内容为主的综合化治理实践，实现了经济发展与社会治理的有机互嵌，满足了人民对于美好生活的殷切期待。面向未来，外高桥片区需要通过促进治理主体的社会参与、强化治理手段的区域合作以及推动治理范围的全面覆盖三个层面进一步优化产城融合下的社会治理，切实打造产城融合与社会治理的外高桥样板。

**关键词：** 产城融合 社会治理 党建引领 数字赋能 上海浦东

2014年3月，国务院印发《国家新型城镇化规划（2014~2020年）》，提出利用产城融合带动区域经济实现可持续发展。通过将产业功能、城镇功能和生态功能加以融合，产城融合已成为当前我国城市更新进程的重要推力[①]。然而，

---

\* 张冉，华东师范大学公共管理学院教授、博士生导师，社会组织与社会治理研究中心主任，主要研究方向为社会组织与基层治理；王利君，华东师范大学公共管理学院行政管理专业博士研究生，主要研究方向为基层治理。
① 龙海波：《中小城市新区产城融合发展研究——以邯郸冀南新区为例》，《开发研究》2021年第6期。

在以推动社会经济全面发展为核心目标的产城融合宏观布局下,社会治理体系的维护与完善同样是不容忽视的重大课题。2012年党的十八大首次提出"社会治理"概念以及"创新社会治理体制"的新思想。历经新时代10年的非凡历程,2022年党的二十大报告进一步强调"完善社会治理体系",并同时提出"着力推进城乡融合和区域协调发展"。可以说,产城融合的宏大背景赋予了社会治理新的内涵,要求实现产业发展资源与公共服务资源的高效配置与协调融合。

作为我国改革开放的重点和标志,浦东新区在我国社会主义现代化建设中具有重要的定位和功能,应率先向全世界展现中国式现代化的美好前景和制度优势。针对城市建设,浦东新区在"十四五"规划纲要中提出了"聚焦融合城区、高效城区、品质城区"的发展目标,并在调整和优化社会治理体系方面开展了不少有益探索,在产城融合与社区治理的协调上亦取得了令人瞩目的成果。在具体实践中,浦东新区多个街镇在产城融合视域下的协同共治方面推出了多样化的创新举措,值得深入探究。特别是,作为浦东新区社会与经济发展的真实写照,外高桥片区在产业引领、文化交流、生态营造、公共服务等方面发力,弥补了资源不足和人口密集导致的治理弱势,提升了片区及其周边居民群众的获得感、幸福感与归属感,打造了产城融合背景下社会治理实践的"外高桥样本",为推动区域产城融合奠定了良好的基础。鉴于此,本文聚焦浦东新区外高桥片区,探索其产城融合中的社会共治之道。

## 一 缘起和背景

2020年,上海市浦东新区发布《金桥—外高桥单元规划(含重点公共基础设施专项规划)》(以下简称《规划》),以打造产业转型升级的高质量发展示范区、国际化综合服务片区以及新一代高质量品质生活样板区为目标,意图将金桥—外高桥片区建设成核心引领、轴代联动的城市空间。按照《规划》的要求,浦东新区北部的三个街道与四个镇被划入规划范围;其中，浦兴路街道、沪东新村街道和金杨新村街道为金桥片区，高桥镇、高行镇与高东镇属于外高桥片区①。为实现产城融合的目标，《规划》从生态空间保护、文化保护、公共服务设施建设以及综合交通打造四方面进行设计与引领。可以看出，现代化城市的发展不仅要关注产业、交通与生态，更要从公共服务、公共空间打造等方面推进社会治理。

在产业发展层面，根据《规划》，浦东新区外高桥片区涉及三个发展带。一是沿长江的沿江沿海产业发展带。这也是外高桥保税区的主业和重要发展方向。凭借紧靠海港的优越地理位置和便捷的交通条件，外高桥保税区成为上海集装箱运输干线和支线的交会点。二是南北创新发展带。该发展带链接金桥副中心、金鼎天地和外高桥保税区，吸纳了浦东新区北部的多数产业。三是滨江文化发展带，该发展带弱于其他两大发展带。整体而言，外高桥片区的产业发展聚焦于外高桥保税区，该区域通过外高桥港区连接长江深水岸线，主要负责"保税仓储、转口贸易"。外高桥地区位于长江入海口，连接长江、东海，既连接世界，又紧连内河，发展现代物流天赋过人。目前，外高桥保税区已成为全国所有海关特殊监管区域中经济总量最大、经济效益最好的保税区，而外高桥片区也当之无愧为中国最活跃的物流特区。目前，外高桥港区年集装箱吞吐量超2000万标箱，约占上海港近五成；年滚装汽车吞吐量达150万辆，占上海港的八成。

目前，浦东新区外高桥片区的人口主要集中在高东镇、高桥镇和高行镇这3个镇。其中，截至2021年，高东镇下辖16个社区和11个行政村，辖区内有户籍人口3.8万、流动人口7.2万；高桥镇下辖2个社区和13个行政村，辖区内有户籍人口9.2万、外来人口约10.3万；高桥镇下辖16个社区和11个行政村，总人口11万，其中户籍人口3.8万、流动人口7.2万。总体上，由于外高桥片区是浦东甚至整个上海的重要物流区和产业区，三镇人口不仅包括户籍居民，也包括数量庞大的产业工人，甚至流动性较大的产

---

① 上海外高桥起先泛指浦东新区高桥镇外围的广大农村地区，曾是当地村民对外介绍的口头称谓。作为外高桥片区的重要区域，外高桥保税区诞生于1990年，是浦东新区的"同龄人"。

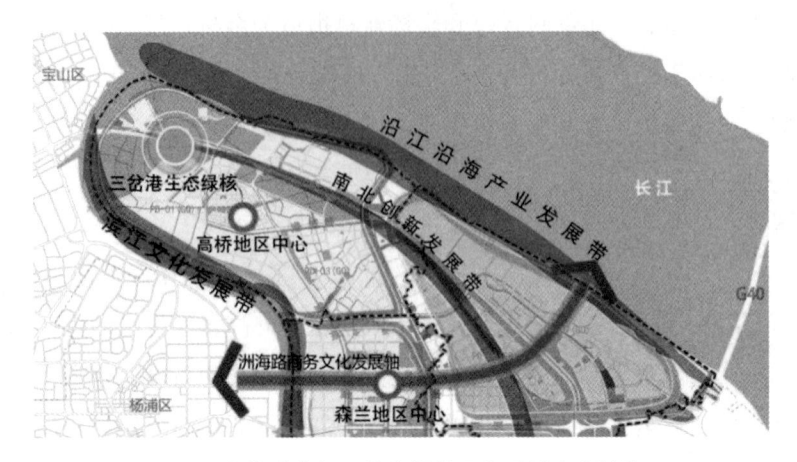

图 1　上海浦东新区外高桥片区各区域产业结构

业工人人数远超户籍人口，这对外高桥片区的基层治理提出了较大的挑战，亦对"共建共治共享"的社会治理体系建设提出了新的要求。

面对巨大的治理挑战，作为基层社会建设的立足点和责任主体，外高桥片区涉及的各镇需要同时提供本土居民和产业工人的综合性治理服务，在"以人民为中心"的社会治理实践中需要同时顾及生活群体与工作群体两类人群。为此，高东镇、高桥镇和高行镇三大街镇探索了具备创新性的经济社会互嵌性治理举措并取得了良好成效。例如，高行镇打造了党建引领"拆、建、管、美、用"并举和"共商、共建、共治、共享、共荣"的治理机制；高桥镇在"古镇再造·高桥复兴"的共同愿望下，鼓励社区居民、区域单位积极参与社会建设，发展高桥文化、培育高桥特色；高东镇围绕"富、强、和、美"的长期目标，聚焦于高质量经济发展、高水平城镇建设、高效能治理体系构建、高品质生活打造，党建引领、扎实推进"安全、干净、有序、宜居、宜业"的健康小镇建设。总体上，在产城融合的大背景下，由产业区和居民区分别负责产业发展和社会治理，外高桥片区形成了经济与社会相互协同、共同进步的"社经互嵌"的发展结构，实现了社会治理与经济发展的协同推进，为浦东新区现代化治理提供了实践样本。

经社互嵌：浦东外高桥片区产城融合中的社会治理及其发展道路

## 二 主要举措

在产城融合的宏观背景下，外高桥片区积极探索社会治理的高效路径，制定了以党建引领、制度规范、多元合作和数字赋能为核心内涵的治理方式（见图1）。

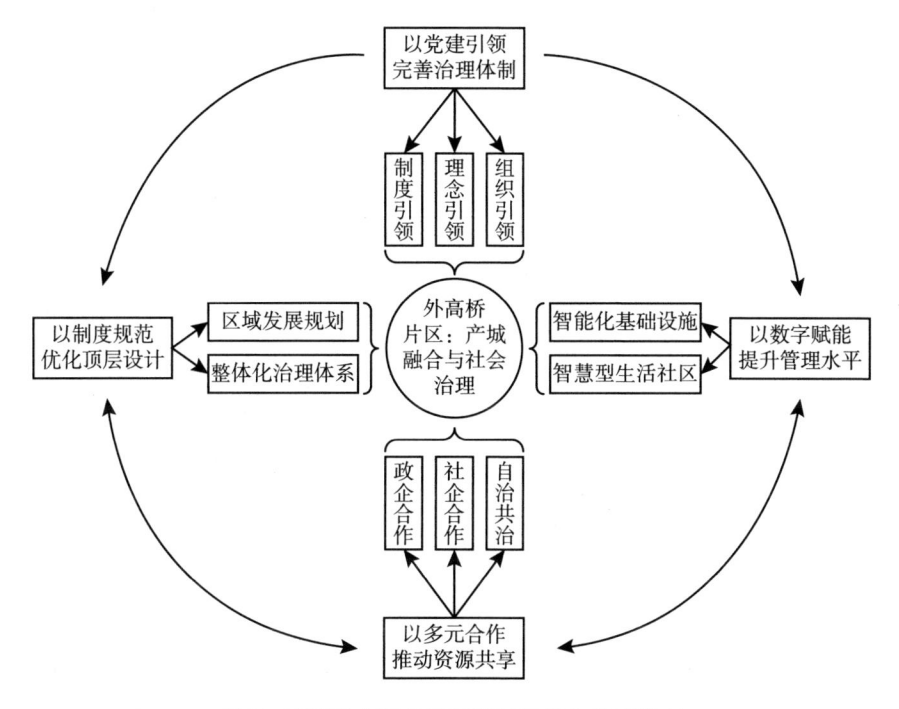

**图 2 产城融合下外高桥片区的社会治理模式**

### （一）以党建引领完善治理体制

在新时期社会主义市场经济体制之下，我国发展出了独具特色的以党建带动和引领社会治理创新的道路。在社会治理实践中，党的系统优势能够转化为社会治理的效能优势。近年来，外高桥片区各镇以区域化党建为引领，在凝聚共识、完善机制、加强联动和项目化运作等方面积极探索、扎实推进,进一步激发了基层党建活力、区域发展潜力和社会治理动力。具体而言,外高桥片区的党建引领体现为党组织对产城融合与社会治理的制度、理念和组织的引领。

一是制度引领。制度是治理的依据,而党的全面领导则是完善制度体系的前提与基础,是提升社会治理效能的核心与根基。在党建引领下,社会治理制度可以得到高度优化,从而与治理环境和治理目标相契合,加速社会治理创新。例如,高东镇居民主要由原住居民和产业园区的工人租户组成,两类居民对于物业的接受度普遍较低,造成了地区物业服务标准低、物业费收缴困难等问题。为此,高东镇以党建引领推动制度创新,统筹推进各小区综合整治工作:其一是建立专题会议制度,定期研究难点突破;其二是完成基层党组织考核制度,将物业费收缴率作为重要指标;其三是完善乡约民规,将物业治理要求列入星级户评比事项中。通过党建对制度的引领,高东镇的物业工作得到了显著提升,物业收缴率明显提高,居民物业服务满意度不断提升。

二是理念引领。党建引领的核心在于将党的价值与思想贯穿于社会治理的全过程,将党的主流价值凝聚成社会的普遍共识,以此确立治理思路。在具体实践中,党组织确立发展思路与方向,以保障社会治理方向与治理方式的正确性与有效性。例如,基于"发展、联动、融合、共享"的党建共建理念签订了战略合作规划,高行镇党委与外高桥集团股份有限公司党委确定"换位思考、共同担当、携手发展、合作共赢"的发展联动思路,从开发联动、招商联动、项目联动等方面开展密切合作,通过产业和城市双核驱动,促进区域经济社会和谐健康发展。总体上,对于外高桥片区,党建引领实现了多元利益主体间(如政府部门、产业实体)理念与共识的达成,为社会治理效能的提升夯实了基础。

三是组织引领。党组织肩负着密切联系群众、全心全意为人民服务的伟大职责,这一职能的发挥既需要加强基层党组织建设、实现基层党组织的全覆盖,也需要加强党员队伍建设和充分发挥党员的先锋作用与服务功能。例如,外高桥集团党委通过将党组织嵌入企业,发挥企业党支部在企业规划发展中的引领作用;同时,建立人才培育机制,实行把业务骨干培养成党员、把党员培养成业务骨干的"双培工程",打造高素质、专业化的干部队伍。例如,在浦东新区疫情防控工作中,在组织引领下,通过功能型或临时党支部等形式,高东镇、高行镇、高桥镇及外高桥集团等单位的党员干部下沉社区,参与社区核酸检测、保供运输、物资集散、环境消杀等多项工作,与基层工作者共同守护社区家园。

可以说,制度引领、理念引领与组织引领是产城融合背景下党建引领完善社会治理体制的有效抓手。其中,制度是行动的保障,在党组织的统一领导下,各主体健全创新各项制度,为社会治理提供了坚实的制度保障;理念是行为的先导,通过党建引领变多元主体为一体,塑造相互依赖的资源协同网络,实现区域经济联动和社会联动的双重推进;组织是行动的关键,将政治标准放在第一位,健全组织能力、正确选人用人,为社会治理提供人才保障。

## (二)以制度规范优化顶层设计

社会治理工作的全局性和战略性须以顶层设计为保障,通过高效、标准的宏观制度规范来引导行动的实施。结合专业化区域规划和精细化管理手段,外高桥片区既抓经济发展又抓民生改善,进一步推动了产城融合与社会治理的有机结合。

一方面,设计区域发展规划,推动经济发展。为实现建成产城融合典范城区的发展目标,地方在制定中长期发展规划中既要结合国家政策背景,也要考虑周边产业组圈,以构建联动发展格局,规划方案也要更具科学性、前瞻性和可操作性。为此,外高桥片区汇聚专家力量,借助专家指导和利用先进测评工具制定区域发展规划。例如,2022年8月,外高桥保税区管理局编制了《地区产业发展规划》并邀请各界专家围绕各自研究和工作领域,就外高桥地区的发展定位、产业发展体系、产业空间布局和区域协同发展机制等内容进行协商与探讨。基于发展规划的顶层引导,外高桥保税区与周边的高桥镇、高东镇、高行镇、外高桥集团形成了"五高联动"的发展机制,推进了产城发展的区域协同效应,在促进产城融合的同时也为强化社会治理的区域协同提供了契机。

另一方面,规范整体化治理体系,优化社会治理。国家治理体系建设要求在党的引领下,形成一套包含经济、社会、政治、文化、生态等在内的紧密相连、相互协调的国家制度。遵循这一国家战略,除联动经济发展,社会治理体系须关注居住、环境、城市建设等多项工作。当然,实现社会治理各领域多头兼顾、全面化推进须完善顶层设计,积极统筹各项治理战略项目,以实现综合施策与综合治理。例如,为各项基层治理工作明确新方向与新任务,高行镇确定了"1+2+2+2"任务表:将始终坚持抓好党的建设、干部队伍建设、作风建设作为一项长期目标;做好民生服务和精神文明与文化建设的两个提升;夯实经济工作与社会治理两项基础;做好环境综合治理与动迁建设两项工作。在工作表的方向引领下,高行镇联合外高桥集团共同推进森兰区域的社会建设,引进优质的物业管理团队并将"酬金制""社区事务延伸服务"等打造成全区甚至全市的基层治理工作品牌。可以说,通过经济与社会工作的规范且系统化考量,高行镇经济发展基础不断夯实,社会治理工作亦得到持续加强。

总体上,从各区域和各镇的实例来看,外高桥片区分别从经济和民生工作出发,双管齐下,结合国家政策背景和区域发展实际情况,因地制宜,将实践经验上升为制度规范,为社会治理和产业发展提供自上而下的运行保障,以此促进产业、城市和居民三者之间的良性循环。

## (三)以多元合作推动资源共享

广泛凝聚社会治理主体的专业力量,建设多元联结、相互依存的社会治理网络是应然趋向。从角色定位来看,政府具有服务功能,应坚持人民至上,以为人民服务为基本原则;社会具有协同功能,应协商各方关系,实现合作共治;公众具有参与功能,应当彰显主体自觉、担当主体责任;企业具有支撑功能,应当发挥资金优势,担负社会责任。为此,高效能的社会治理有必要推进政、社、企等多方的持续性合作,打造产城融合发展格局下的协同共治机制。

以往社会治理多关注政社合作，然而，产城融合亦需关注经济与产业发展，这决定了市场主体即企业的重要角色。企业可以采取信息战略、财务战略以及基层动员战略发挥自身独特的优势，在为经济社会做出贡献的同时，推进社会治理结构转型与优化。总体上，在社会治理实践中，外高桥片区充分发挥了市场主体优势，通过积极推进政企合作、社企合作、自治共治等方式来持续优化社会治理。

第一，政企合作。作为重要的市场主体，企业通过政企合作模式参与到城镇化与社会治理工作中，通过将市场机制和资源引入社会治理，促进社会治理效能提升，助力社会治理新格局的形成。在数字化治理领域，企业具备显著的技术优势，政府具备独特的合法性和制度优势，政企合作有助于提高数字治理的成熟度与安全度，加速实现数字服务机会均等化目标。例如，外高桥保税区管理局、高东镇和外高桥集团三方创新"管镇企联动"的协同机制，通过分工协调、同步推进项目，提高了行政审批效率。再如，高桥镇政府和蚂蚁计划集团合作共建国内首个"互联网+教育"创客小镇"蚂蚁基地"，利用丰富的资源开展创业领域的教育合作和教学活动。

第二，社企合作。社企合作是指基层社会主体（如村居委或社会组织）与企业共同参与社区治理。在社区发展过程中，政府、企业和社区可以产生良性互动并实现自身的价值目标。例如，高东镇物业管理实行市场化运作模式，由物业企业为居民提供专业化的物业服务；物业企业与居委合作，在居委指导下，定期召开联席会议听取群众意见、到"家门口"服务站进行接待服务，有效提升了群众生活满意度。再如，作为一类典型的经济类社团，高东镇、高行镇、高桥镇商会积极联合会员企业参加光彩事业和访贫问苦等公益活动，动员会员承担社会责任，并引导优秀会员在环境治理、五违四必、扫黑除恶等工作领域带头示范，增进了企业和社区"鱼水情"。可以说，企业与社会组织等社会力量协同参与社区建设，有助于村居民获得更高效、更多元的服务，在提升人民获得感的同时，政府亦可以实现更有效的基层治理成果。

第三，自治共治。作为社区的主体，居民也是参与基层社会治理的重要力量。居民自治作用的发挥需要在党和政府的领导下，统筹居委会、业委会、社区物业等力量，团结各类组织、资源和人群，从而有效激发基层组织的战斗力、强化群众的参与力，形成同心凝聚、同脉相连的自治共治格局。例如，高行镇引导建立"幸福邻里会"居民自治联席会议制度，参会人员包括居委、物业、社区党员、业委会成员等。作为一个业主自治共治平台，"幸福邻里会"利用多方协商机制，有效解决了破绿、毁绿、停车难等诸多业主自治核心难题。再如，在党建引领下，高桥镇发布了《街区自治共治公约》，构建了自治共治的新模式，鼓励企事业单位、社区委员会和社区居民共同参与美丽街区建设。

### （四）以数字赋能提升管理水平

随着大数据、云计算、物联网等新兴信息技术在社会治理中作用越来越凸显，智能化社会治理已成为推进社会治理现代化的重要路径。产城融合背景下的社会治理，需要充分发挥新兴信息技术的科技优势，推动信息技术与社会治理深度融合。外高桥片区以提升社会治理数字化水平为目标，积极探索基于产城融合的社会治理创新路径。

一方面，完善智能化基础设施。数字化、智能化的新型基础设施包括人工智能、5G网络、数据中心等，能高效、精准地优化生产和服务资源配置，为城市运行和社会发展提供新动能。在实践中，外高桥片区根据不同应用场景配置智能化基础设施，打造数字化管理新模式。一是完善信息化网络，建设智慧园区。例如，外高桥智慧园区打造"线上+线下"智能产业数据平台，实现园区内企业供需信息的互联互通、高效协同，提升产业园区的整体化治理水平。二是开发智能化平台监管城市运行。例如，高东镇通过在镇域内安装3000多个数字监控摄像头，部署具备图像识别功能的新一代智能城管球，运用智能监测手段实时掌握道路交通、街面秩序等信息，开展线上执法工作。

另一方面，打造智慧型生活社区。智慧社区建设是基层社会治理体系与治理能力现代化建设的重要一环。城市化路径下的智慧社区,通过接入智能化设备、打造便捷的生活空间,显著提高社区治理智能化水平。在实践中,外高桥片区利用智能化手段改造社区,实现了综合治理的精细化。一是实施数字化治理垃圾分类管理。高东镇城运管理中心在垃圾投放点设置智能监控设备,监测居民的垃圾投放情况。通过精准追踪居民投放不当的行为并给予警告,有效监督垃圾分类。二是开展智能化社区养老服务。以高行镇为例,在社区内部开设智慧健康驿站,居民凭身份证或医保卡即可自助使用健康自检设备、体质检测站等资源,让居民在家门口就能享受到便捷的健康管理服务。

智能化基础设施的建设提高了企业运行效率,为区域经济发展增效添益。与此同时,智慧型生活社区的改造优化了居民的居住体验,不断推动社会治理变革创新。可以说,外高桥片区利用数字赋能,在提升城市管理水平、加快信息共享建设上表现出卓越成效,为产城融合下的社会治理提供了新的技术路径。

## 三 主要成效

在产城融合的大背景下,外高桥片区实施了多样化的社会治理创新举措,形成了具有代表性的实践样本,在经济、社会等领域取得了显著的成效。

### (一)激发了群众积极性

居民群众是基层治理中一股最大的潜在力量,其广泛且积极的参与有助于有效解决基层治理中面临的多项挑战。为此,外高桥片区各镇均以发动群众、依靠群众为治理手段,通过党员干部带动社区能人,建立楼长群、志愿者群、业主群等社区网格体系,带动越来越多社区中原本的"隐形力量"站出来治理和建设家园。例如,高行镇开展美丽楼道创建项目,居民纷纷参与并组建了"盆景汇"自治团队,致力于小区绿植和盆景栽培、环境美化等活动。在"盆景汇"带动下，小区居民将大门口原本黄土裸露、杂乱不堪的地方，改造成了赏心悦目的美丽庭园示范点。因此，在2021年上海市绿色社区创建验收中，浦东新区10个居委被评定为"市级绿色创建示范单位"，高行镇则以3家居委获评、占全区30%的成绩位列新区榜首，成为全市获评最多的街镇。这一成果让居民从社区参与中获得幸福感与满足感，进一步激发了居民的热情，形成了居民参与和治理效能的良性循环。

### （二）提高了邻里和谐度

为提升社区居住安全性并避免各类安全隐患影响邻里和睦，外高桥片区有针对性地开展了一系列安全治理工作。针对群租现象，各镇通过制定群租房认定标准、电子眼智慧识别群租房等方式积极开展人居环境整治。随着整治活动的开展，各镇出台了"以房管人、一户一档""微型消防站"等多项治理措施，群租现象得到有效改善，邻里间也杜绝了因占用消防通道、群租噪声污染等问题产生的矛盾，人居环境、市容市貌以及邻里关系得到了明显提升。针对社区环境问题，各镇积极推进垃圾分类数字治理、全民清扫活动等。例如，高行镇推动睦邻园艺坊项目，通过党建引领开展"五个一"（聊一聊、问一问、救一救、借一借、赏一赏）服务、花艺自治和交流展示活动，提升了居民区服务功能，深化了"相守相望、互助互爱、以邻为友、以德为邻"的睦邻文化理念，打造了小区治理宣传阵地。目前，睦邻园艺坊成为高东镇居民睦邻交流、活动开展、自治协商的重要阵地。

### （三）提升了服务专业性

通过购买服务领域的一系列改革，外高桥片区政府与市场、社会的合作逐渐深入，更多专业的服务力量参与社区治理，在增强社会治理专业性的同时，提升了居民的满意度。例如，高东镇进行了区域化管理、市场化运作和专业化履职的物业"三化"改革，实现了从"管家式物业"向"服务型物业"的转变，物业管理工作逐步走向规模化、标准化和专业化。可以说，一系列改革全面提高了物业服务的专业性，大大提升了居民对物业工作的满意度，尤其体现为物业费收缴率的上升。在物业工作改革前，老旧小区的物业费收缴率不足40%，改革后增长至99%。财政补贴在物业保有量上升25%的情况下，由年均2000万元下降到年均900万元，这在降低政府管理成本的同时，也打造了上海市物业工作的优化样本。目前，在外高桥片区多个社区，物业服务企业将居民的参与感和感受度放在首位，耐心细致地做好居民的服务，让居民真正成为选择物业服务、监督物业服务的主人，彰显了党的二十大报告所提及的"增进民生福祉，提高人民生活品质"。

### （四）提升了治理精细化水平

进入信息时代，数字化治理水平成为检验政府治理能力和社会治理效能的重要指标。提高数字化治理水平同样也是外高桥片区各街镇社会治理的重要目标。浦东新区依托"城市网格化综合管理系统"、"应急管理平台"、"浦东治理"App、"一网统管"大屏等智能化平台进行社会治理，既提高了政府对社会问题的处置能力，又提高了人民的生活质量，使得社会治理的精细化水平得以提升。

一方面，治理效能的进一步提升。外高桥片区广泛运用网络技术和信息化设备，灵活采用视频监控、报警系统、智慧城运等多种方式提高主动发现问题、高效处置问题的能力。例如，高东镇通过安装80个街面综合管理摄像头，实时监控街面情况。2021~2022年，通过智能平台实现了非机动车乱停放、占用消防通道、乱堆乱放、跨门经营等不文明事件告警37810起。高行镇在全区首批试点城市运行管理联勤联动机制3.0版，涵盖违法搭建、街面秩序、河道养护等52项管理闭环。

另一方面，治理需求的多元化满足。在实践中，数字治理手段在外高桥片区开展智能化社区治理、保障特殊群体特定需求等方面发挥了关键作用。高行镇的智慧健康驿站借助智能化设备，为社区居民提供自助健康检测、健康自我评估、健康指导干预三大类服务，并在上海健康云实现个人信息同步更新，居民健康的自检、自评和自我管理。在垃圾分类方面，三镇积极完善"两网融合"服务，在可回收物服务点与中转站建设、配套设施、智能化监

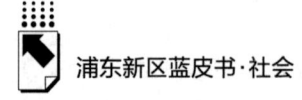

管平台构建等方面全力推进，深耕"城市矿山"，不断促进再生资源循环使用；利用智慧社区信息系统，将"两网融合"中转站纳入城市运行"一网统管"，实现了线上精细化监管与线下回收的有机结合。可以说，在数字化技术推动下，外高桥片区社会建设面貌焕然一新，智能、便捷的社区服务（如养老、健康等）为居民的社会服务供给及社区管理（如垃圾分类）提供了新型路径，有效提升了社区精细化治理水平。

## 四 经验与启示

在产城融合的宏观背景下，外高桥片区的社会治理强调党建引领下的整体性治理，既需要线上数字技术赋能式治理，也需要线下多主体协同式治理。总体上，外高桥模式给予我们三方面的社会治理启示（见图3）。

| 党建引领明确发展方向 | 技术引入促进数字赋能 | 主体协同强化功能互补 |
| --- | --- | --- |
| ·党建引领治理规划<br>·党建引领业务融合<br>·党建引领居民自治 | ·治理平台数字化<br>·治理设施智能化 | ·建立本土多元共建机制<br>·以党建链接多元主体 |

图3 外高桥片区社会治理启示

### （一）党建引领明确发展方向

2021年，中共中央、国务院印发《关于加强基层治理体系和治理能力现代化建设的意见》，强调"党对基层治理的全面领导"。在实践中，外高桥社会治理正彰显了通过党的全面领导，实现社会治理在结构、功能等方面的不断调整和优化。通过党建引领，外高桥片区社会治理实践有效平衡了经济进步、城镇化与公共服务的发展；明确了发展和治理的基本方向；协调了政府、市场、社会的多元关系以及整合了多种渠道的资源。可以说，党的领导是当前产城融合下社会治理体系构建的核心，贯穿了政治、经济和社会的各个领域。因此，有必要在产城融合与社会治理中进一步强调党建的作用。

首先，在制定发展和治理规划时充分嵌入党的理念与思想，将党建有机融入社会治理的血液。例如，在确定产城融合背景下的社会治理规划时，党的定位和职能需要予以明确，党组织"发动、引领、推动"的积极作用需要发挥并切实成为共建共治共享的社会治理的先驱和组织载体。例如，外高桥片区在产城融合进程中提出的"五联五共"建议，在产业高质量发展、城中村改建、文体类活动举办、智能化管理中引入党建要素，为产业融合与社会治理指明了方向，这一举措值得其他地区借鉴。

其次，发挥区域党建和联建共建作用，打造党建业务融合项目。无论是产业发展还是社会治理，均需要党建引领把握正确的方向，与此同时，党的主张宣传、决定贯彻、团结群众等目标亦需要以业务为载体。例如，在党建引领下，森兰集团与高行镇逐步打造了"宜商、宜业、宜居"的城市生活圈，通过镇企合作，融合基层治理和城市发展资源，推动城镇化联动发展。其他地区实践亦可参考这一思路，以产业、商业、生活、生态等的融合为切入点，策划更受欢迎的现代化公共服务，让产城融合与社会治理更加平衡。因此，产城融合下社会治理体制的稳定建设和创新化发展需要将党建元素融入具体的业务中，以项目化的形式开展党建活动，将系列党建工作开展到与居民生活和产业发展切实相关的活动中，使得党建方式与内容更加多样、社会治理工作更加明确、服务更加高效、产业与治理的融合更加平衡。

最后，发挥党建的引导作用，激发居民参与的热情。基层社会本质上是以居民为主体的生活空间和行动场域，居民参与社区建设理应成为我国基层治理的核心内容和根本要求。外高桥片区充分利用党员干部在社区内的号召力和权威性，鼓励社区能人参与社区决策等，进而带动更多普通居民共同参与垃圾分类、美丽庭院设计和建设以及疫情防控等事宜，激发出居民对于社区的归属感，进而提升居民的参与积极性。在居民社区参与积极性不高、参与意识不强成为基层治理普遍难题的当下，外高桥片区以党

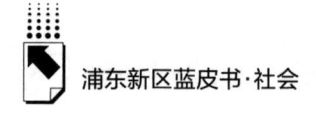

员和非党员中的社区精英为中介力量，引导居民参与的治理实践值得广泛参考与借鉴。

### （二）技术引入促进数字赋能

2019年党的十九届四中全会提出"完善党委领导、政府负责、民主协商、社会协同、公众参与、法治保障、科技支撑的社会治理体系"，首次将科技支撑纳入社会治理新格局，奠定了现代数字技术在提升社会治理效能中的重要地位。毫无疑问，数字技术在产城融合中既可加速社会经济的发展与转型，亦可渗透政治和社会领域，促进社会治理理念、路径和方式等发生变革。因此，技术化治理是社会治理水平提升的关键路径，也是平衡与结合产城融合和社会治理的重要方式。就产城融合背景下社会治理实践而言，外高桥片区积极引入数字技术，在降低治理成本的同时，加速了经济发展与社会治理的有机结合。

一方面，治理平台数字化。依托上海市"一网统管""一网通办"平台以及浦东新区监管、安防、信息管理等平台，联合各镇量身打造的数字化系统，打造个性和共性相结合的智能化综合治理平台。基于此，地方可尝试将数字系统应用于消防、安防、交通、城运等各个领域，通过"智慧技术"来拓展治理功能，实现"互联网+治理"的新模式；通过智能化迭代升级，推动经济社会转型、优化治理结构、促进安全控制管理，最终实现经济发展与社会治理的一体化、智慧化与高效化。

另一方面，治理设施智能化。依照不同群体的治理诉求，如老年人的健康饮食与健康检测需求、学龄儿童的教育需求、工作白领的休闲需求等，街镇层面可配备智能化的服务设施，积极打造邻里中心、健康监测站、AI学习站等多样化、个性化的空间单元，引进智慧教育、智慧医疗、智慧养老等设施，在完善基层治理配套、提高社区宜居水平的同时，有利于吸引高层次人才就近居住，促进产业的人才赋能，从而推动产业发展和优化。这一举措可以有效满足企业白领等社区居民不同层次的社会需求，从民生优化的角度让企业与社区的主体都能获得更完善的服务。

## （三）主体协同强化功能互补

产城融合需要党建的方向引领、政府的政策规划以及企业的技术支撑，从而构建以党的组织体系为枢纽的多方协同网络，共同推动产业发展和生态平衡。与之类似，社会治理涉及多方利益主体，需要将多方力量及相应资源整合至社区治理进程当中，推进共建共治共享的社会治理共同体的建设。在外高桥片区，政、社、企等多方利益相关者具备不同的优势和资源，建构了资源依赖与行动互补的治理结构，从而获得了"1+1>2"的显著效果。

一方面，建立本土多元共建机制。在产城融合背景下，地方政府需要将产业发展与社会治理有机结合起来。作为产城融合与社会治理的共同主体，政府与企业均应发挥各自专长，吸引居民、社会组织等社会力量共同参与，构建共建共赢的治理机制。参考外高桥片区森兰集团与保税区管理局、高东镇、高行镇等共同搭建"管镇企"联动架构的实践，地方政府应积极鼓励市场力量、居民群众及社会组织参与社会建设，并与他们开展积极合作，共同探索"15分钟生活服务圈"的搭建，缩小生活与工作间的距离，让生活更加温暖、工作更加便捷。

另一方面，以党建链接多元主体。协同化治理的核心在于多元主体建立稳固的合作机制，这需要通过党组织来有效统筹各方并整合治理资源，以提升治理效能。例如，在疫情防控期间，外高桥片区通过党建动员社区资源力量、强化群众工作路线，健全了党组织领导的居民自治、民主协商、群众带动、社会参与等治理机制，形成"众星拱月"之势，提升了基层治理精细化水平，激发了基层治理活力。参照此经验，其他地区应坚持党建引领，鼓励和引导多方社会力量参与社会治理，其中代表性举措如下。一是挖掘和培训党员干部、居民领袖、社区能人，以社区精英为中介激发居民参与社区治理的积极性和主动性。二是与片区企事业单位深度合作，共同构建稳定的积分治理体系，通过红榜表彰、积分兑换等激励机制，推进社区自治长效化。三是借助自治金与民生微实事等项目，由专业社工引导并提供技术支持，委托社会组织具体开展项目运作，鼓励社区治理创新，逐步引导居民成为社区

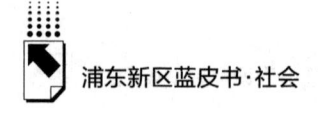

治理的主体。四是以党组织为领导建立多方联席会议制度，向社会主体赋予决策权能，搭建协同化的治理平台。

## 五 对策与建议

外高桥片区在社会治理实践中实现了较大程度的创新并取得了不少成绩，然而，鉴于产城融合背景下社会治理仍是较新的社会建设工作，外高桥片区在实践中仍存有一些有待改进之处，如社会主体参与度不足、治理触角延伸不到位、交界区域的治理主体缺位等。针对这些问题，未来需要从治理主体、治理手段与治理范围等三个方面推进实践优化。

```
                促进治理主体的社会参与
                ·加强协会商会建设，引导产业健康发展
                ·鼓励社会力量参与基层治理
                          ↑
                        优化路径
                       ↙      ↘
   强化治理手段的区域合作        推动治理范围的全面覆盖
   ·明确权责，落实到具体部门      ·强化产镇合作
   ·协同联动，加强综合治理        ·加强交通规划
```

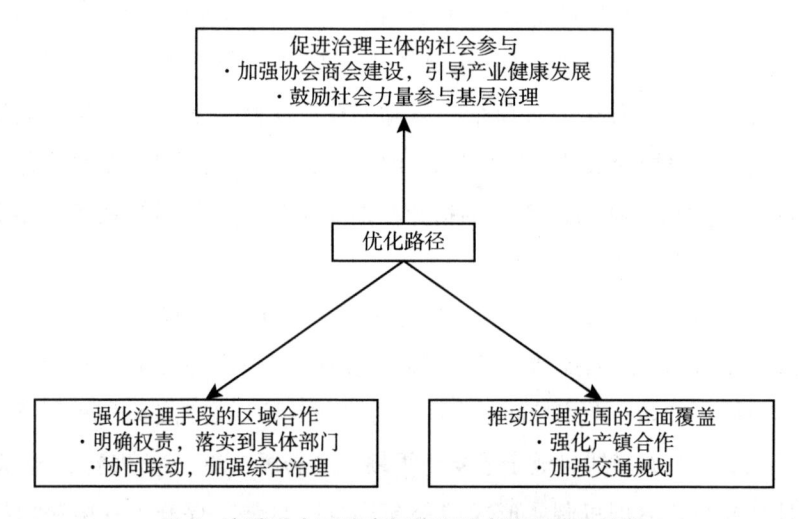

图 4 产城融合下外高桥片区社会治理优化路径

### （一）促进治理主体的社会参与

良好的社会治理结构需要坚持党建引领、政府负责，并整合社会多方力量，以形成优势互补、资源互助的稳定协同结构。目前，外高桥片区积极推进多方共治共建并在一定程度上推动了产业的转型升级，但产城融合背景下的社会治理仍以政企合作为主，社会力量的参与程度不足。具体原

因表现在两个方面：一方面，原本应当在产业与治理中发挥桥接作用的行业协会商会力量薄弱，既难以服务企业进一步发展，又未能有效协调企业与周边环境的有效互动；另一方面，片区内存在较多的园区工人，这类群体较多来源于劳动密集型产业，人员流动性强且社区归属感不足，参与社区建设的积极性较低，这也导致外高桥一些社区在环境卫生、社区安全等方面存在隐患。

党的二十大报告强调"健全共建共治共享的社会治理制度"。因此，社会力量在社会治理中扮演着不可或缺的作用。例如，在产城融合的背景下，第三部门可以有效延伸政府和企业的治理触角，细化片区内的各项治理事务。因此，外高桥片区社会治理必须加大力度吸引社会力量参与，逐步向更加紧密的协同式治理模式转变。

一方面，加强协会商会建设，引导产业健康发展。一是协会商会可以发挥服务功能，可加速产业转型升级。基于企业发展需求并以产业整体竞争力和影响力提升为目标，协会商会通过整合社会资源、链接市场机会、提供技术和人才服务等方式为企业发展链接所需各种要素，加速企业和产业发展壮大，发挥"拉升"或"助推"作用。二是协会商会可以发挥自律功能，约束企业行为。例如，为确保企业产品或工程质量符合法规要求，或当产业内出现权益倾轧事件或恶意竞争行为时，协会商会能够开展协调和维权行动，进而保护整个产业声誉，为产业的发展起到"托底"的作用。基于协会商会在产业发展中的重要作用，外高桥片区在产城融合的进程中应当适当予以支持，通过服务购买、事项委托等方式向协会商会赋能，助其树立行业和地区权威，更好地发挥各项功能。

另一方面，鼓励社会力量参与基层治理，增加基础设施与公共服务供给。在市域社会治理中，企业可发挥技术和资金优势，研发现代化、智能化的设施设备。不同群体的需求具有多样化的特点，仅仅依靠政府和社区的力量无法做到完备且专业。社会组织则可发挥扎根社区的优势，专业化地满足社区不同群体的多元化需求，如满足老年人养老需求、为广大居民提供心理咨询服务、为产业工人提供更丰富的休闲生活等。因此，外高桥片区各镇需

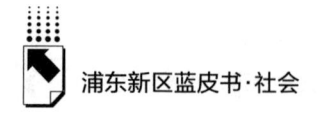

要加大社会组织孵化和服务购买力度,这不仅可以促进社区的共建共治,还可以提升社区服务的专业性以及居民的满意度。

## (二)强化治理手段的区域合作

产城融合与社会治理均是涉及多主体、多区域的综合性事务。从区域范围层面看,外高桥片区产城融合既包括独立的保税区与自贸区,亦涵盖辖区多个城镇,这需要相邻区域间的通力合作。然而,区域化治理壁垒的存在难免会产生交界地带治理真空现象。在产业园区与居住区混合的外高桥片区,为满足工人的居住需求,不少企业将厂房改建为公寓出租,人口居住密度加大,造成了不少治理难题。在高东镇与周边镇交接区域,有的厂房被转租用作废品、钢材等大件物品的堆场并长期在夜间作业,噪声较大,另有在道路两侧沿线乱设摊、乱堆物、乱晾晒、共享单车乱停放等问题,导致市容环境受损。然而,由于相邻镇间沟通与合作不足,不少社会管理问题未得到及时有效解决。针对治理真空导致的社会乱象,未来急需不同区域打破隔离状态,主动开展合作,通过权责划分和协同联动方式来加以解决。

其一,明确权责,落实到具体部门。解决区域交界地带社会问题的首要举措在于区域间多个部门进行友好协商,这需要各方主体如各镇政府之间采取协调会、座谈会等方式在环境整治、交通规划、消防卫生等方面进行沟通和统筹规划,将不同类型的问题落实到具体部门,避免各区域、各部门职责不清与相互推诿。其二,协同联动,加强综合治理。一是要推动区域间的党建联建,借助党的基层权威与协调功能将各部门、各条线整合起来,打造联合执法机制的基础;二是要求各区域城管、消防等部门开展联合执法,在人居环境整治、市容市貌优化、治安交通改善等方面综合施策,打破区域与部门间的壁垒,推动交界地带治理问题持续解决,让社会治理的触角往边界延伸。

## (三)推动治理范围的全面覆盖

外高桥保税区与沿海船厂、码头等是外高桥片区的支柱性经济来源,其中有大量的劳动密集型产业，员工数量庞大，各企业对于人才公寓、职工宿舍等公共服务配套设施的需求较大。因此，在产业运行、经济发展的同时，与产业园区相邻的高东镇、高桥镇、高行镇等为经济发展发挥了重要的后援保障作用。值得注意的是，过于庞大的员工数量和产业集群产生的人员管理与交通运行需求给周边街镇造成了巨大的压力，保障性住房等公共服务供给仍有不足，相关基层管理部门也难以协调集卡车辆过多造成的道路拥堵、违法停车等次生管理问题。因此，未来外高桥片区需要重点关注公共服务设施建设和道路交通规划。

一方面，强化产镇合作，优化"类住宅"公共服务设施。产城融合不仅需要推动"台前"的产业快速发展进步，也需要为"幕后"工作者提供更高品质的生活保障。作为工作群体，由于流动性强及精力有限等原因，产业工人不像当地生活群体那样具有较强的社区建设参与积极性。未来，外高桥片区可进一步探索镇企合作模式，整合体制内外资源、健全基本公共服务体系，着力解决好产业工人"急难愁盼"问题。其中，企业方可以充分发挥自身在资金资源上的优势，通过建立设施更完善、环境更友好的保障性住房，让更多优秀员工感受到来自企业的温暖，以此作为员工留续的关键手段，并借此实现产业职工与普通居民物理分离，便于基于不同人群实现基层社会的分类治理。同时，镇层面也应积极作为，如面对保障性住房公共服务不足的困境，采取建立流动社工站的形式。总体上，在推进产城融合过程中，地方应特别关注产业人群，强化相应的社会公共服务供给，为其提供工作、生活、社交所需的一系列服务，扩大"家门口"服务的范围，通过服务供给来提升其社区归属感并有效引导其参与社区建设。

另一方面，加强交通规划，针对不同车辆进行分流。公共交通网络是产城融合体系中促进产业集聚与发展的基本需要，也是社会治理中满足广大居民生活需求的重要内容。外高桥片区集卡车辆对交通带来的过大压力不仅造成交通拥堵，更容易给街镇居民的正常生活带来严重的安全隐患。为此，未来有必要引入分类治理思路，在空间维度上优化交通规划；通过构建外通内联的运输通道网络，打造居住带和产业带的车辆分流交通网络，以支持产城

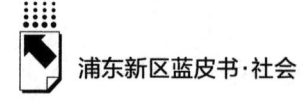

融合公共体系，同时可减轻各街镇的社会治理压力。另外，外高桥片区是典型的物流产业区，来往车流量多、交通违规等事件频发（如违规停车、物品特别是危险品乱堆放），因此，未来有必要加强对于车辆违规违法行为的整治力度，例如提升交通巡逻的频次、鼓励居民对违停现象进行举报等，提高对车辆违规违法行为的震慑力。

**参考文献**

龙海波：《中小城市新区产城融合发展研究——以邯郸冀南新区为例》，《开发研究》2021年第6期。

刘玉东、徐勇、刘喜发：《党建引领社会治理的内在机理与系统构建——以南京市域治理为例》，《南京社会科学》2022年第6期。

邓正阳、向昉：《从政党重塑基层：党建创新引领基层治理的实践透视》，《社会主义研究》2021年第5期。

余卫东、柳明：《社会治理共同体构建的伦理之维》，《江汉论坛》2022年第7期。

何轩、马骏：《被动还是主动的社会行动者？——中国民营企业参与社会治理的经验性研究》，《管理世界》2018年第2期。

杨振：《新型城镇化下政企合作的路径演进与经验借鉴》，《宏观经济管理》2020年第4期。

许晓东、芮跃峰：《市域社会治理智能化的体系构建与实现路径》，《江西财经大学学报》2021年第6期。

李晓华：《面向智慧社会的"新基建"及其政策取向》，《改革》2020年第5期。

马俊：《论智能技术对社会治理变革的影响》，《行政论坛》2022年第4期。

汤彬：《基于整合的协同：城市社区统合治理的实践逻辑》，《甘肃行政学院学报》2022年第2期。

# B.4
# 由园变城：张江科学城发展中的社会治理之路

张继宏*

**摘 要：** 社会治理是促进园区转型升级和产城融合发展的重要途径，完善的公共服务、公共治理、公共安全是提升科技园区城市功能、助推科技园区实现产城融合的重要手段。张江科学城在推进国际一流科学城建设的过程中，围绕"产""城""人"融合发展，通过规划先行、机制创新、协同治理、生态营造、科技赋能等一体化社会治理体系建设，满足张江地区人才的多层次多样化需求，促进公共服务水平和治理效能提升，助力打造宜居宜业的一流科学城。经过30年的实践探索，张江科学城已经构建起一套适合科技创新和产业集聚的社会治理新路径，成为科技园区转型升级发展的张江样板，也为全国其他科技园区的社会治理提供了经验。

**关键词：** 产城融合 机制创新 协同治理 生态营造

2017年8月12日，上海市政府正式批复张江科学城的建设规划，明确张江科学城规划面积为94平方公里，将以张江高科技园区为基础，转型成为中国乃至全球新知识、新技术的创造之地和新产业的培育之地，打造新型宜居宜业城区和市级公共中心，目标是成为"科学特征明显、科研要素集

---

\* 张继宏，中共上海市浦东新区委员会党校讲师，主要研究方向为政府改革、公共管理等。

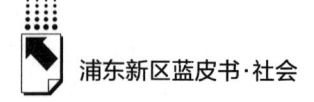

聚、环境人文生态、充满创新活力"的世界一流科学城。这是以习近平同志为核心的党中央高瞻远瞩、科学决策做出的进一步落实我国科技引领发展的重大战略部署，是新时代提升我国国际竞争力，推动全面建设社会主义现代化强国的重要举措。

2021年7月，随着《中共中央国务院关于支持浦东新区高水平改革开放打造社会主义现代化建设引领区的意见》《上海市张江科学城发展"十四五"规划》的出台，张江科学城进一步扩区提质，由2017年确定的94平方公里扩大到220平方公里，计划到2025年成为大师云集的科技创新策源地、硬核主导的高端产业增长极、共治共享的创新生态共同体、活力四射的国际都市示范区。

2022年7月28日，张江科学城迎来诞生30周年纪念。从1992年的17平方公里到如今规划面积220平方公里，经过30年的发展，张江已经由园变城，转型升级成为集聚创新生态、功能融合发展的"创新之城""宜居之城"。张江在实践中探索出了一条适合科技创新和产业集聚的社会治理新路径，成为科技园区转型发展的"张江样板"。

## 一 背景和缘起

30年来，张江牢牢抓住历史机遇，在创新领域深入实践，实现从零到一、从无到有、从小到大的迭代发展。紧紧围绕着国家科技创新的使命，朝着打造自主创新新高地奋进。在国家创新驱动发展战略的引领下，各项工作都取得了显著的成效。

### （一）科技创新实力不断增强

已建、在建和规划的国家重大科技基础设施达到12个，已初步形成我国乃至世界上规模最大、种类最全、功能最强的光子大科学设施集群。张江实验室和上海脑科学与类脑研究中心先后挂牌成立，李政道研究所、张江药物实验室、张江复旦国际创新中心、上海交通大学张江高等研究院、同济大学上海自主智能无人系统科学中心、浙江大学上海高等研究院等一批创新机构和平台落地张江。

### （二）主导产业竞争力不断提升

集成电路、生物医药和人工智能三大主导产业不断取得关键核心技术突破，人工智能、"计算+"等新兴产业创新成果从张江走向世界。全球芯片设计领域70%的区域总部、研发中心设在张江。

### （三）科技创新人才集聚效应不断放大

如今的张江拥有50多万名从业人员、约2.4万家企业、1800家高新技术企业、179家外资研发中心，企业总营收突破万亿元，年均增长10%以上。

### （四）创新创业生态不断优化

各类双创载体达到100家，在孵项目2500余个，孵化面积近80万平方米，形成了"众创空间+创业苗圃+孵化器+加速器"的创新孵化链条。

张江地区如此快速度、高强度的发展节奏，带来了企业的加速落地和人才的快速流入，这对张江的城市功能建设提出了强烈的需求，产生了诸如人才安居、交通便利、教育医疗、商业配套等方面的供需矛盾。交通堵点、环境整治、安全综治、劳资纠纷等基层治理的难点困扰着基层工作者。因此，探索产城融合的社会治理创新、破解科技园区基层治理难题，成为张江科学城转型升级面临的严峻挑战。

按照《上海市张江科学城发展"十四五"规划》，围绕成为"科学规律的第一发现者、技术发明的第一创造者、创新产业的第一开拓者、创新理念的第一实践者"的目标方向，服务于浦东打造社会主义现代化建设引领区，张江科学城的目标是建设成为"科学特征明显、科技要素集聚、环境人文生态、充满创新活力"的国际一流科学城。该规划不仅从产业、交通与生态角度进行设计与引领，更从公共服务、创新生态打造等方面对社会治理提

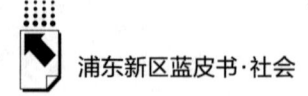

出了要求,特别强调营造具有国际竞争力的人才环境,优化人才综合服务环境,为科创人才提供稳定舒适的优质生活环境,提升人才的获得感和满足感。这就需要在产业集聚的基础上,逐步融入文体教育、休闲娱乐、商业服务、政务服务等城市服务功能,形成功能复合的产业园区,以达到"产""城""人"之间的有机融合发展。

产城融合的核心抓手在于公共服务、公共治理、公共安全等城市功能的有效配给。同样,张江科学城在发展产业功能的同时,也要强调城市功能,以产促城、以城兴产,合理配置产业要素和生活功能配套,提升张江科学城的品质和活力,打造高质量社会治理体系的"张江样板"。张江科学城这些年来以此理念为指引,对标国际一流,以更大格局、更高站位,加快推进高质量社会治理体系建设,走出了一条具有张江特色的产城融合发展之路。

## 二 举措和机制

张江科学城对标国际一流,围绕"产""城""人"协调发展,在制度改革、机制创新、公共服务供给、生态环境营造、综合协同共治等领域采取了一系列创新举措,为张江人提供多元、优质、便捷的社会服务。并且把"创新、协调、绿色、开放、共享"的新发展理念贯穿于社会治理体系建设的全过程,更好地推动张江科学城建设,彰显着高质量社会治理的"张江样板"底色。

### (一)以机制改革强化社会功能

体制机制改革可以有效激发创新活力,有利于职能的协调衔接,推动各类组织在党的统一领导下协调行动、增强合力。张江"管镇联动"改革试点,自2015年3月17日启动以来,围绕提升城区生活品质和提升产业能级的总目标,探索形成了可复制、可推广的经验,为科创中心和科学城建设提供了强大助推力。

按照浦东新区区委、区政府部署,张江镇自2015年3月起全面取消镇、村两级招商引税职能，将工作重心从经济发展转向公共服务、公共管理、公共安全等社会管理职能。张江管委会则全面负责企业招商引资职能。双方明确职能分工，又相辅相成、紧密合作，建立了职能转移、区域治理、环境提升、文化融合等联动机制。"管镇联动"改革实施以来，张江地区形成了社区和园区之间"工作覆盖无盲区、资源整合无壁垒、沟通协调无障碍、协同联动无缝隙"的区域大联合良好局面，具体成效体现如下。

1. 协调联动机制更加顺畅

张江镇建立了与张江管理局、张江集团的双月例会制度，定期会商区域发展的大事、难事，资源共享、项目共推、成果共享的工作机制进一步深化。

2. 城市管理效能显著增强

张江镇牵头成立城市综合管理联动平台，加强市容环境、秩序维护整治，同时全面开展"五违四必"整治，保障了科创中心重大项目落地和科学城建设的土地使用效率。

3. 区域市容环境逐步改善

2015年，张江镇与张江管理局签订"五化"工程协议，推进张江区域市容美化、环境绿化、道路净化、路网优化、管理强化，宜居宜业的科学城"后花园"逐渐形成。

4. 公共服务水平不断提升

由张江镇设立社区事务受理服务中心，为张江居民提供便捷服务，不断优化人才服务软环境。探索乡村人才公寓，为张江人才提供宜居生活空间。建设园区社区共治平台，组织一系列文体活动，主动配合园区做好企业劳资纠纷和信访稳定等工作。

张江要实现从高科技园区向科学城的"蝶变"，一方面是要从科技向科学转变，向基础研究进军；另一方面是要从园区向城区转型，强化城市功能，让张江变得宜业更宜居。张江科学城还将在体制机制上进一步优化深化管镇联动，实现张江科学城的高质量发展和高效能治理。

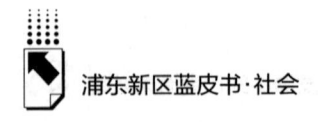

## （二）以模式创新提升居住功能

人才是第一资源，创新是第一动力。科学城以人为本，坚持需求导向，采用多元化的机制和创新管理模式为人才提供安居服务。随着国家科创中心战略的持续推进，越来越多的科创人才和建设者涌入张江，人口的迅速导入产生了安居服务的强烈需求。让进入张江的科创人才住得安心舒心，成为满足公共服务需求的首要任务。

**1. 建立多元化住房体系**

注重提升住宅品质，为各类创新人才提供多样化的居住选择。依托轨道站点增加租赁性住宅，优先将未建的住宅用地用于建设租赁性住宅。提供高品质国际社区、科学家社区、人才公寓、创业社区、公共租赁住房等租购并举、租售衔接的住房保障服务。

**2. 全力解决群租难题**

张江科学城从深化人口服务综合调控出发，在群租治理方面进行了一系列有益探索，开创了出租房屋综合治理的"张江模式"，并将"群租"长效治理机制纳入城市运行"一网统管"，以智能化为抓手，持续加强人口和治安管理，通过"全过程、全方位、全天候"的精细化管理措施，巩固群租整治成果，提升城市精细化治理能级，为"活力四射"的科学城营造了良好安居环境。

**3. 探索建设"乡村人才公寓"**

张江科学城以需求为导向，大胆探索利用农村闲置宅基地房屋改造乡村人才公寓。一方面，乡村幽静的居住环境符合企业人才居住需求。另一方面，农村房屋出租基本上处于自发、分散和无序的状态，建设乡村人才公寓既能规范房屋租赁行为，又能为当地村民带来稳定收益。在新区组织部、张江自贸区管理局和新区工商联等部门的大力支持下，张江科学城加强与镇域内企业、科研院所和高校的沟通，推进供需精准对接，为张江区域内的多个重点企业和高校科研院所解决了员工住房困难。

"乡村人才公寓"的管理模式创新为张江人才提供宜居宜业生活空间，

为张江辖区租赁房市场提供有益补充，为张江农村发展开辟新空间，形成了可复制推广的人才安居"张江模式"。

**4. 打造"15分钟服务圈"**

居住功能的提升离不开良好的环境和服务。根据人才需求，人才公寓周边要打造共享客厅、无人超市、休闲平台、爱心菜地、机动车和非机动车停车场等，还要建设服务中心、便利店、健身步道等。此外，在新区生态环境局大力支持下，张江在其周边区域打造近千亩张江开放林带示范点，开展清洁小流域建设，实现科学城人才的诗意栖居。另外，结合村"家门口"服务中心、社会事业建设等工作，同步完善人才公寓周边公交、餐厅等相关配套，打造"15分钟服务圈"，为人才提供便利的出行环境和优美的居住空间。

## （三）创新人才机制发挥磁吸效应

人才是第一资源，创新是第一动力。从开发初期的"八百壮士"，到如今"聚天下英才而用之"，浦东新区高度重视人才工作，支持人才向浦东集聚。2017年浦东成立全国首个海外人才局，试点自贸区永久居留推荐直通车制度。2019年7月，浦东新区获得国内人才引进直接落户和留学回国人员落户审批权，这在全国的直辖市和超大城市中属于首例。

**1. 创新引进人才制度**

张江全面落实人才创新政策，持续开展海外人才申请中国永久居留身份证和移民融入服务试点工作。率先试点永久居留推荐直通车制度、外籍人才口岸签证、外国本科及以上学历毕业生直接就业政策，出台了一系列配套支持政策和服务。持续优化引才综合环境、提升引才服务水平；深化人才政策和机制创新，充分发挥张江科学城人才引进落户政策作用；推进人才出入境、税收优惠等政策全面落地实施，探索海外人才工作许可、签证、居留"一证通"等改革创新政策先行先试。

**2. 加强人才集成高效服务**

优化人才发现机制，引入与国际接轨的人才评价方式，强化对人才及其团队整体支持,支持人才在科研机构和企业之间双向流动。提供更加优质便捷的人才服务,依托国家移民政策实践基地、上海国际科创人才服务中心、浦东国际人才港等平台,充分运用信息化、智能化等服务手段,提升人才服务办事效率,营造国际化人才服务生态。

**3. 持续打造科技人才良好的生态环境**

张江在中央和市、区各级层面的政策支持下,为科技人才提供研发资助,落实高新技术企业所得税优惠政策,对企业的科技创新活动给予公平普惠的支持;扩大科研事业单位选人用人、编制使用、职称评审、薪酬分配等方面的自主权;优化人才综合服务环境,提供多层次、多渠道、多品种的人才安居、教育、医疗等服务;营造尊重人才的良好氛围,提升人才获得感和满足感。

张江全面落实深化各项人才政策,各类人才"近悦远来"。张江科学城在创新人才制度的支持下,吸引集聚了一大批诺贝尔奖获得者、海外院士、中国两院院士、海外高层次人才以及产业领军人才。

## (四)以优质供给满足民生需求

要使人才长期安心定居,不仅要解决住房问题,更要满足人才的子女教育、养老、医疗、环境、精神文化等民生需求。与人民群众息息相关的民生领域,每一项都是提升城市吸引力不可或缺的因素。基于此,张江坚持从引进教育机构、构建友好城区、发展智慧养老等方面不断发力,全方位推进科学城民生建设,奋力打造更加宜居的美好家园。

**1. 推动优质教育资源集聚**

支持全市品牌公立学校设立张江分校,增加优质国际学校供给,支持民办学校内涵发展;探索在基础教育领域发起"科创教育",共享张江科学城的科创资源,打造张江基础教育的科创特色;增加养育托管中心,提供多元化托幼服务;引入创业大学等新型职业教育机构;探索在街镇、社区开展终身教育。

## 2. 完善高端医疗服务体系

构建以三甲医院为龙头,专科医院、国际医院、社区医院和第三方检测平台、远程医疗等共同发展的多层次医疗卫生服务体系;加快推进国家儿童医学中心和上海市肿瘤医院东院建设。

## 3. 提供国际化、便利化的商业服务

构建产业社区"15分钟服务圈"和居住社区"15分钟生活圈",布局一批高品质酒店和商业综合体,完善适合消费、健身的设施配套,新增提供国际语言服务,创造24小时便利工作生活的环境。

## 4. 创建儿童友好社区示范点

张江作为首批市级儿童友好社区示范点之一,打造了张江国际青少年创新创业实践基地,发布了全市首条儿童科创路线,路线涵盖张江人工智能馆、上海飞机设计研究院、张江国际青少年创新创业实践基地、上海超级计算中心计算机科技馆等15个科普场馆;并携手区域化党建单位,建立103个"双减"科普课堂及62个"双减"实践基地,为张江人才的子女提供高质量的育儿服务。

## 5. 提供高品质养老服务

张江探索"养老一体化"提升服务能级,完善养老设施布局和丰富养老产品供给,实现了养老服务的智慧化升级发展。通过建立智慧化养老基础平台,加快养老服务"15分钟服务圈"的点位铺设,探索成立为老服务一体化中心,将区域范围内的各类养老设施、人力资源、资金等进行系统集成和科学统筹,通过办公一体化、资源集约化、服务系统化,形成了智慧化养老服务的基础平台体系。

张江通过为人才提供全方位、全过程、全周期的高标准、高品质公共服务,更好地吸引和留住全球顶尖人才,加快建设青年友好城区。把张江科学城打造成为人人向往的活力之城、宜居之城、品质之城。

## (五)以绿色人文推动生态营造

坚持绿色智慧发展理念,通过优化空间布局和路网、打造绿网和水系,

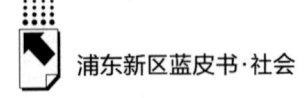

全力营造人与自然和谐共生的韧性、绿色、共享之城，加快推进张江科学城绿色人文生态营造。

**1. 优化总体空间布局**

张江科学城规划面积由 94 平方公里扩大至约 220 平方公里，确定为"一心两核、多圈多廊"错落有致、功能复合的空间布局。"一心"，即张江城市副中心。强化科技创新特色，布局高等级公共服务设施，打造国际化、高品质、活力开放的科创型城市副中心。"两核"，即张江科学城南北"一主一副"科技创新核。北部科技创新核聚焦国家实验室、未来科学中心等建设，南部科技创新核聚焦国际医学园区发展，共同提升张江科学城创新策源能力。"多圈"，即结合地铁站、产业节点等布局产业组团与生活组团，建设一批高端产业基地和产业社区，推动社区"15 分钟生活圈"全覆盖，构建集约紧凑、功能混合的多组团式空间。"多廊"，即依托川杨河、北横河、咸塘港、浦东运河等城市生态廊道，纳入北蔡楔形绿地、黄楼生态湿地，形成"三横三纵、蓝绿交织"的生态空间格局。

**2. 打造快慢皆宜的高效之城**

构建便捷高效、快慢结合、管理智慧的城市交通网络体系。提升对外快速交通联系，增加高快速路出入口，提升高快速路与地面交通的转换效率；优化内部道路布局，提升公共交通便利度；加快推进轨道交通建设；打造宜居宜行的慢行街区。以人的活动为主线，织密社区路网，加强街坊道路连通性，结合滨水及沿绿带的开放空间，构建慢行交通贯穿的高品质小街区。

**3. 打造水绿交融的生态之城**

坚持绿色低碳发展，以生态绿地为基底，形成"三横三纵、蓝绿交织"的生态空间格局。布局森林空间和郊野公园，提高森林覆盖率。营造丰富的绿色开敞空间，构建"城市公园、地区公园、社区公园、口袋公园"四级公园体系。建设独具魅力的水系生态空间，重点规划打造川杨河两岸风景线，使其成为标志性的公共生态休闲空间。

**4. 打造朝气蓬勃的活力之城**

构建科学与人文、身心与自然融合共生的城市空间。加快建设未来公园、川杨河艺术岛等科技文化设施,塑造好张江科学城书房、张江戏剧谷等一批人文艺术空间。开展科技文化国际交流,增强张江科学城对全球科技创新人才的吸引力。增加文化体育设施配套。打造开放惬意的交流空间,构建易于交流的开放空间。

经过30年的持续努力,张江科学城的生态环境已全面改善,由科技园区跃升为"环境人文生态、充满创新活力"的园林式城区。未来将继续提升公共管理的精细化程度,为张江科学城宜居宜业的生态环境奠定坚实基础。

### (六)以数字转型推动智慧治理

提升数字化、智能化发展水平。加快建设数字张江,全面提升张江科学城经济数字化、生活数字化和治理数字化,积极布局5G、高速WiFi、智能传感器和智能安全电网等新型基础设施。公共安全是社会治理的重要内容之一。张江镇积极推进"城市大脑"和数据应用中心建设,打造全区第一个智慧型、综合性、多功能城市运行管理平台,实现"一屏观张江、一网管全城",为张江科学城提供安全保障。

**1. 数据"赋智"让治理更具效能**

深化政务服务"一网通办"、城市运行"一网统管",成功办理全市首单长三角"一网通办"业务,成功创建"上海市5A级社区事务受理服务中心";建成全区首个街镇级数据应用中心,打造"多种功能整合、多个平台合一、多项任务切换"的城市运行综合管理指挥中枢;城运总体绩效领跑全区;强化立体式动态监管,"五违四必"区域环境综合整治取得显著成效。

**2. 创新"赋能"让治理拓展深度**

全力打造全市首个镇域社会治理中心,构建一体化社会治理新体系。2022年10月,该综合治理中心已在张江启用。社会治理中心分别打造服务资源高度整合的"百姓客厅"、运行管理高速联动的"城市大脑"、治理方式高效多元的"治理中枢",以信访、司法、综治为主体,整合派出所、征

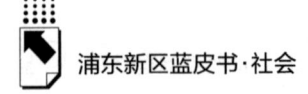

收办、房办、工会等单位,实现社会矛盾多元调处、社会治理排查预警、社会治安综合治理等五大职能,形成了社会治理一体化运行新体系。

**3.完善矛盾纠纷多元化解机制**

随着社会治理中心的启用,张江构建了矛盾纠纷化解新格局,形成了群防群治网络,打造了"功能融合、资源共享"的综治平台和"规范便捷、功能完善"的法治平台。下一步,张江还将继续整合区域内资源,不断加强社会治安综合治理服务,为建设平安、宜居张江提供坚强的法治保障。

## 三 成效与经验

张江科学城坚持对标一流,立足民生需求,创新社会治理,不断提升公共服务能力水平和城市能级,加快产城融合步伐,为建设国际一流科学城提供坚实的治理基础。

### (一)成效

人民群众获得感不断增强。张江科学城坚持在保障民生、实现公共服务均衡上有所作为。按照"开放式、集约化、共享性、枢纽型"原则,打造新区首个综合性党群服务中心,党群、政务、文化等服务实现一站式集成;完成家门口"15分钟服务圈"布局,服务站实现居村全覆盖;打造张江国际青少年创新创业实践基地,成功创建市级儿童友好社区示范点,发布全市首条儿童科创路线;"智慧养老"提高政策精准服务水平;开展丰富多彩的群众性文化体育活动;打造移民融入服务站,让境外人员在科学城感受家乡温度;人民群众归属感、获得感、幸福感、安全感不断增强。

社会治理的精细度全面提升。深化政务服务"一网通办"、城市运行"一网统管",成功办理全市首单长三角"一网通办"业务,成功创建"上海市5A级社区事务受理服务中心";建成全区首个街镇级数据应用中心,打造"多种功能整合、多个平台合一、多项任务切换"的城市运行综合管理指挥中枢;城运总体绩效领跑全区;强化立体式动态监管,"五违四必"

区域环境综合整治取得显著成效。实现全过程、全要素、全场景系统治理，线上线下服务机制更加融合，精准化、精细化、智能化水平持续提升。

城区宜居感受度全面提升。张江科学城聚焦人民群众高品质生活需求和高水平产业发展需要，高标准建设城市基础设施，区域环境综合整治取得显著成效；围绕优化教育和医疗、促进生产生活文化休闲、丰富商业网点、打造绿色生态环境和加强城市精细化管理等方面，不断完善城市服务功能，在公共服务配套方面实现品质化提升。基本形成产城融合、宜业宜居、生态良好的人文环境，吸引海内外人才纷至沓来。

## （二）经验与启示

张江科学城的转型发展之路，不仅仅是科技园区转型升级的样本，也是新时代以新发展理念引领高质量发展的实践范例，张江产城融合的社会治理举措和经验具有重要参考意义。

### 1. 坚持战略引领

张江发展的每一个历史阶段，都离不开国家战略引领，离不开国家改革大局，离不开举国体制优势。张江是在国家的大力支持下，凭借浦东开发开放的战略平台，牢牢抓住全球化的历史机遇，集中力量，高举高打，实现跨越式发展的。在张江高科技园区建设初期，国家对大科学装置设施的投入和布局、对主导产业的集聚和吸引人才政策的改革，以及推动由园变城转型升级、推进产城融合发展，都是在推进科技创新的大背景下，以战略引领规划所做出的顶层设计。因此，区域发展只有服务于国家大局、符合国家发展的方向，才能实现跨越式发展。

### 2. 坚持需求导向

张江科学城所有的公共服务都是围绕着服务张江人而展开的。人是城市活力的关键，城市是人的城市，只有在建设过程中不断满足人的需求，为城区中的主体——人——提供更健全的基础设施、更全面的生活服务，城市才能展现旺盛的活力，产业才能持续不断地发展。

比如张江通过大调研、大走访，协调解决企业和群众关心的实际问题，在调研中挖掘人民群众的需求，用改革创新的思路，探索民生服务的新路子，推出建设乡村人才公寓、提供智慧养老和幼儿服务、打造"15分钟服务圈"、建立全龄段不打烊党群服务中心等举措。这种问需于民的态度、问计于民的方法，了解需求、精准发力，探索运用市场手段，有效平衡供给关系。实践证明，只有以人民为中心，以需求为导向，坚持以"人的需求"为牵引，才能针对科创人才的需求形成以人为核心的高品质生活环境和舒适的工作环境，形成"产""城""人"融合的发展模式，走出一条科技园区转型升级的发展道路。

3. 坚持制度创新

创新是引领发展的第一动力，体制机制的改革创新是张江发展的第一推动力。张江的每一次飞跃都是围绕打通创新链产业链的关键环节，围绕解决创新主体的迫切需求，围绕发挥市场配置资源的决定性作用，大胆试大胆闯出来的。比如在人才制度方面，张江率先试点永久居留推荐直通车制度、外籍人才口岸签证、外国本科及以上学历毕业生直接就业政策；建设全国首家知识产权保护中心；建设张江跨境科创监管服务中心；承接市、区两级下放的121项审批事权，推动实现"张江事、张江办结"。

在管理制度方面，创新管镇联动的机制改革、打造乡村人才公寓的管理模式和社会治理一体化运行体系等，每一项举措都是改革创新的结果。张江转型发展的历程就是创新发展的历程。在科技园区发展过程中，一定要结合当地实际，坚持制度创新，以新发展理念为指引，找到解决问题的最优方案，为产城融合、产业升级提供源源不断的动力。

4. 坚持协同共治

完善共建共治共享的社会治理制度，是做好基层治理工作的有效途径。加强资源统筹，整合多方资源，实现政府治理同社会调节、居民自治良性互动，促进社会治理效能提升。张江科学城促进多方协同，调动各参与方的治理内驱力，多元拓展人才履行社会责任、参与社区治理的交流平台，促进园区、社区服务共建共享。比如协同派出所、征收办、房办、工会、团委、妇联、社会团体等多方资源，打通各职能部门间的业务条块，通过协同综合治理，提升社会治理效能。因此，要加强协同共治，建设人人有责、人人尽责、人人享有的社会治理共同体。共建是基础，共治是关键，共享是目标，使社会治理的成效更多、更公平地惠及全体人民。

5. 坚持科技赋能

数字化转型是当前各项工作的发展趋势，有利于快捷高效精准地提供服务。张江把智慧治理贯穿于政务服务、智慧养老、安全综治全过程。比如建设透明高效的政务环境，持续优化审批事项流程和缩短办理时长，升级"开办企业一窗通"网上服务平台；完善张江科学城企业服务管理平台和企业综合信息平台，建设智能化服务门户；"一对一"全程帮办，跟踪推进项目审批办结；探索建设项目审批的跨部门流程再造和人工智能辅助审批应用。用科技赋能基层治理，以数字化转型为驱动，打破部门、条块、数据之间的障碍壁垒，推进跨部门、跨层级、跨系统、跨领域政务协同，全方位推动政府服务流程再造和模式优化，切实提升群众感受度和满意度。

## 四 对策和建议

张江科学城正处于机遇与挑战并存的关键时期，针对科学城建设过程中的社会治理面临的问题，应从以下三个方面进一步推进工作。

### （一）着力于高品质城市功能提升

张江科学城的发展目标，是建设成为"科学特征明显、科技要素集聚、环境人文生态、充满创新活力"的国际一流科学城。有必要以全球视野、国际标准，加快优质创新资源向张江科学城集聚，率先构建符合创新规律、与国际惯例规则充分对接的制度体系，将张江科学城打造成为上海科创中心的标杆引领。

第一，打造有利于科技创新人才出成就、受尊重、更舒心的一流环境。对标国际一流，找到与重大战略匹配的功能短板，以一流服务打造高质量营商环境。张江要努力成为创新与创业的最佳畅想地。打造强大而持续的科创引力，为科学城的企业和人才提供更高效、更公平、更友好的创新创业氛围。

第二，进一步优化科创人才支持机制，深化人才政策和机制创新。提供更加优质便捷的人才服务，依托国家移民政策实践基地、上海国际科创人才服务中心、浦东国际人才港等平台，充分运用信息化、智能化等服务手段，加强人才集成高效服务，提升人才服务办事效率，营造国际化人才服务生态。

第三，优化人才综合服务环境，以市场化方式提升人才综合服务保障水平，提供多层次、多渠道、多品种的人才安居、教育、医疗等服务，为青年科创人才提供稳定舒适的优质生活环境。形成"老有所养、幼有所托、妇有所乐"的家庭综合服务体；聚焦高频服务更具品质，打造适合人才交流的场所、环境；举办高质量的讲座论坛等，不断丰富张江人的精神文化生活，建成人与环境融合、人与自然和谐的人文张江。

### （二）着力于可持续创新生态营造

第一，在环境治理方面，以"绿"为纲，建成绿带环绕、城景相融的生态张江。构建覆盖全域的资源保护发展长效机制，深化落实河长制、林长制、路长制，打造"河更清、林更绿、路更净、景更美"的城乡环境。系统化推进林道岸河生态链成环成网。推进环城绿带公园建设，全力争创国家园林城镇，建设产城融合下的绿色活力创新张江。

第二，在人文软环境方面，坚持绿色智慧发展理念，积极落实碳达峰、碳中和战略，加快推进张江科学城数字化转型，打造居住安心、服务完善、出行便捷、环境优美、充满活力的国际都市示范区。构建生活美好、服务优质的国际化、品质化城区，打造科创型张江城市副中心。以服务科技创新人才为导向，着力提升公共服务和城市空间的品质，营造面向国际、面向未来的城市发展环境。

### （三）着力提升引领区建设的能力短板

第一，树立和践行正确的政绩观，大力推动政府治理理念创新、服务模式创新、体制机制创新，多做得民心的暖心事、得实惠的贴心事、利长远的舒心事。加强联动协同意识、担当意识、服务意识。

第二，坚持智慧智能联动，推进城市治理体系建设。持续推进城市运行"一网统管"，加快推动从"高效处置一件事"向"协同治理一个领域"转变。通过大数据、云计算、人工智能等现代信息技术，拓展数据共通共享的维度和深度；深化全域全量数据的高效采集和有效整合，推动要素精准管理、动态科学管理、分级分类管理和闭环常态管理；充分发挥数据集成共享的实战效能，确保问题早发现、早预警、早处置。加快智能化应用场景建设。

第三，推进数字孪生城市建设，打造覆盖经济、社会、城市治理各领域的"场景工厂"；加强智能应用场景在生态保护、环境治理、垃圾分类、人口管理、疫情防控等工作中的数据联动和业务协同；推动无人清扫车、无人巡逻车等新技术、新业态在城市治理和服务中落地应用。

张江科学城经过30年的发展，已经从高科技园区转型成为一座欣欣向荣的科学城。站在新的起点，张江科学城将继续以新发展理念引领高质量发展，以科技创新为己任，不断推动产城融合发展，成为一座城市功能完善的人文之城、宜居宜业的魅力之城、人人向往的梦想之城。

# B.5
# 统筹治理：经济开发区产城融合发展的长时段考察
## ——以金桥经济技术开发区为例

高恩新*

**摘　要：** 推进产城融合发展是中国开发区高质量发展的必由之路。经过30多年建设，金桥经济开发区依次完成基础设施开发、产业集聚升级和产城融合协调发展，为中国特色开发区建设积累了丰富经验。金桥开发区遵循"先出形象、再出功能"的战略布局，坚持规划先行，科学合理布局园区功能，高标准、高起点建设现代化国际社区。在此期间，金桥经济开发区管理体制经历企业主导型、功能区模式、管委会模式演进为管镇联动发展，通过组织调适，统筹区域经济社会发展。金桥开发区产城融合发展历程蕴含的统筹治理理念为科学理解开发区发展生命周期、空间治理体系创新和产城融合协同发展提供了重要的理论启示。

**关键词：** 产城融合　统筹治理　金桥经济开发区

经济开发区建设是探索中国特色社会主义经济发展道路的重要创举，是推进中国特色工业化、实现快速城镇化的重要手段。自改革开放以来，我国相继建成国家级经济开发区230个、省级经济开发区2101个，为对外开放、

---

\* 高恩新，华东师范大学公共管理学院教授，博士生导师，主要研究方向为行政体制改革和应急管理。

统筹治理：经济开发区产城融合发展的长时段考察

深化改革和经济持续健康发展做出了巨大贡献。但是，经济开发区功能定位单一、职住分离问题比较突出，社会管理和公共服务功能较弱，以生产功能为主的"园区化"特征明显。从单一生产功能的园区迈向产城融合的综合新城是开发区实现可持续发展的必然选择。以产城融合为目标，经济开发区推动产业发展与城市公共服务功能有机衔接，有望破除工业园区生产功能单边效应误区，解决长期存在的职住分离和优惠政策依赖问题，提升区域综合竞争力和发展质量，是中国特色城镇化的战略选择。

## 一 经济开发区建设中的产城融合难题

经济开发区建设一般独立于原有的城市空间之外，二者的产业形态、社会形态和治理形态存在显著差异。在20世纪80年代初，我国经济开发区建设尚处在起步阶段，开发区地理区位一般选择在城市郊区，经济开发区与城市保持二元发展、功能分离状态。经济开发区与城区在招商引资、社会管理、公共服务等领域竞争小、冲突少，二者功能定位分工明确、开发建设相互支持。进入20世纪90年代以后，随着城镇化骤然加速、对外开放更加深入、城市区域建设不断扩张，经济开发区与城市区域在空间、功能、治理体系上开始产生冲突。在空间上，经济开发区建设初期主要集中于基础设施建设和产业建设，生活配套设施建设较少，呈现单一的工业生产性特征，不具备一般意义上的城市管理和服务功能，需要周边区域承担主要的社会事业和公共服务支撑。[1]经济开发区建设过程中普遍存在"职住分离"现象，住在开发区的人不在开发区工作、在开发区工作的人不住在开发区，不仅增加了通勤成本和运营成本，也对开发区高质量发展造成很多负面影响。在功能上，经济开发区定位于单一经济功能，与周边区域存在招商引资竞争关系。相对而言，周边区域在招商引资过程中不享受优惠政策，还要承担大量的社

---

[1] 邢海峰：《开发区空间的演变特征和发展趋势研究——以天津经济开发区为例》，《开发研究》2003年第4期。

会事业管理和服务责任，在经济发展尤其是招商引资工作上与经济开发区关系紧张。从治理体系来看，经济开发区采用政企合一治理模式，更加注重土地开发和招商引资，无力承担区域内的社会事务治理，在环境保护、流动人口管理、社会服务等方面普遍存在欠账，环境脏乱差、治安问题突出、社会矛盾集中，对周边区域社会治理造成较大压力。随着经济开发区建设的深入，解决开发建设初期历史欠账问题、优化区域功能配置和治理体系，就成为促进经济开发区高质量发展的关键。

为满足第三产业和基本生活需要，开发区会逐渐加强公共服务配套设施建设，单一的工业区会逐渐向工业新城区转型。开发区建设开始出现产业升级与生活配套建设齐头并进的局面，生活区滞后于工业区发展的格局明显改观。随着初期开发建设任务的完成，开发区建设目标逐渐由工业生产功能向综合的城市功能转变，逐渐具备新城新区的空间特征。[1] 从空间形态和结构来看，产城分割、职住分离的问题必将逐步解决，开发区转型成为产城融合的现代化新城。中国的经济开发区建设历经生产功能扩张、服务功能集中、服务功能串联、主体功能渗透4个阶段的空间形态演化，最终走出一条适合中国国情、具有中国特色的城市化道路。[2]

时间性在社会组织和社会进步过程中发挥了关键作用，以时间线为视角可以揭示时间与空间的动态复杂融合过程，实现动态性实践与学理性构建的有机融合。[3] 在中国改革开放进程中，经济开发区建设与城市化是一个长期调适、双向促进的过程。在开发区建设过程中，产城融合是开发区域经济社会的建设成果，是多元要素、多元主体在虚体治理空间内系统整合的过程，凸显了经济功能区空间治理从无到有、从有到优的演进逻辑。提炼中国开发区空间经济社会形态演化及区域治理体系优化的本土经验，构建中国特色经济开发区产城融合

---

[1] 冯健、项怡之：《开发区居住空间特征及其形成机制——对北京经济技术开发区的调查》，《地理科学进展》2017年第1期。
[2] 王凯、袁中金、王子强：《工业园区产城融合的空间形态演化过程研究》，《现代城市研究》2016年第12期。
[3] 王凤彬、张雪：《用纵向案例研究讲好中国故事：过程研究范式、过程理论化与中西对话的前景》，《管理世界》2022年第6期。

创新理论,是丰富和发展当代中国国家治理理论话语的空间支点。本文在综合运用地方志、开发区档案、政府内部报告的基础上,以时间为线索描绘金桥经济开发区产城融合30多年的探索,提炼金桥产城融合样本背后的治理经验。

## 二 金桥经济开发区产城融合探索历程

作为全国第一个国家级出口加工区,经过30多年的发展,金桥经济开发区经历了传统制造业的蓬勃发展,制造业与生产性服务业双轮驱动,先进制造业、战略性新兴产业、生产性服务业齐头并进形成未来车、智能造、数据港组成的智能制造产业体系的过程,规划建设成为"具有全球影响力的、创新智造云集、综合服务完善、富有国际魅力的高品质城市副中心"。伴随产业升级转型和人口集聚,金桥开发区从以开发建设为主发展到区域功能统筹,再升级到管镇联动治理转型,为"十四五"期间金桥地区城市副中心建设积累了丰富经验和城市治理基础。

### (一)金桥经济开发区简介

1990年4月18日,国务院宣布开发开放浦东,谱写了改革开放的新篇章。金桥开发区(最初名称为"金桥出口加工区",2013年更名为"金桥经济技术开发区")是实施浦东开发开放时首批建立的4个开发区之一,开发区位于上海浦东新区中部,西连陆家嘴金融贸易区,北接外高桥保税区,南接张江高科技园区,规划面积27.38平方公里,其中北区19.94平方公里、南区4.61平方公里、出口加工区2.83平方公里。1990年9月11日,上海市金桥出口加工区开发公司挂牌成立,全面负责区域开发建设和日常管理工作。至2010年,金桥开发区累计固定资产投资899.37亿元,实现工业总产值15135.46亿元、销售收入20011亿元,上缴税金1081.65亿元,园区内从业人员近13万人。[①] 2010年,金桥经济开发区被评为国家生态工业

---

① 上海浦东历史研究中心、上海市浦东新区地方志办公室:《浦东开发开放录》,上海远东出版社,2020。

示范园区、并蝉联"上海品牌园区"称号。2014~2017年，55家世界500强企业在金桥投资102个项目，累计投入外资250亿美元。2018年12月，上海金桥经济技术开发区荣获2018年国家级经济技术开发区综合发展水平考核评价第30名。2019年，金桥成为上海新一轮城市规划的城市副中心，迎来新的发展机遇。

### （二）金桥经济开发区产城融合迭代过程

#### 1. 开发建设与社会事业同步发展（1990~2003年）

金桥出口加工区建设伊始，实行"政府授权、企业开发"的公司制管理模式，即由上海市政府向上海市金桥出口加工区开发公司（以下简称"金桥开发公司"）授以土地开发权，并赋予相应管理权限，再以金桥开发公司为主体对开发区域进行规划、开发、建设、招商和管理。金桥开发公司通过"土地空转"创新，实现土地资本与金融资本对接、土地滚动开发，在较短时间内快速启动成片开发土地，被国务院特区办领导誉为"金桥模式"。

1990年10月，金桥开发公司率先启动东部工业园区一期4万平方米土地开发，不仅做到"七通一平"，还升级为"九通一平"的标准[①]。1991年6月27日，金桥开发公司率先征用张桥乡、金桥乡土地，至2001年共动迁安置农村居民6894户，大部分迁入开发区周围的金杨新村、东陆新村、金桥新村三大动迁房小区。至2010年，金桥出口加工区累计投入40亿元用于基础设施建设，相继完成区域内道路建设和改造以及雨水泵站、变电站、电力管网、供水排水管网、区域集中供热管网等工程，为企业投资和运营提供基本公用事业服务。

1992年1月，金桥园区第一个工业项目——日本独资企业爱丽丝制衣公司建成投产。1993年，金桥园区建成工业投资项目达72个，实现工业总产值32.42亿元，工业销售额32.03亿元。1995年，金桥园区工业总产

---

① "七通一平"是指通道路、通水电（上水、排水、污水、电力）、通煤气、通邮电及土地平整；"九通一平"是额外增加集中供热和卫星通信。

值达到 126.63 亿元。至 2000 年，夏普、日立、柯达、西门子、华虹NEC、华为、拜耳、东芝计算机、申美饮料（可口可乐）、联想等国内外知名企业先后进入金桥园区投资，初步形成汽车及零部件、现代电子、现代家电、生物医药和食品几大支柱产业，金桥开发区成为上海现代化制造业核心基地。

开发建设初期，金桥开发公司制定园区开发建设与社会事业发展同步推进的总体规划，做到开发建设与社会事业同步发展。金桥开发公司相继编制完成了《论金桥出口加工区开发与规划的战略》《上海市金桥出口加工区经济发展规划研究》《金桥出口加工区社会事业发展规划》，对园区内市政布局、产业发展、社会事业发展等方面进行了科学论证，制定了详细规划。除"九通一平"基础设施建设之外，金桥开发公司建设了一批住房、教育、商业、医疗等配套房产和服务设施。至 1995 年，金桥开发公司建成商住、办公楼宇面积 8.37 万平方米，住宅房面积 126.03 万平方米。其中，金金公寓占地 1.63 万平方米，建筑面积 1.43 万平方米，提供 450 个居住单元住房，附带可容纳 2000 人用餐的餐厅，另有热水房、浴室、小卖部、邮件收发室等生活服务配套设施；阳光公寓占地 10.27 万平方米，建筑面积 23.81 万平方米，提供蓝领宿舍 672 套、白领宿舍 696 套、配套服务设施 1.05 万平方米，包括物业服务中心、餐厅、超市、药房、洗衣店、网吧、美容美发店等。

根据社会事业发展规划，为满足外商投资企业高层管理人员的办公和生活居住需求，金桥开发公司相继建成新金桥大厦、信和花园、金桥酒店公寓、盈标花园、百富丽山庄、银泰花园等一大批高档住宅小区及商办楼宇，逐渐形成与现代工业园区相匹配的生活园区，为区域发展提供了综合配套服务。随着西部区域别墅建设竣工，家乐福超市、中欧国际工商学院、协和国际学校、英德国际学校、上海市实验学校、新区妇幼保健院、华山医院东院、英格菲体育俱乐部等教育、商业、体育配套设施建成运行，外籍居民大量入住，与金桥园区东部地区相匹配的国际化生活园区——碧云国际社区概念正式形成。至 2010 年，碧云社区建成 17 个居民小区，常住居民近 6000

户 2 万人，其中外籍家庭超过 30%，成为上海和浦东新区品质卓越、驰名中外的国际化社区。

经过 10 多年的建设，金桥开发公司依据科学规划对园区进行功能定位，依次进行园区开发建设和生活配套设施服务建设，塑造了金桥开发区空间经济社会协同发展形态。从空间布局上看，金桥开发区规划范围内东西功能分化，以新金桥路为界分别承担生产加工、现代制造和生活管理服务功能。从建设理念来看，园区建设伊始就注重经济社会协同发展，不仅在产业准入上坚持高标准，在建设生活宜居、对高端人才有吸引力的国际化社区上始终坚持以人为本、超前考虑，打造出低密度、低容积率、高绿化率的碧云国际社区。坚持规划先行，高标准设计配套功能，金桥开发区建设步入良性循环，工业产值大幅度递增、人气快速集聚，迈上高速发展道路。

**2. 产业升级与区域统筹发展时期（2004~2010年）**

进入 21 世纪后，金桥经济开发区进入快速发展阶段。2000~2005 年，园区工业总产值从 1038.19 亿元增长到 1319.50 亿元，占浦东新区工业总产值的 31.10%，占上海市工业总产值的 7.8%。[①] 2005 年，金桥经济开发区从业人员达 10 万人，成为以汽车及零部件制造业、电子信息制造业、现代家电制造业、生物医药与食品制造业为支柱的上海规模最大的现代先进制造业基地。2005 年，金桥经济开发区根据园区产业集聚形态和发展要求，提出"制造"向"智造"的产业转型，推动产业由第二产业向第三产业特别是生产性服务业转型，打造生产性服务业集聚区。2006~2011 年，一大批跨国公司地区总部和研发中心相继入驻园区，建成一期、二期生产性服务业园区，总建筑面积达 105 万平方米。2010 年，金桥经济开发区工业总产值突破 2000 亿元大关，入驻各类独立、非独立地区总部 58 家，其中包括 46 家来自英美德法日等国家的世界 500 强企业。

---

① 上海浦东历史研究中心、上海市浦东新区地方志办公室：《浦东开发开放录》，上海远东出版社，2020。

## 统筹治理：经济开发区产城融合发展的长时段考察

2005年6月21日，国务院常务会议批准浦东新区在全国率先进行综合配套改革试点，提出着力转变政府职能、着力转变经济发展方式、着力改变城乡二元结构等"三个着力"的总体要求。浦东综合配套改革主要从三个方面推进：推进政府管理体制改革，以提升地方政府行政效率和公共服务能力为重点，创新政府管理体制和服务模式，深入推进简政放权、放管结合和优化服务系统改革；推进经济和创新体制改革，以新发展理念为引领推动高质量发展；推动社会管理精细化和乡村振兴，紧紧抓住群众最关心、最直接、最现实的利益问题，在发展中保障和改善民生，在发展中补齐民生短板。

在早期开发建设阶段，开发公司更注重市场效益，开发和经营管理功能较强，公共管理和公共服务供给能力较弱。开发公司、周边街镇存在产业规划、招商引资、社会事务管理上的治权冲突，需要上级政府协调的问题较多。承接市区两级政府委托授权后的开发区管委会或者领导小组办公室作为派出机构，行政级别低，统筹能力较弱。随着开发区由初期开发建设转向产业升级，开发公司、管委会（领导小组办公室）、开发区所在街镇、市区两级政府职能部门之间亟须理顺权责关系，推动以开发建设为导向的"政企合一"管理体制向开发与管理相结合、突出功能开发的功能区管理体制转型。

2004年9月28日，浦东新区以4个开发区为主体，分别组建包含周边街镇的功能区域，设立功能区党工委和功能区管委会（以下简称功能区"两委"）。金桥功能区涵盖金桥出口加工区和周边5个街镇，成为一个统筹区域发展的实体化机构。在功能区内部，功能区管委会整合了开发区和街镇的开发建设和招商引资功能；在管委会与区政府职能部门关系上，职能部门进行授权和业务指导，将经济建设和审批相关权力下放至管委会；社会管理和服务则由新区政府相关职能部门进行业务指导，由功能区内的相关街镇、开发公司负责落实；在功能区管委会与属地街镇财政关系上，依据"税收属地核算、核定收入基数、超收财力分享、事权财权平移、建立转移支付"的原则，管委会、街镇各自按照企业注册地享有税收权。区政府财政扶持资金和招商引资专项补贴资金（不含街镇）平移到功能区域管委会；原由城工委、农工委（农发局）管理的街镇转移支付和专项资金（补贴）等，相应地平移到功能区管委会。经过组织机构调整，再由浦东新区区委、区政府主要领导分别兼任功能区党工委书记，功能区管理体制强化了开发区域统筹治理能力，区域联动发展得到增强。从事权配置上看，功能区管委会承接市区两级职能部门授权或者委托，提升区域统筹治理能力；从区镇关系来看，功能区作为区委、区政府的派出机构，统筹领导区域内开发公司、街镇推进区域功能开发建设。在功能区管理体制中，事权、财权逐步向功能区管委会集中，开发公司、街镇不再直接由区委、区政府管理，而是变成区委和区政府—功能区"两委"—开发公司和街镇的三级行政管理体系。

借助层级嵌入和资源统筹，功能区"两委"在区域一体化规划、区镇联动发展、行政审批效率提升、社会事务精细化管理、环境治理方面取得显著成效。早在1999年，金桥经济开发区就已启动创建ISO14000环境管理体系国家示范区试点工作，建立区域整体环境保护机制，将企业和单位联合在一个环境圈内，共同保护和管理环境。2000年8月，金桥经济开发区通过环境评审，被国家环保总局认定为国内第三家ISO14000国家示范区。2005年11月，金桥经济开发区启动创建生态园区示范建设工作。2008年，《金桥出口加工区生态工业示范园建设规划》通过三部门专家论证会。2010年11月，金桥经济开发区成为上海市国家级开发区中首家创建成功的国家生态工业示范园区。金桥经济开发区瞄准国际先进标准，高起点规划建设，在固体废弃物控制、企业绿色生产、生态产业集群、静脉产业链、环境监测、节水型园区建设等方面发挥了引领示范作用。

**3. 产城同步与联动发展时期（2010年至今）**

从地方政府组织法来看，功能区"两委"承接市区两级政府授权和委托事项，又拥有经济发展、财政补贴等方面开发公司和街镇的权力，市辖区—功能区—开发公司和街镇的三级行政管理体制与地方人民政府组织法有关规定不符。同时，功能区"两委"统筹原属于开发公司和街镇的开发建设、基础设施和公共事业投资、招商引资等经济发展权，损害了开发公司、街镇的利益，引发开发公司和街镇的反弹。此外，市区两级职能部门授权和委托功能区"两委"及内设机构履行区域行政管理职能，但功能区管委会及其内设机构与市区两级政府职能部门之间的职权界面不够清晰，不仅导致行政管理层级增加，还容易引发功能区"两委"与市区两级政府职能部门之间的权力摩擦。

2010年，浦东新区区委、区政府按照"稳住两头、调整中间"的原则，取消了在区政府与街道（镇）之间的功能区管理层级，成立金桥经济开发区管委会作为区政府派出机构承担开发区管理主体责任。按照"充分授权、重心下移"和"开发区的事、开发区办"的原则，市、区两级赋予开发区管委会相应的权力和资源。在机构设置上，开发区管委会是政府派出机构，内设办公室、计划财务、经济发展、规划建设、行政审批、综合服务等机构。事权主要包括经济和社会发展规划、政府投资项目审批、企业投资项目管理、规划管理、土地管理、建设管理、经贸管理、环境保护、科技管理、综合执法、社会管理等方面。在财力保障方面，总体上按照"费随事走、核定基数、增量共享、超额累进"的原则，实行财力下沉，进一步增强开发区发展经济和服务企业的能力。

2013年，金桥出口加工区更名为"金桥经济技术开发区"，在优化制造业、强化生产性服务业的基础上，发展新技术、新产业、新模式、新业态的"四新"经济。作为全国唯一以先进制造业和生产性服务业为发展"双核心"的自贸试验片区，金桥是上海能级最高、质量最好、贡献最大的先进制造业基地，也是上海打响"上海制造"品牌的主战场、主支撑、主引擎。金桥传统的支柱产业与互联网、大数据、人工智能等不断融合发展，形成了以"新能源汽车+智能驾驶"为方向的"未来车"产业、以"工业互联网+机器人"为核心的"智能造"产业、以"移动互联网+AR/VR"为代表的"大视讯"产业、以"AI+5G"为实体经济赋能的"新通信"产业。四大主导产业齐头并进，共建高质量发展的新格局。

在深化产业升级过程中，金桥经济开发区不断优化空间治理体系，为产业发展与社会治理有机融合夯实空间治理体制机制基础。2016年开始，浦东新区在金桥开发区实施"管镇联动"改革试点，将区域经济发展职能向开发区管委会转移、社会管理功能向街镇集中，推动管委会集中精力主导区域经济发展，街镇工作重心转移到公共服务、公共管理和社会治理工作上。改革前，金桥开发区管委会有31项经济发展职能，没有明确的社会事项清单；改革后，金桥开发区管委会有40项经济发展职能，不再承担社会管理责任。改革前，金桥镇政府有经济发展职能57项、社会管理职能28项；改革后，金桥镇政府的经济发展职能缩减为48项，社会管理职能增加为137项。在职责划分的基础上，通过联动项目清单、建立专项财政保障、定期召开联席会议的协同机制，形成管镇发展合力。

经过30多年的开发和建设，金桥开发区完成了"金桥加工—金桥制造—金桥智造"的蝶变，正在推动以生产功能为主的产业园区向现代化活力城区的转变。根据城市发展规划，未来金桥将有机组合住宅、商业、文娱、办公等城市生活服务功能，促进职住平衡。在新一轮城市副中心建设规划中，金桥将建设核心区域中央步行系统，并在中央步行系统中穿插共享空间、休闲设施，打造宜居易业现代化新城。金桥城市副中心建设坚持环境友好型城市建设理念，城市副中心的"C位"将留给中央公园，通过下穿地面道路构建闭环交通系统，有效释放地面空间，形成上聚文化演艺与会议交流活动、下嵌交通枢纽功能、地上地下综合开发的中央公园综合体。在交通方面，金桥城市副中心将打造网络化、全联通垂直空间，以连廊系统为"城市纽带"构建空中步行网络；地面层打造以慢行交通为主的步行友好街区，地下形成步行、车行两套系统，通过环路连接主干道，有效缓解地面交通压力。在核心城市区域内，金桥城市副中心将实现区域内1万个停车位的资源共享，结合轨交站点建设，形成零移动距离的公共交通网络。

在社会事业发展上，金桥经济开发区正在探索推出产业社区项目。金桥股份公司秉承"以城促产、以产兴城、以业聚人"的产城融合发展理念，先后启动多个地块的前期调研、产业策划、规划评估、城市设计等工作，打造集研发、办公、科技服务、教育设施、商业配套、居住、休闲娱乐于一体，具有产业特色而又充满活力的国际化产业生态社区。首期规划建设的产业社区位于金桥城市副中心东北角，项目总建筑面积约 50 万平方米（含地上建筑面积约 37 万平方米），总投资约 92 亿元。

## 三 金桥经济开发区产城融合治理经验

经济开发区自身功能单一、发展动力不足是产城融合的内生诉求，所在城市和区域的市场需求是产城融合的外在动力，政策环境和区域合作为开发区产城融合提供了外部机遇，共同推动开发区逐渐蜕变为现代化新城。[①] 经过 30 多年的开发建设，金桥经济开发区已经形成未来车、智能造、数据港组成的智能制造产业体系，正在逐步成为"智造金桥""生态金桥""人文金桥"的现代化新城区。作为上海市 2035 年总体规划新增的城市副中心之一，金桥将打造成为具有全球影响力、创新智造云集、综合服务完善、富有国际魅力的高品质城市副中心，正在成为中国特色社会主义现代化建设引领区和开发区高质量发展的样本。

### （一）统筹治理：金桥经济开发区产城融合经验

开发区建设的功能定位决定了空间治理的专门性和单一性，是产业发展与城市功能分离的根源。在推进开发区高质量发展的过程中，产业集聚与城市功能共演共进、相互赋能，决定了开发区经济社会发展的可持续性、竞争力和吸引力。面对纷繁复杂的经济开发和建设任务、多元异质的社会管理和服务需求，开发区建设主体需要统筹考虑、分清主次，将开发区空间治理的战略抓手与开发区成长的生命周期有机契合，推动开发区产业升级与城市建设协同共进，取得经济社会发展最佳效益。

---

[①] 陈红霞：《开发区产城融合发展的演进逻辑与政策应对——基于京津冀区域的案例分析》，《中国行政管理》2017 年第 11 期。

1. "先出形象、再出功能"的发展战略贯穿始终

从时间性线索来看,"先出形象、再出功能"是金桥产城融合发展的战略选择。在开发区建设初始阶段,国务院部门发布的特殊政策、上海市人大的地方性立法、上海市政府颁布的规范性文件和优惠政策为开发区建设提供制度支持。1992年4月,上海市经济委员会召开上海工业企业会议,动员企业"集团军"向浦东进军,给予投资项目和工业基础支持。在中央和上海市委、市政府大力支持下,开发区快速实现从"0"到"1"的转变。此外,开发公司通过土地空转、滚动开发模式快速推进园区土地开发、基础设施建设和招商引资,走出一条土地资本和金融资本相结合的筹资融资道路,有效解决了早期开发面临的启动资金短缺问题。制度赋权、政治赋力、创新赋能为开发区"出形象"奠定了基础,快速完成了开发区身份建构。

"再出功能"是指经济开发区由以土地开发和基础设施建设为主的"硬环境"建设转向以行政审批改革和制度创新为主的"软环境"建设,带动开发区域高质量发展。在开发区建设初期,开发公司快速推进土地开发、基础设施建设、生态环境改造等"硬环境"更新。随着产业要素集聚过程完成,开发区建设必将从"政策洼地"转向"创新高地",通过承担更大的深化改革、扩大开放的国家使命和战略任务激发发展活力。金桥开发区承接一系列国家重大战略,相继建成全国首个以"先进制造业"命名的国家级出口工业产品质量安全示范区、全国首个形成循环经济业态圈的开发区,这也是上海国家级开发区中第一家国家生态工业示范园区、第一家园林式生产性服务业园区。目前,金桥已经形成以先进制造业为基础、生产性服务业集聚、各类生活设施配套齐全的产城融合发展格局,正在推进产业转型示范区、智能制造先行区、城市副中心功能创新区、绿色低碳引领区建设,一张产城融合的宏大蓝图正徐徐展开。

"先出形象、再出功能"是金桥经济开发区长时段发展的战略选择,贯穿开发建设始终。在"出形象"阶段,开发区建设强调"效率导向";在"出功能"阶段,开发区强调"质量导向",注重运用综合配套改革为经济高质量发展提供支持。"先出形象、再出功能"的发展战略表明,经济开发

区的高质量发展只有先立住脚，才能行稳致远，即在发展中牢牢把握产业升级和支柱性战略产业布局，为区域发展夯实经济基础，为产城融合凝聚市场和人气。

2. 科学规划与分步实施协调推进

金桥开发区建设之初，开发公司办公地点在由由饭店，待开发区域还是一片农田，天然河道和村社房屋散落分布，完全是一幅乡村田园景象。在30多年的开发建设过程中，以时任金桥开发公司总经理朱晓明为代表的开发区管理团队科学规划，高标准制定了金桥开发区建设和社会事业发展规划，"一张蓝图干到底"，为整个金桥地区产城融合发展发挥了根本性引领作用。开发建设之初，金桥开发公司就将发展规划作为工作的起点，为建成面向21世纪、面向国际的开发区规划蓝图。在开发区建设规划制定过程，逐步形成了"1+3"体系：1个城市规划作为总体框架、3个子规划作为核心的规划体系。上海市城市规划设计研究院承担市政基础设施规划设计工作，1990年底完成规划方案；此后，金桥开发公司会同市规划设计院相继完成了产业发展规划和社会事业发展规划。最终，金桥开发公司完成包含3个大规划和21个专业规划的《上海市金桥出口加工区规划图册》，为区域内土地开发、基础设施建设、产业用地、社会事业发展提供了科学依据。[①]之后，金桥开发区的历任建设者严格按照规划蓝图推进开发建设工作，遵循产业向量和地块向量的科学配置，大大提高了开发区土地资源价值，为开发区后续发展夯实了制度基础。

金桥开发区不仅是产业集聚地，也是宜业宜居、对人才有吸引力的国际化社区。在拟定金桥开发区规划时，以朱晓明为代表的管理团队将开发区定位为拥有一流基础设施、优质教育医疗资源的国际社区。在制定金桥开发区社会事业发展规划时，坚持以人为本，超前考虑引进一流的学校与医院，构建了体系化的城市教育、医疗、商业、体育服务配套设施。金桥开发区相继

---

[①] 政协上海市委员会文史资料委员会、中共上海市委党史研究室、政协上海市浦东新区委员会：《浦东开发开放》（上），上海教育出版社，2014。

建成上海杉达学院、中欧国际工商学院等高校，引进新区妇幼保健院、华山医院东院等医疗资源，建成平和、协和国际双语学校和上海市实验学校（东校）等优质教育机构。完善的教学、医疗卫生、体育等社会服务设施，使金桥经济开发区生活园区成为一个宜居的现代化、国际化社区，并成为浦东开发开放后国际社区建设的样板。

在上海2035年新一轮总体规划中，金桥被进一步提升为上海"卓越全球城市"建设的主城副中心之一，转型升级进入发展新阶段。金桥城市副中心规划将金桥定位为浦东中部发展带北翼关键链接点，制造业创新的重要产业园。在建设金桥城市副中心1.5平方公里核心区公共中心的基础上，增设服务浦东、为制造业发展提供支撑的专业中心，使金桥成为支撑上海科创中心建设的新地标。在城市副中心核心规划区域，将依次建成集中绿地、园区食堂、高端文化设施、体育设施、综合型商业零售、休闲娱乐设施、培训机构等垂直生活平台，将工作、休闲、科研、教育、交通等要素整合在社区模块中，通过空间叠加实现功能要素的共享，增强建筑整体功能的兼容性和互补性。

### 3. 事权分化推动空间治理体制重组优化

经济开发区建设的初衷在于通过行政手段扶持市场，弥补市场缺失、资源禀赋不足、分工程度低的缺陷，推动区域经济超常规集聚和发展。开发区建设初期，工作主要为制定规划、土地开发、建设生产性基础设施以及招商引资等，通常以项目制方式运行，具有增量型任务特征；在开发建设后期，区域经济规模增大、就业居住人口增多、社会事务涌现推动经济开发职能弱化、存量型社会管理服务需求快速增长。从开发区建设周期来看，"先出形象、再出功能"的战略补齐了开发区建设初期公共管理和公共服务的短板，通过开发区的空间治理体制优化推动城市生活品质提升、产城融合高质量发展。

在开发建设之初，开发区的生产性功能定位要求强化区域开发主体和管理主体的权能，即通过"扩权赋能"给予经济主体行政权或者行政机构市场经营权。通过扩大权限范围、优化权责体系、强化主体权能，设立开发区的政府将开发区管理主体打造成超越传统政府体系、适应市场经济发展需要、精简高效的治理主体。在经济开发区，政府与市场的关系并不是二元对立的，而是"看得见的手"与"看不见的手"相互扶持，共同推动区域经济社会发展。但是，最初的开发建设任务完成后，政府与市场之间的关系就面临新的调整：一方面，开发区的社会事务治理需求超越经济发展成为政府主要责任；另一方面，在完善社会主义市场经济体制和深入推进简政放权改革的背景下，政府经济建设功能让位于社会管理和公共服务，打造营商环境、服务市场主体、优化公共服务成为地方治理创新的主要方向。在开发区，通过功能性分权，开发区管理机构与属地基层政府分别演化成面向企业的政府服务平台、面向市民的公共服务和综合治理平台；通过层级间分权，在一级人民政府的职能部门与开发区管理机构之间形成简政放权、重事中事后监管的新体制，优化区域营商环境、激发市场活力；通过开发公司与开发区管委会之间"脱钩"，强化区域治理主体的公共责任，使市场在资源配置中发挥决定性作用，政府更好地发挥保障和服务功能。在权力下沉和扩权赋能机制推动下，城市开发区治理主体之间的功能分权、层级分权以及政企"脱钩"，使得作为过渡性体制的开发区管理机构完成了功能蜕变，成为真正意义上的公共服务和社会治理机构，极大地弥补了区域社会治理和公共服务短板。[①] 从金桥推进产城融合发展的治理转型实践来看，企业主导的空间混合治理体系终将转向事权分化的现代治理体系，以治理能力的现代化赋能开发区高质量发展，最终成为现代化城区。

## （二）金桥经济开发区产城融合发展的未来展望

回望30多年前，金桥地区是一片乡村田园风光；看如今，高端智能制造业和生产性服务业双轮驱动发展，高品质的国际社区绿树成荫、人文荟萃。金桥已经形成了以先进制造业为基础、生产性服务业集聚、各类生活设

---

[①] 高恩新：《城市开发区治权冲突与关系调适：以S开发区为例》，《甘肃行政学院学报》2020年第4期。

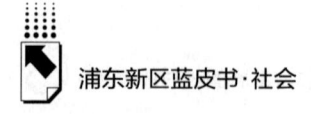

施配套齐全的产城融合新发展格局，承载着自贸试验区和科创中心两大国家战略，担当着自主创新示范区重要园区的使命，肩负着上海建设"卓越全球城市"重要承载区的重任。

城市形态、产业业态、人居生态的"无界"融合将会极大地提升金桥城市副中心吸引产业和集聚人才的优势。"十四五"期间，金桥开发区计划开发项目建筑面积超过1000万平方米，计划竣工约500万平方米，总投资约1600亿元。在"十四五"期间，金桥将引进"未来车""智能造"等龙头企业50家以上，集聚各类人才10万名以上，带动产值2500亿元，成为"引领区城市开发和产业发展的领跑者"，为浦东打造社会主义现代化建设引领区擦亮金字招牌！

# B.6
# 制度创新：临港产城融合中的社会治理及其发展道路

付建军*

**摘　要：** 临港在推进产城融合过程中面临着变革社会治理、提升公共服务供给效能的制度创新任务，这种区域定位的特殊性成为临港推动社会治理创新的内生力量。从转型角度看，临港在体制、数字化治理、国际与传统社区，以及基层队伍建设方面面临着挑战和问题。近年来，临港主要围绕城乡基层治理机制创新、基层队伍建设、基层数字化治理、基层自治建设和基层公共服务推进社会治理效能提升，取得了一定成果。但是这些创新举措仍然面临体制约束、主体单一、效能乏力等问题，需要结合基层队伍建设、数字化转型、公共服务精准供给和国际协同区自治等议题，进一步提高产城融合过程中的社会治理创新效能。

**关键词：** 产城融合　制度创新　社会治理　临港

产城融合是我国城市发展的新阶段，包括外部融合与内部融合两个方面。产城融合的核心是实现生产、生活、生态的融合，形成集聚效应，推动服务业和高端产业的发展。就此而言，产城融合是一项系统工程。在产城融合背景下，城市社会治理也面临新的要求和挑战。一方面，产业变化直接带来社会人口结构变化，而社会人口结构变化直接影响城市公共管理和公共服

---

* 付建军，华东政法大学政府管理学院副教授，主要研究方向为政府创新、基层治理与协商民主。

务的标准与要求。另一方面，产业转型升级是一项系统工程，城市社会治理也要发挥积极作用，为产业发展提供良好的外部环境。在浦东新区，包括临港地区在内的很多地区都面临着产城融合发展问题，在此过程中也面临着提升社会治理效能的任务。与陆家嘴、张江等地区不同，临港被赋予了更多的制度创新任务，承担的产业发展任务更重，重新定位后的发展时间相对较短，社会治理创新需求更大。在此背景下，通过制度创新探索出与产业高质量发展相适应的社会治理新格局，是临港在推动产城融合过程中需要直面的一个持续性考题。

## 一 临港产城融合发展的主要阶段

临港作为上海自贸区新片区，承载着制度创新的重要任务。在这个过程中，临港也面临着产城融合问题。从整个发展历程看，临港在从推动新城建设到发展成为新片区的过程中，始终注重产城融合建设，经历了从"以港兴城"到"未来之城"的发展转变。在这个过程中，临港产城融合也面临着前所未有的机遇和挑战。

### （一）临港产城融合的政策背景

《上海市国民经济和社会发展第十二个五年规划纲要（2011～2015年）》中明确提出，"强化产城融合。统筹工业园区、产业基地、大型居住区与新城建设，加强产业发展与新城建设互动融合，创造有竞争力和吸引力的投资、工作、生活环境，引导本地就业、本地居住。集聚符合功能导向和就业容量大的产业项目，完善新城内外交通网络，提高教育、医疗、生活服务、文化娱乐等配套水平，培育城市个性和特色风貌，优化居住环境。"在此背景下，上海在新城规划过程中就开始强调产城融合建设，主要表现为强调统筹工业园区、产业基地、大型居住区与新城建设，加强产业发展与新城建设互动融合的发展思路。

"十四五"期间，上海要在全球资源配置、科技创新策源、高端产业引领和开放枢纽门户四个方面做文章,形成"中心辐射、两翼齐飞、新城发力、南北转型"的新发展格局。其中,"新城发力"主要是指上海建立的嘉定、青浦、松江、奉贤、南汇五大新城,南汇新城就属于临港片区的主城区。按照上海市的要求,新城建设要实现"独立的综合性节点城市"发展目标。所谓"独立的综合性节点城市",主要是指这些新城形成了功能完备、产城协调的发展条件。

## (二)临港产城融合的路径演变

临港新片区的建设经历了几次转型。临港建设始于2003年,发展历史接近20年。2003年,临港新城建设方案正式上报上海市政府。同年5月,上海市批准建立上海临港综合经济开发区管理委员会,标志着临港正式成立。在很长一段时间内,临港地区主要由浦东代管。《上海市临港地区管理办法》第四条规定:"本市成立上海市临港地区开发建设管理委员会(以下简称'管委会'),为市人民政府派出机构,委托浦东新区管理,负责统筹推进临港地区开发建设。"2019年7月,国务院印发了《中国(上海)自由贸易试验区临港新片区总体方案》,文件要求:"新片区参照经济特区管理。国家有关部门和上海市要按照总体方案的要求,加强法治建设和风险防控,切实维护国家安全和社会安全,扎实推进各项改革试点任务落地见效。"据此,临港新片区得以升级。

2019年8月发布的《中国(上海)自由贸易试验区临港新片区管理办法》,对临港新片区的管理体制进行了调整,第五条规定"中国(上海)自由贸易试验区临港新片区管理委员会(以下简称管委会)作为市人民政府的派出机构,负责具体落实新片区各项改革试点任务,承担新片区经济管理职责,统筹管理和协调新片区有关行政事务。"

根据《中国(上海)自由贸易试验区临港新片区管理办法》第四条的规定,临港片区承担着产城融合职能,具体表现为"新片区鼓励国际优质资本进入教育、医疗、养老、文化、体育、园区建设、城市运行等公共服务领域,加强各类基础设施建设管理,提升高品质国际化的城市服务功能,打造开放创新、智慧生态、产城融合、宜业宜居的现代化新城。"因此，虽然临港新片区是经济功能区，但也肩负着社会治理等方面的事务，尤其需要通过产城融合功能建设，探索出一条与更高质量产业发展相适应的社会治理新路子。

从产城融合的角度讲，临港片区的变化也推动了临港产城融合发展的阶段性演变。早期阶段，即2002~2009年，临港产城融合集中表现为产业促进城市建设，即通过产业发展集聚人口。在2002年发布的《临港新城总体规划》中，其发展思路被表述为"以港兴城"，即"依托洋山深水港规划重装备制造产业区和保税物流区"。2004年发布的《上海市临港新城总体规划（2003~2020年）》则进一步提出了要把临港新城建设成为"综合性滨海新城、上海辅城"，明确提出要通过产业发展带动就业，提高临港新城的城镇化发展水平。

2009年伴随南汇区并入浦东新区，临港新城也变更为南汇新城，并成立南汇新城镇。上海"十二五"发展规划对南汇新城的定位进行了调整，定位为"建设综合性现代化滨海城市"。随着政策和定位的调整，临港产城融合迈入综合城市阶段，一直延续到2018年。综合城市阶段的产城融合开始强调产业与城市的相互促进。

2019年伴随着临港新片区的升级，临港产城融合也进入一个新阶段。临港新片区的升级对产业发展提出了更高的要求，而更高层次的产业经济形态需要更高层级的城市治理提供支撑，尤其是国际化产业的导入对城市治理的国际化水平提出了更高的要求。这一阶段的临港产城融合特征被称为"未来之城"。

### （三）临港产城融合的现实基础

2022年8月17日，上海市政府印发了《关于支持中国（上海）自由贸易试验区临港新片区加快建设独立综合性节点滨海城市的若干政策措施》，明确提出"聚焦各类人才'工作临港、居住临港、生活临港'的高品质多样化需求，加快完善城市基础设施，提供高能级公共服务配套，打造近悦远来的宜居宜业生活空间"的建设目标,并提出了8条具体举措。就此而言,临港产城融合实际上拥有较强的政策支持环境。

在拥抱机遇的同时,也应该看到,临港产城融合面临的挑战和突破任务比其他新城和经济功能区更为突出。临港产城融合的一个重要特点在于临港本身级别高、产业目标大,对城市治理的要求也随之提升,由此对产城融合水平的要求也相应提高。并且,从物理空间上看,临港是距离上海市中心最远的区域,这一方面决定了临港具有很强的城市独立性,但另一方面也对临港城市治理提出了更高要求,通过城市治理提升临港吸引力是一个艰巨任务。

整体上看,临港地区发展近20年,在取得长足进步的同时也应该看到在产城融合方面还面临着多重挑战,这些挑战的存在在一定时间内成为制约临港发展的重要因素。譬如,在一段时期内,产城分离问题仍然存在。临港地区在规划之初就形成了片区发展思路,其中产业功能区包括主产业区、重装备和物流园区,而服务功能区又包括主城区和综合区等。各个片区之间在空间上相对隔离,导致城市本身对人口的吸引力有限。

## 二 临港产城融合进程中的社会治理新问题

临港产城融合过程中的社会治理主战场是南汇新城。按照《南汇新城"十四五"规划建设行动方案》的描述,"南汇新城是中国(上海)自由贸易试验区临港新片区的主城区,是临港新片区建设具有较强国际市场影响力和竞争力的特殊经济功能区和现代化新城的核心承载区"。南汇新城是上海五大新城之一,行政区划单位主要由南汇新城镇、万祥镇、泥城镇、平安镇等构成,其中南汇新城核心区处在南汇新城镇。目前临港新片区仍然采取了管镇一体的运作机制,且管委会更侧重经济发展功能,社会治理功能主要集中在南汇新城镇。就此而言,讨论临港产城融合过程中的社会治理问题实际上也就是讨论南汇新城的社会治理,更进一步说是南汇新城镇的社会治理。

存量方面，根据南汇新城镇提供的数据，目前南汇新城共有人口约30万，其中包括高校师生约10万人、建设和产业工人约10万人。南汇新城镇共下辖20个居委会、1个行政村、3个居委筹建组。在居委会之上，形成了芦潮港、申港和综合社区三大功能性治理单元。其中前两个治理单元以生活功能为主，综合社区以服务临港金桥、张江集团入驻企业为主体功能。此外，为了推动基础设施建设，南汇新城还成立了三个临时性治理单元——101、103、105建设者小镇。

### （一）管镇一体背景下的有效治理

临港新片区是一个聚焦产业发展的经济功能区，这种经济功能区与行政区划存在交叉，但也没有完全重合，因此一方面涉及职能分化问题，另一方面也涉及行政区协同问题。这些问题实际上都属于体制层面的挑战与问题。

第一，临港新片区目前在社会治理事务中主要采取管镇一体的管理机制。从结构上看，临港新片区是一个经济功能区域，虽然相关文件规定了临港新片区具有产城融合功能，但社会治理并不是临港新片区的主要功能，社会治理功能应该交由一级政府承担。而在行政区划层面，临港新片区的主城区行政区划单位是南汇新城镇，因此目前在社会治理领域主要采取了管镇一体的管理机制。譬如，虽然临港新片区管委会在内部机构中设置了社会发展处和综合治理处，但目前临港新片区的社会组织、城市执法、生态市容等工作均由南汇新城镇承担，与之相关的党群服务中心、综合执法大队、社会组织服务中心、生态市容中心等在管理体制上均隶属于南汇新城镇。

由此带来的问题是，南汇新城镇承担了超出其作为一个镇级行政区划的职能，既难以与浦东新区内的书院、泥城等街镇实现有效整合，也无法与奉贤区的四团镇实现有机联动。此外，管镇一体运作模式也导致临港管委会承担了非经济发展的部分功能，分散了其聚焦产业发展的注意力。因此，如何从功能上厘清管委会和南汇新城镇的职责边界，是当前临港产城融合过程中面临的一个主要问题。

第二，城市治理层面临港新片区还面临双重管理问题。所谓双重管理，是指临港新片区在行政区划上属于浦东新区，其城市治理尤其是社会治理问题从行政区划角度来看应当归属浦东新区管理。此外，南汇新城镇作为一个镇级行政区划单位实际上也归属于浦东新区，接受浦东新区的管理和考核。由此带来了两个具体问题。一是南汇新城镇实际上产生了两个对接主体，即管委会和浦东新区；二是临港片区升级后在行政级别上与浦东新区平行，由于实施了管镇一体运作机制，虽然南汇新城镇在行政区域化上属于浦东新区，但南汇新城镇的治理功能得到强化也是客观事实，如何与浦东新区对接也需要进一步明确。

第三，临港新片区的社会治理还面临着跨行政区协同问题。从区域上看，临港新片区由核心承载区、战略协同区两部分组成。其中，核心承载区为临港新片区管委会经济管辖范围，面积为386平方公里，其中包括了浦东南汇新城、泥城、书院、万祥四镇和奉贤区的蓝湾小镇、平安社区等。目前这些区域的社会治理仍然延续了原有模式，即按照行政区划进行治理。但从长远发展来看，当临港新片区发展成熟后，这些行政区毗邻街镇在经济发展上会深度嵌入临港新片区，而在社会治理上仍然延续旧体制，两种体制势必引发跨行政区协同治理问题。

## （二）数字化转型中的技术赋能

从产城融合的角度来看，数字化是推动产城融合的重要桥梁，也是解决体制需求与问题的重要路径。对临港来说，推动高端产业的发展必然需要同步推进数字化，而产业数字化又需要以城市治理的数字化为基础。按照规划，临港新片区要建成"数字新城"。根据规划描述，"数字新城"建设目标是指推动数字化转型实现整体性转变、全方位赋能、革命性重塑，构建智慧互联、协同共享的数字城市。实现5G网络高质量覆盖，宽带接入能力达到600M、物联专网终端接入量达到20万个以上。初步建成以数据跨境流动为重点的国际数据港，数字经济增加值平均增速达50%。打造10个以上示范性数字生活社区，建设"数字孪生城市"试点区。建设不少于30个数字

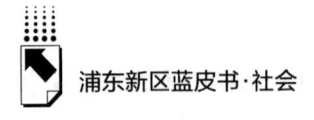

化城市治理应用场景，打造最现代的数字新城。这个建设目标实际上对临港数字化社会治理提出了较高要求。

### （三）国际化背景下的社区自治

临港产城融合的一个突出特点是国际化水平高，国际专业人才大量导入必然会对既有的城市治理体制提出新的要求。一方面是新建了国际协同区，国际协同区如何治理是一个紧迫性问题。国际创新协同区包括顶尖科学家社区（顶科社区）与科创总部湾、科技创新城社区三大板块，规划面积6.95平方公里，开发体量697万平方米（不含地下），其中，科创总部湾0.52平方公里，约100万平方米；顶尖科学家社区3.21平方公里，约303万平方米；科技创新城社区3.22平方公里，约294万平方米。目前，科技城社区住宅用地和顶科社区1.1平方公里区域内住宅用地均已出让，相关住宅项目已开工建设，预计3年后具备2万人口入住条件。另有顶科社区1.4平方公里区域内住宅用地计划2022年出让并开工，预计4年后具备约3万人口入住条件。在此背景下，亟须通过治理模式和经验借鉴形成一整套具有可操作性的治理体系和机制。

另一方面，国际高端人才导入也对整个南汇新城城市治理提出了更高的要求。目前，诸如特斯拉等跨国企业已经入驻并投入生产，这些跨国企业的入驻导入了一批国际居民，如何让这些国际居民在南汇新城获得高质量的公共服务，同时参与城市治理是临港产城融合过程中的一个社会治理新问题。

### （四）人口导入下的公共服务

临港有规划的国际协同区，也有高级商品房小区，同时还有和传统农村相近的传统社区。其中，南汇新城镇辖区内的芦潮港社区属于典型的传统老旧社区，而申港社区则属于现代型社区。这些社区的居住人口在就业和公共服务需求等方面差异巨大，如何在提供标准化公共服务的同时，尽量根据不同社区实际情况，提高公共服务的精准度，是临港产城融合过程中需要面对和解决的一个问题。反映在发展层面就是，虽然目前临港主城区常住人口接近30万，但仍然与规划目标即2025年人口规模达到75万存在很大差距，是5个新城中人口增长量最少、增速最慢的地区。这个问题虽然是多重因素共同作用的结果，但临港地区公共服务水平有待提升确实是一个重要原因。

表1 2020年12月到2021年12月上海临港新片区各镇实有人口变化

单位：人

| 街镇 | 2020年12月 | 2021年12月 | 增长规模 |
| --- | --- | --- | --- |
| 南汇新城镇 | 114048 | 147778 | 33730 |
| 书院镇 | 63578 | 64149 | 571 |
| 泥城镇 | 98144 | 112567 | 14423 |
| 万祥镇 | 30821 | 30932 | 111 |

虽然临港发展近20年，但获得国家支持并升级为经济特区则始于2019年。在此背景下，临港面临着在短时间完成大规模基础设施建设的任务，由此形成了一个特殊性质的社区类型，即由施工人员组成的社区，目前这类施工人员接近10万人。这类社区与传统社区不同，居住者的工作内容相同，居住房屋均为工地活动板房，居住者与居住地主要依靠业缘维系，且居住者流动性强。如何确保这类施工者集中居住社区的安全问题，同时向这类社区提供基本的公共服务是临港产城融合过程中面临的一个阶段性问题。除了上述施工者居住社区，临港作为经济功能区，需要吸引大量人才，由此也形成了大批的人才保障性住房社区。施工类社区和人才保障性住房社区共同形成了临港产城融合过程中的新情况和新现象。与传统社区不同，这类社区没有明确的管理主体，如何在落实社区治理主体责任的基础上，做好社区公共服务和保障公共安全是临港社会治理的一个重要问题。

### （五）城市发展过程中的基层治理能力

按照规划，临港主城区南汇新城在短期内要导入近35万人口，对城市治理尤其是城市基层治理队伍的治理能力提出了超高要求。一方面，临港社会治理的主战场只有南汇新城镇，大量人员引进后产生的治理任务和需求汇聚到南汇新城镇，基层队伍需要在完成条线常规工作的同时，更好应对这些新任务，尤其是要承担产业发展和城市建设的相关任务。另一方面，前文已述，南汇新城范围内不同类型的社区差异明显，基层队伍面临的问题和任务也不尽相同，如何有针对性地提升基层队伍的治理能力也是一个重要问题，尤其是在国际化水平不断提升的背景下，各种涉及国际人士的管理和服务工作会越来越多，需要进一步提升基层队伍的国际化素养。

## 三 临港应对社会治理新问题的创新举措

《临港新片区高质量社会服务体系建设规划》提出，将新片区打造成为社会主义现代化城市治理新标杆，主要任务包括三个方面。一是建设国际化活力新社区，引入便利国际人士生活的相关设施和服务，积极搭建自治共治的社区治理平台，鼓励中外居民参与公共事务，增强社区归属感和认同感。二是推进城乡融合治理，增强基层公共管理、公共服务、公共安全职能，推动更多服务资源下沉社区，支持社会组织依法开展活动，探索社会企业等公益创新模式，培养一批具备国际视野的高素质社会工作者队伍。三是建设临港特色城市治理"两张网"，把握城市数字化转型契机，探索AI+服务的新模式，实现一网通办从"通"办到"智"办的转型升级。在此背景下，以南汇新城镇为主体，主要在以下几个方面开展了改革创新，以更好地适应和回应产城融合背景下的社会治理新问题。

### （一）推动城乡基层社会治理机制创新

着力推动规划编制和落地。从一开始就高起点规划，对标东京等国际一流港城，编制《中国（上海）自由贸易试验区临港新片区国土空间总体规划（2019~2035年）》；发布《关于以"五个重要"为统领加快临港新片区建设的行动方案（2020~2022年）》，已完成前期36项重大问题研究，在商贸发展、智慧城市、生态环保等多个领域形成三年行动计划，按照"成熟一个、发布一个"的工作原则，全面启动20个专项规划编制工作。

提升跨行政区协同效能。临港新片区管委会与奉贤区人民政府先后签订了《有关事权财权和工作界面的备忘》和《加强协同联动细化事权财权和工作界面合作协议》，厘清工作界面、完善协同机制、深化全面合作，为推动区域高质量发展发挥了重要作用。目前，新片区奉贤区域南部45平方公里的管理职责划分和交接已全面落实。2022年8月，《上海市人民政府关于调整由中国（上海）自由贸易试验区临港新片区管理委员会集中行使的行政审批和行政处罚等事项目录的决定》（即临港新片区第三批集中行使事权目录）发布，扩区后的90平方公里新片区奉贤区域内的行政管理事权的交接工作也已在全面落实中。

根据产业发展需求推动基层治理创新。譬如，临港在发展过程中发现集卡司机群体对公共服务的需求较为凸显。对此，临港推动建立了"临港集卡司机之家"，自2020年12月20日启动以来，"临港集卡司机之家"已全面开放710个集卡泊位，提供简易餐饮加热、休息室、超市便利店、淋浴、汽车维修等服务，受到集卡司机的热烈欢迎和一致认可。目前，市交通主管部门、临港新片区管委会已就集卡服务中心停车阶梯收费管理达成共识，将尽快完成公共停车场（库）经营备案工作。结合集卡业务用时需求，对合理的停车中转实行免费，对超过合理需求的停车行为严格收费，切实提高集卡流通率。

推动建设者集中居住空间治理机制创新。以105建设者小镇为例，小镇由临港集团牵头，由上海建工、中建八局负责具体承建，并委托了专业化物业公司运营管理。小镇占地面积为8.4万平方米，共分为南北两个区域，南侧区域为中建八局生活区，北侧区域为上海建工生活区。根据101、103、105区域及建设推进情况，积极与管委会"集居办"进行对接，拟定细化管理工作可行性方案，压实主体责任，协调各办、各条线资源融入，协调各建设主体单位强化管理职能，加强人员管理，强化工程安全监管工作，细化人员分工，抓好防疫工作，指导工作组进一步摸清现状、明确目标、细化任务、完善保障。

推动大型居委的拆分工作。目前南汇新城部分社区面临社区人口过多，既有社工难以应对管理压力的问题。这也是临港在推进产城融合、引导人口流入过程中面临的一个新问题。对此，临港的一个举措是对大型居委会进行拆分。譬如，在南汇新城镇申港社区，已经确定调整6家居委区域范围，新建宜洁准园三居委、东岸涟城二居委、芦潮居委、芦云居委、芦硕居委5家居委。

### （二）推动社会治理规范化建设

社会治理规范化建设是基层治理体系和治理能力现代化建设的重要议题。推动社会治理规范化建设，临港的实践主要集中在执法体制、政务公开和社会矛盾纠纷化解三个方面。

一是深化综合执法体制改革。将目前由新片区管委会各部门履行的专业领域行政处罚事权向综合执法大队归集，率先在全市建立"最综合"的执法体系，逐步实现"一支队伍管执法"。将行政检查事权归集至各业务部门，强化审批监管和行业主管责任，建立健全各部门和综合执法大队管执联动的工作机制。创新包容审慎执法，制定符合临港新片区实际情况的轻微违法行为免罚清单，精细划分轻微违法行为，依法实行首违免罚。梳理完成各条线相关自由裁量权，补齐自由裁量标准，基本形成具有临港新片区特色的自由裁量和免罚清单汇编。完成重大行政执法决定法制审核和行政处罚听证程序规定等相关工作，全面推行执法过程全记录制度和行政执法公示制度。开展综合执法操作规范、案卷质量评查规范、案件操作规范的编写工作。根据新法律法规动态调整综合执法事项清单，修改执法法律数据库，完善综合执法法律依据。

二是推动政务公开工作。主动公开公文类政府信息628件，主动公开率达92.35%；受理政府信息公开申请60件，工作流程合法规范。落实"组织一次行政决策公开活动、举行一系列政策宣贯交流活动、开展一批重点工程展示观摩活动、开展一组政府部门与公众互动交流活动"要求，开展一系列政府开放活动,共计20余场,线下参与人数累计1000余人次,线上参与人数累计8000余人次,通过座谈交流、讲座、参观体验、云直播、流程演示等形式,宣介新片区管委会工作职能、制度规范和服务举措。

三是有效化解社会矛盾纠纷。在全国率先出台《境外仲裁机构在临港新片区设立业务机构管理办法》。在全市率先允许设立律师事务所同城分所,2021年,13家同城分所落户新片区。揭牌运作法律服务中心和一站式争议解决中心。现有人民调解组织29个,人民调解员32人。坚持和发展"枫桥经验",健全"一集三分一合"的访调联动衔接机制,即集中收集矛盾纠纷,分析、分类、分流纠纷,合力化解涉访矛盾。对医患纠纷、家庭纠纷、婚恋纠纷、邻里纠纷四类非警务矛盾纠纷,与派出所联调联动,通过"司法110"联动平台派单,请调解员赴现场开展调处。

## (三)推动社会治理数字化建设

临港推动社会治理数字化建设的整体思路是依托新技术,以智慧城市、宜居城市建设为机遇,打造临港特色城市治理和服务新模式。依托全市"一网统管"平台,采取人工智能、智能安防、大数据等现代科技手段,推动城市治理由人力密集型向人机交互型转变、由经验判断型向数据分析型转变、由被动处置型向主动发现型转变,创建"净畅宁和美"的全球一流宜居城市。加快电子证照、电子印章和电子档案应用,探索"AI+智能预审""AI+综合监管""AI+政府服务",打造个性化、精准化、主动化、智能化的政务服务新模式,实现"一网通办"服务从"通"办到"智"办的转型升级。

在框架方面,围绕城市运行保障、日常管理、社会面管控、生态环境等方面,构建"1+1+6"城市运行管理架构。加强"云、数、网、端、安"基础设施建设,加快与"智慧公安""雪亮工程""综治平台"深度对接融合,实现数据共享共用。构建基于城市事件的智能识别与服务系统,实现城市管理事件、部件全智能派单。以城市运行管理平台为基础,加强相关部门与区域之间的数据共享。在"1+1+6"城市运行管理架构下,南汇新城主要推动了社区云、"随申办"及湖畔汇 2 网络平台等智能服务平台建设，积极探索智慧社区建设，进行走访调研。积极融合党建、科建、红十字等资源，认真梳理需求、资源、服务清单，了解群众需求和治理难点，探索推动智能化管理与社区居民所需对接，打造服务载体多样化、服务平台智能化的"15 分钟服务圈"。南汇新城也积极打造社区智慧治理平台。其中，南汇新城镇 21 个居村委全部覆盖"智治通"平台，初步完成常态任务，发挥"一网统管"职能。

公共服务数字化供给平台建设。譬如，临港目前正在着力推进科学数字图书馆建设。该平台已确定由上海报业集团旗下的新华传媒连锁公司运营。在图书馆内容资源建设方面，新华传媒连锁公司依托世界顶尖科学家论坛的资源优势，把握前沿科学的发展脉络，聚焦专精特新技术研究成果，并根据每年的论坛主题发布最新研究内容，形成临港科创产业成果数据的发布出口。同时，新华传媒连锁公司通过线上线下两大平台构建图书馆数字资源：线上搭建"临港数字图书馆云平台"数字基座，充分利用区域、国家及国际可以使用的一切资源，打造优质的科学数字平台；线下综合各类资源平台、数据库等基础数字资源，提供人工智能检索功能，与线上平台实现联动。

公共管理数字化运行平台建设。以垃圾治理为例，城投兴港根据临港新片区管委会研究制订的智慧城市实施纲要"，结合城投集团信息化工作"一体、两翼、三中心"发展要求，于 2020 年 10 月正式启动"临港新片区生活固废信息化平台"开发，该平台于 2020 年 12 月正式上线。平台集成了从源头垃圾产生点到末端处理和资源化的全过程数据采集、统计分析、实时卫情反馈、满溢报警和调度、智能数据对比等功能。整个平台包括固体废物全过程管理的物流体系、管控体系、分析体系、监控体系、运营体系。物流体系从垃圾的源头收集到中转运输到末端处置建立了响应的子系统，通过物流监控、物流跟踪、物流调度、物流报警完成对垃圾的全过程收运监控；管控体系包括站点管控、车辆管控、物流管控和人员管控；分析体系包括称重数据、车辆运行、人员管理、设备故障分析和垃圾分类评估；监控体系包括站点监控、车载监控和设备人员监控；运营体系包括系统运维、数据服务、业务办理和报表报告。

### （四）提升基层自治共治效能

基层自治建设始终是临港推进产城融合过程中的重要议题，尤其是在国际协同区如何引导国际人士参与社区治理是个新议题，很难采取既有模式来解决这个问题。在实践过程中，临港主要从四个方面推动基层自治建设。

一是持续推动自治金项目建设。推进社区居民自治金项目建设，完成2022年自治金项目评定，53个项目参评，决定启动47个自治金项目。经过项目书优化，形成自治金与常态化防疫及社区治理接轨紧密、切合度高的操作规范。在打造自治金项目品牌过程中，临港结合自身在科技方面的区域特色和资源优势，围绕科普打造自治项目。譬如，滴水湖馨苑三居委打造的残控科普小课堂，着眼于解决特殊人品遇到的"急难愁盼"问题，给社区群众带来了温度，被评为浦东新区30个最受欢迎"家门口"服务项目之一。

二是结合临港片区低碳发展特色推动社区治理。2022年初临港新片区国际创新协同区成功申报创建低碳发展实践区，宜浩欧景社区成功申报创建低碳社区，从碳减排的角度，针对实践区和社区范围内能源、建筑、交通等领域建设和运营管理全生命周期，制定了总体控制目标和系统性的发展指标体系。其中国际创新协同区低碳发展实践区预期实现近零碳排放目标，宜浩欧景低碳社区人均碳排放强度在2021年水平上下降10%以上。国际创新协同区低碳发展实践区编制《低碳发展实践区建设导则》，着力推进资源节约和综合利用，探索应用一系列创新型技术，比如新建高品质住宅湿垃圾粉碎设施、气力输送系统、生物质供能等，为大规模推广积累经验。宜浩欧景低碳社区正在编制《低碳生活指南》，在管理模式和生活方式上落实低碳要求。

三是推动基层治理达人工作室建设。在产城融合背景下，企业中的各类人才实际上也是基层社会治理中的达人。要挖掘这些治理达人，就需要为他们发挥作用提供平台。临港的一个基本经验是推动基层治理达人工作室建设。目前，南汇新城宜浩欧景一居委、滴水湖馨苑二居委、滨河居委等3家达人工作室已经建设完毕。通过工作室，可以更好地引导自治达人开展社区治理献计献策，丰富各类社区活动，打造社区建设特色品牌，形成民主自治工作合力。目前，南汇新城已经挖掘基层治理达人典型23人，进行分类并融入治理资源队伍。

四是超前规划国际化社区的居民自治事宜。按照新片区的总体规划，结合产业和人才需要，在国际顶尖科学家社区等区域，高标准建设国际化居住社区。由此也产生了一个新问题，即这些外国居民如何参与到社区治理中，与本地居民形成治理共同体。目前临港的基本思路是依托社区综合服务设施，举办各类公益慈善、文化体验活动，鼓励中外居民互动参与。此外，积极搭建自治共治的社区治理平台，鼓励中外居民参与公共事务的讨论、配套服务标准与行为准则的制定。

### （五）推动基层公共服务建设

推动基层公共服务建设是临港在产城融合背景下推动社会治理建设的重中之重。目前临港主要在几个方面推动了基层公共服务建设，为吸引人才落地创造了条件。

一是围绕实有人口建立健全社会治理资源配置格局，推进"家门口"服务体系建设，做实联勤联动发现处置机制。针对不同社区治理体征，探索实现精细治理和精准服务的有效路径。加快重点部位视频监控高清化和深度智能化升级，实现公共区域智能安防全覆盖。针对国际化社区，制定建设导则和配套服务标准，引进国际化公共服务机构。积极引导基层社区开展自发性的文化活动，丰富基层群众文化生活。全面推进文化设施网络建设，规划建设市级及地区级图书馆、剧场等文化设施项目，鼓励和引导社会力量参与文艺生产和公益性文化活动。试点跨境艺术品保税交易，拓展创意文化、文物艺术品交易等创新业态。推动文创产业载体建设，打造国际文化创意港和以高科技影视摄制基地为主的文化产业集聚区。

二是积极打造公共服务品牌。按照《临港新片区高质量社会服务体系建设规划》、创建"家门口"服务示范项目"湖畔汇"的重要要求,在全面推进"家门口"服务设施建设的基础上,在环滴水湖区域探索打造线上线下融合、面向未来的"家门口"服务示范项目"湖畔汇"。建立常态化需求表达和供需对接机制,提升公共政策的精准度和公共服务的个性化,不断增强社区的归属感、认同感。在"市民云"平台框架内,开发体现临港特点的线上服务品牌,一站式集成电子健康档案、智慧养老、数字图书馆、个人学习账户等数字资源,同时在线下空间综合运用各类智能化手段,提升"家门口"服务的便利性和可及性。开展"湖畔汇"品牌打造行动计划调研,在项目目标、项目库打造、联动机制打造、品牌项目落地、机制沉淀、案例积累、影响力沉淀上进行细化。

三是积极引入外部公共服务资源。在产业园区公共服务方面,临港已经与上海市第六人民医院、上海市浦东医院、上海海洋大学、上海市浦东新区明珠临港小学等医院、学校单位签署战略合作协议,以"9+X"园区生活服务体系为载体,通过与签约院校的互联互动,释放各方在医养、教育、培训及其他专项服务领域的资源优势,更好地打造产城融合先行区,有力推动临港新片区的发展。在核心城区,明珠小学等优质基础教育资源逐步集聚,上海电力大学等高校入驻,各级各类学校达到47所。上海中学东校高中部等26所学校启动建设,青少年活动中心等项目扎实推进。初步建立以三级医院为核心、以社区卫生服务中心为基础的医疗服务体系,基本满足区域内居民的医疗卫生服务需求。商业设施建筑面积达到45万平方米,主要居住区基本实现商业配套覆盖。

## 四 顺应产城融合需要的社会治理发展建议

与其他区域不同,临港作为新片区承载了制度创新的重任,在经济发展基础上探索出一条新的社会治理模式,是临港在未来需要发力和突破的方向。与此相呼应,经济产业发展模式的突破也必然带来城市治理模式的创新突破。如何通过城市社会治理创新为临港经济产业发展提供支持，是临港产城融合过程中需要解决的问题。虽然目前临港在社会治理方面开展了一系列创新实践，但仍然存在较多挑战，抑制了创新作用的有效发挥，因此需要进一步优化完善。

### （一）进一步推动制度创新

目前临港在社会治理体制层面已经开展了较多创新实践，但这些创新大多聚焦在内容创新和机制创新层次，涉及制度创新的内容则主要聚焦在产业发展领域，社会治理领域的制度创新实践并不多，创新驱动社会治理效能提升的作用还没有充分显现出来。因此，未来需要进一步推动制度创新。一是推动社区治理制度创新。随着区域建设进程的加快，各社区之间管理的差异化更加突出，新老社区的管理模式及方法对现代管理的多样性提出更多挑战及风险。对于老社区，加大小区改造和适老化改造、公服设施用地转化等探索力度，对于新型社区建设，支持先行启动规划，提前进行管理单元设置，借鉴新区范围内的工作经验，提前进行人员配额招聘及人才储备，打通各类人员晋升通道。二是推动非居民区类居住空间的制度创新。譬如，目前临港已经探索建立了建设者小镇制度。未来可以根据101、103、105建设者小镇及新建租赁式保障房的情况，加强党建引领、提质增能，继续协调资源导入，指导社区工作组细化任务、完善保障，推进各工作站优化管理和服务工作。三是探索建立跨属地治理协同制度。前文已述，临港经济发展区域涉及三个区级行政区，在新片区内实现社会治理的有效衔接是目前社会治理制度创新的主要任务，需要探索出一种新的工作模式，作为现有行政区划和属地治理等社会治理模式的补充。

### （二）进一步创新国际化居民自治制度

国际化社区是临港新片区的新现象、新制度。这类社区是产业和科研高端人才的集中居住区域，尤其以外国籍居民为主，因此在居民自治制度和需求上与以本国居民为主的传统社区存在显著差别，其核心任务是通过制度创新，在国际化社区搭建起自治共治平台。一是推动国际协同区自治制度创新。在两个国家战略的叠加效应的大背景下，探索并率先实施国际协同区自治管理，探索国际化、现代化、科学化的现代治理，提升现代服务时效性、精准性，加强资源需求导入与行政事权下放。二是探索建立国际社区管理单元。可以借鉴张江、碧云等国际社区的管理经验和管理模式，按顶科国际协同社区建设计划，配合搭建国际社区管理单元，储备和导入国际化管理团队，探索建立党建引领下多元参与民主协商机制。三是推动建立国际化社区自治平台。可以建立居民议事厅、共治委员会制度及高效共享资源平台，探索支持社区治理信息接口便利化。

### （三）加快技术赋能制度创新的转型步伐

对于临港新片区来说，通过技术赋能推动经济社会发展模式的变革至关重要。从这个角度来说，临港新片区的数字化转型就不能仅仅停留在局部赋能、碎片化赋能层面，而应该着力加大技术赋能制度创新的力度和深度。目前，临港新片区虽然在技术赋能方面开展了一些探索，但主要集中在局部议题上，并没有形成技术赋能制度创新的整体转型局面。未来需要着力推进三个方面的工作。一是继续探索"湖畔汇"品牌建设，推进线上线下并行、服务治理共驱的产城融合治理样板，鼓励志愿者团队线上线下互动，以适应产城融合发展进程加快给现代社区治理需求带来的新模式与新要求。二是做好既有技术赋能平台的整合转化。以"社区云""随申办"旗舰店建设为抓手，探索"家门口"智能化社区自治及防疫直观平台建设，融合党建、科建等资源，动态梳理需求、资源、服务清单。三是落实技术赋能制度创新转化工作。核心是在建立技术赋能平台的基础上，建立社会需求识别机制，了解群众需求和治理难点，推动智能化管理与社区居民所需良好对接。

### （四）推动城市公共服务精准供给

推动城市公共服务精准供给是产城融合的题中应有之义，只有实现了公共服务的精准供给，才能够让产业人才和科研人才落地生根。对于临港来说，经历了多年发展，城市公共服务供给体系得到了极大改善，但由于临港距离上海市区较远，人口聚集效应与其他新城相比仍然存在较多问题。这个现状对临港新片区的公共服务供给提出了更高的要求，要通过公共服务精准化供给实现人口聚集、产业发展转型目标。具体来说，一方面，应尽快形成政府主导、社会参与和自由市场运作模式。有必要引入公共服务供给的市场机制和企业管理模式，使政府、企业和社会组织共同承担公共服务供给的责任和义务。应适应政府建设的本土化模式向政府、企业、市场、社会协调机制的转变。另一方面，要结合城市化发展的不同时期、不同阶段，建立和完善城乡一体化的运行模式。在发展过程中，要加大财政投入，覆盖农村，坚持全面发展的原则，完善城乡社会事业一体化的运行机制，加强社会均衡配置。

### （五）提升基层社会治理能力

基层社会治理创新的关键在于人的能力提升。对于临港新片区来说，其推动产城融合的过程也伴随着高度的社会变迁，基层社会治理队伍面临着能力提升的任务。因此，未来产城融合过程中，临港新片区还需要做好基层社会治理干部的能力提升工作。一是强化基层社会治理队伍自治能力。按照自治、德治、法治、数治四治要求，以社区治理为牵引，全面做好"家门口"服务减负增能工作，加强落实"基石工程"，完善三会训练室建设，全面提升基层自治能力，细化人员分工。二是强化基层社会治理队伍精细化治理能力。以参与式社区规划示范建设为抓手，在看好人、管好车、看好门、接好物、精消杀等常态化工作上下功夫，严格遵守制度，抓好消杀宣传和动员。三是强化基层社会治理队伍协商动员能力。可以以加强基层社区志愿者团队培育为主线，推进2022年"滴水"公益创投、自治金等社区民生服务重点项目提质增能，挖掘社区治理能人、达人，推进积极引导机制，形成现代社区自治公约推广机制。

## 参考文献

秦倩茜、周凌、李峰清：《"人—居—业"视角下上海南汇新城"产城融合"发展特征与策略研究》，《上海城市规划》2022年第1期。

《上海市人民政府关于印发〈中国（上海）自由贸易试验区临港新片区发展"十四五"规划〉的通知》，2021年7月26日。

《南汇新城"十四五"规划建设行动方案》，2021年4月14日。

《中国（上海）自由贸易试验区临港新片区公共服务体系"十四五"规划》，2021年6月10日。

# 特色案例素描

Sketch of Featured Cases

## B.7
## 引产入城：新场镇助推世界级生物医药产业集群发展

顾燕峰[*]

**摘　要：** 在浦东打造世界级生物医药产业集群的背景下，新场镇作为张江创新药"北研发南生产"的重要基地，以创新药产业发展为引领，将产业园区的治理融入新场镇社会治理的总体布局中，锚定世界级生物医药产业集群的发展目标，通过加强党对产业园区的全面领导，以产业发展推动镇域发展，探索出了一条具有新场特色的产城融合共治的实践之路。

**关键词：** 引产入城　生物医药　产业集群　融合共治

生物医药是全球新一轮科技革命与产业革命中的重点领域，也是浦东新

---

[*] 顾燕峰，上海第二工业大学副教授，硕士生导师，主要研究方向为党的建设、社会治理。

区推动产业能级倍增的"六大硬核"产业之一。习近平总书记在浦东开发开放30周年庆祝大会上的重要讲话中明确要求浦东加快在生物医药等领域打造世界级产业集群。之后,《中共中央国务院关于支持浦东新区高水平改革开放打造社会主义现代化建设引领区的意见》也明确提出,浦东新区要打造世界级生物医药产业集群。

在这样的背景下,2021年12月29日,上海市第十五届人大常委会第三十八次会议表决通过了《上海市浦东新区促进张江生物医药产业创新高地建设规定》,要求全面提升"张江药谷"品牌,全力打造全球卓越的世界级生物医药产业集群。2022年1月26日,浦东新区正式发布了《上海市浦东新区生物医药产业高质量发展行动方案(2022~2024年)》,聚焦创新能级、产业规模、产业集群效应、产业生态四个方面,着力将浦东打造为引领带动我国生物医药创新发展的主阵地、参与全球生命科技竞争的策源地、"全球新"产品持续涌现的原创首发地。

## 一 缘起和背景

张江是浦东新区打造世界生物医药产业集群的主阵地。2019年4月,张江创新药产业基地正式揭牌,成为上海市5个特色生物医药产业园区之一,也是上海市26个特色园区之一。基地面积3.13平方公里,涉及新场、航头、周浦三个镇。其中,新场片区面积2.62平方公里,占整个基地面积的83.7%。在区镇两级政府的合力推动下,目前,新场镇产业园区的建设已粗具规模。

### (一)产业园区规划建设情况

创新药产业基地位于新场工业园区,该园区建于2003年,现有生产型、注册型企业300余家,目前已形成以生物医药产业为主导的产业定位。根据整个创新药基地的布局,康新公路以西由康桥集团作为一级开发主体,康新公路以东由新场镇作为一级开发主体。目前新场工业园区已落户的生物医药企业有复星凯特、晟斯等，在建工程有宜明昂科、奥浦迈、宏成药业，预计2023年度上半年完成结构封顶。园区现有存量完成储备地块2幅，面积50.97亩；储备中地块12幅，面积399.02亩，2022年底完成储备；拟储备未利用地4幅，面积349.48亩，正在申请2022年土地储备计划，计划批复后2年内完成储备，目标于2025年基本建成具有国际影响力的生物医药创新策源地和产业集群，力争到2030年新场片区工业总产值达到500亿元。

### （二）产业园区环境整治情况

新场片区是一个开放式园区，区域范围广，道路四通八达，人员结构复杂。近年来，土地征收、动拆迁、环境整治、基础设施建设等遗留问题较为突出。园区内已建有道路面积17万平方米，环境卫生实施面积16万平方米，现基础设施有污水管6800米、窨井230只、雨水管20000米、路灯9米杆155只、污水泵站1座。新场镇拟用3年时间，通过生态小流域整治和基建程序规划开河，新增水域面积约81430平方米，完成园区水系平衡。为更好地提升新场园区整体环境，不断优化招商营商的投资环境，新场镇经济公司委托专业第三方对园区各项长效养护进行管理，养护资金共计160余万元，并安排专人参与管理，进行日常巡查，发现问题第一时间督促第三方进行整改，努力将园区打造成为整洁、美观、有序的现代化工业园区。

### （三）产业园区居住配套情况

目前，园区建有人才社区CCB"建融家园"，已于2019年投入运营，主要为中高端人才提供居住配套服务。人才社区位于新场工业园区古恩路与新瀚路路口，总占地面积25811平方米，总建筑面积为38712.15平方米，共有23栋高层，包含294套882间公寓，可同时为超过1500名租客提供租赁住房服务。社区整体采用贴合年轻租客群体需求的现代简约装修风格，配备完善的家具家电设备，基本达到"拎包入住"的标准。人才社区周边已配套建有商业区，银行、酒店、医院及24小时药房、汽车服务、餐饮等各类商铺共30余家，周边分布有多家学校，距离进才中学南校3.3公里。目前,该公寓入驻率达95%以上,已有1000余人入住。

新场镇作为张江创新药"北研发南生产"的重要基地,对于推动张江生物医药产业的发展具有非常重要的作用。为此,新场镇积极探索以创新药产业发展为引领,将产业园区的治理融入新场镇社会治理的总体布局,锚定世界级生物医药产业集群的发展目标,探索具有新场特色的基层社会治理实践经验。

## 二 主要举措

在产城融合共治的背景下,新场镇党委、政府紧紧围绕区委、区政府各项决策部署,主动履行属地职责,发挥党建引领作用,促进园区产业高质量发展,多措并举推进园区治理与产业发展深度融合,助推生物医药产业集群快速发展。

### (一)健全党建引领的工作体系

产业集群党建是伴随经济社会发展而出现的新事物。新场镇针对生物医药产业集群的发展瓶颈,以创建"新企航"党建品牌为抓手,健全了党建引领园区治理的工作体系,为推进园区治理提供了强有力的组织保障。

一是优化园区党组织架构。在原新场工业园区基础上优化组织架构,完善产业园区组织体系建设,形成了"党委领导、政府负责、部门协同、各方共推"的产业融合发展领导体系和组织框架。镇党委成立以新场产业园区为党建主阵地的"科创联盟",统筹全镇各方资源,为推进张江创新药产业基地(新场片区)转型升级,结合新场镇综合党委换届工作,完善综合党委组织架构,在若干名综合党委委员中设置1名"园区党建专职委员",明确责任到人,确保园区监督检查、提醒教育、信息沟通、资料收集等党建日常工作任务有人抓、专人管。镇综合党委选优配强班子队伍,加强企业家、公司高管中的优秀党员代表和年轻干部的选拔任用,激发班子活力和创新力。

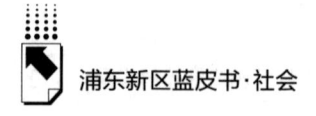

推动新场产业园区"园委会"试点建设，成立由镇党委、政府主要领导担任双组长，领导班子各负其责，相关科室、职能部门切实发挥作用的产业园区管委会，统筹协调区域内产业转型升级的重大事项，着力解决产业集聚发展的重大问题。建立"一核引领，双轮驱动，四位一体"的组织体系，确保园委会各项机制落实见效，为推动产业园区高质量发展提供坚强组织保证。整合党群服务和政务服务资源，建立干部联企业和部门联行业的"双联"制度。党建工作指导员队伍以"联党建"为核心，同步开展"联发展、联安全、联创新、联服务"。

二是推进园区党建覆盖。持续推动党建工作和企业经营发展互融互促，牢固树立"抓党建就是抓发展"理念，推动产业园区尤其是具有产业集聚效应的拳头企业党的组织全面覆盖、工作有效覆盖。镇党委创新"三动三建"工作法，以"点"带动，抓龙头组建；以"线"联动，抓行业联建；以"面"驱动，抓区域统建，通过单独组建、联合组建、派员组建等方式，推动园区内尚未实现组织覆盖的重点企业全部建立党的组织。充分发挥龙头企业示范带头效应，推动组织共建、阵地共享、活动共联、发展共谋，形成以大带小、以弱带强的抱团式发展"雁阵"，提升园区内党组织和工作有效覆盖。

筹建张江创新药产业基地（新场片区）生物医药产业集群党建联盟，吸引新场镇以外的跨系统、跨层级、跨隶属的园区建设、主管单位、科研院校等党组织和生物医药企业党组织加入党建联盟，推动新场片区生物医药产业由"单独突围"转变为"多方联建"，着力破解新场镇"单打独斗"的困境，营造"抱团作战"的工作氛围，为园区动拆迁、基础设施建设、产业集群发展等创造良好的环境。

三是探索产业链党建模式。由新场镇综合党委牵头，督促指导园区"两新"组织及时备案相关材料并实时梳理汇总，掌握动态变化，主动帮助入园企业党组织进行整建制转接，并根据其意愿和需要，将入园企业党组织整体纳入综合党委管理。通过线上渠道发放《关于新场镇"两新"党建的调查问卷》，征询"两新"党组织关于加强党建工作、推动产业集群发展等方面的意见建议，畅通拓展沟通渠道，积极探索产业链党建新模式，搭建联席会议等直联交流平台，引导链上企业党支部结对共建，加快形成以产业链党建带动产业集群发展的良好态势。比如，主要从事创新药生产的天慈园区，其主要经营方上海天慈中商药业有限公司党支部的建立就是新场镇新兴产业领域党支部一个"从无到有"的生动案例。

新场镇党委对生物医药企业党建工作情况进行梳理排查，建立工作台账，做到符合条件的企业党组织应建尽建。把党小组建立在生产链上，把党组织建到产业发展活跃的细胞上、建到产业发展前沿，将党组织触角延伸至车间、班组一线。在此基础上，园区形成了"新场产业园区党委—企业党组织—生产链党小组"三级组织体系，以及数个项目党建的"3+N"组织体系，为产业集群党建的顺利开展和党组织作用的充分发挥夯实组织基础。

### （二）搭建产业集聚的平台载体

新场镇把园区作为推进产业发展的重要载体和平台，充分发挥创新药基地统一运营平台公司作用，统筹推进基地各项工作，持续做强园区平台、促进产业集聚。锚定张江创新药产业基地（新场片区）以生物医药产业为主导的产业定位，充分发挥生物医药作为上海三大战略性新兴产业的优势，在镇党委坚强领导下以产业相关、行业相近为纽带，精准衔接宜明昂科、奥普迈、成都倍特等项目落地建设，加快园区内土地空间施放，承接新增重点项目，系统谋划工作，不断提高生物医药产业创新集群的显现度。

一是积极引进规模体量大、成长性高、引领性强的主导产业项目。目前已有9家生物医药企业相继落地。其中，复星凯特公司新药"奕凯达"成为国内首个获批上市的CAR-T细胞治疗产品。和记黄埔生物医药项目已于2020年12月开工建设，计划2022年投产，预计年产值64亿元。宜明昂科、奥普迈、宏成生物等项目预计2024年投产，投产后预计年产值55亿元，另有10家生物医药企业排队落户。通过盘活存量，先后引进康桥中药饮片厂、临氪医疗等生物医药企业，预计达产后实现8亿产值，预计实现税收9000万元。新场BOX细胞谷产业园于2022年10月签订战略合作协议，将入驻

50家左右细胞药物研发、生产企业，项目达产后预期实现产值10亿元以上。

二是聚力扶持优势企业发展。镇党委坚持以优势企业发展需求为导向、以企业健康成长推动产业园区稳步稳健发展为目标，盘活存量、拓展增量，强化与张江科学城、自贸区新片区等有机联动，通过党建共建提升重大项目、重点产业溢出资源的承接能力，通过分片包干跟踪服务机制，有针对性地提供优势企业项目用地、扶持资金、产业政策、环评审批等环节上的合理合法支持，及时协调解决企业生产经营和项目建设中存在的问题。

建立创新药产业基地开发与建设推进协调机制和每月工作例会制度，及时协调产业园区开发建设、重大项目落地过程中的相关问题。重点围绕生物医药，以企业和项目为载体，充分发挥积极性，及时捕捉信息，切实做好招商项目的调查摸底、对接洽谈和跟踪服务等工作，做到有效招商、战略招商、精准招商。

三是建立产业链发展平台。鼓励企业加大研发投入，持续引进人才，强化产学研对接，引导企业通过数字技术为发展提供新动能。以上海巴克斯酒业有限公司、上海长顺电梯电缆有限公司为龙头代表，不断优化企业产品结构，推进技术创新、能级提升和技术改造。鼓励企业拓展市场，引导产业链关联企业在技术研发、市场拓展等方面实现互补发展。如入驻园区的新潮公司已与产业链龙头企业一汽集团达成重要合作。有序推进新场细胞谷产业发展，成立细胞产业招商团队，实行统一规划管理运营，计划引入若干家细胞生产及研发企业，提前做好物业储备，确保企业长期运行。

### （三）多措并举优化营商环境

新场镇党委成立上海新场企业管理服务有限公司，充分发挥基层党组织的政治功能和组织功能，持续优化营商环境，争取更多的企业落地，同时加强服务配套，为企业发展助力。

一是加强园区的规划和配套。新场片区目前待开发成片土地共25幅，约1216.66亩，其中5幅由新场镇政府储备；16幅已由区土地储备中心储备，正在抓紧推进动迁清盘；4幅作为发展备用地，已列入2022年土地储备计划，2~3年内共计可释放用地1092.23亩。盘活出让存量资源，目前片区内有20亩土地、3.5万平方米厂房盘活资源可供使用。同时，在区发改委、建交委的大力支持下，推进园区的基础设施建设，加快建设古博路等4条道路；全面启动编制地块水系、林地平衡方案并抓紧组织实施；按照张江国家科学城的标准，谋划推进园区景观风貌提升；推广企业服务标准，提升产业园区服务集成化水平。以公共检测、技术咨询、环保监测、污染防治、安全生产监控等公共共享设施建设为重点，满足产业园区企业的共性需求。

二是加强对企业的精准服务。整合经济公司、招商中心等服务主体，携手各相关单位为企业提供"保姆式"服务、"亲妈式"保障，深入开展园区企业底数排摸，切实了解企业需求，精准做好跟踪服务，提供政策咨询、工商税务等一站式服务，通过服务问效，全方位剖析营商环境服务方面的痛点问题。支持发展产业园区咨询服务、信息服务、金融服务等第三方服务组织和公共服务平台，完善孵化器、加速器、产业化基地配套功能。优选各类"好人家"中介咨询机构增强营商"磁场效应"，促成优质项目落地。引入新媒体品宣资源，立足产业集群强链补链，传播新场发展理念，施放区域性、政策性溢出效应，增强产业链上下游吸引力，提高产业综合竞争力。

三是加大安商稳商力度。镇党委与建设银行浦东分行党委开展党建共建，在乡村振兴、人才公寓、金融业务等方面开展全方位合作。通过梳理生物医药企业的需求清单和资源清单，打造了一批服务企业的特色项目。制定《新场镇进一步加强村居镇属集体公司招商引资安商稳商工作的实施办法》《新场镇关于进一步加强安商稳商工作的财政扶持奖励实施办法》，完善经济工作制度体系。做好企业走访服务工作，2022年上半年度共走访重点企业145家次，认真听取企业诉求，解决企业防疫、用工、融资等方面问题。全力落实安商育商扶持资金，共扶持企业185家，扶持金额2929.2万元。

**（四）积极为企业纾解困难**

在受到新冠肺炎疫情冲击，经济发展形势十分严峻的情况下，镇党委依托园区党群共建联席会及时了解企业发展情况，关注企业发展需求，积极为企业解决"急难愁盼"问题。

一是帮助企业度过疫情防控特殊时期。严格落实"疫情要防住、经济要稳住、发展要安全"要求，整合属地党组织和"两新"党组织力量，第一时间设立园区临时抗疫指挥部，落实新场镇包保责任制，对园区企业进行网格化管理，精准落实各项防疫措施。实施园区气泡式封闭管理，划定最小的生活、工作单元，实施生产区、生活区、公共空间分类管理，确保厂与厂之间不串门、厂区内不串门，真正做到厂区相对静止的闭环管理要求。加强服务保障，梳理企业需求，做好生活物品和防疫物资等基本物资保供。为帮助企业复工复产，第一时间出台《新场镇推进工业企业、商贸企业复工复市工作的实施方案》，组建复工复产专班，组织党员干部"点对点"服务保障，落实"一企一册"，指导制定复工复产方案。同时，加强园区社会面管控，协调保障核酸采样工作，做好常态化核酸检测和服务保障，积极发动党员和有条件的企业设置核酸采样志愿者，保障企业复工复产顺利推进，尽可能减少疫情带来的损失。

二是帮助企业解决发展难题。镇党委建立了联系走访机制，定期对责任区内企业开展上门走访、见面座谈，全面掌握动态，对发现的问题即知即办、立行立改。制定了"两新"党组织走访分工表，将43家"两新"党组织按照生物医药行业、工程、新材料、服务业、制造业、农业等产业链分类，由镇综合党委委员对口包联走访。党委委员通过实地走访了解企业党组织基本情况、开展党建工作情况，以党建引领为企业创造更多合作交流的机会，助推企业经济发展。比如，推动上海强荣建设集团有限公司与上海众材工程检测有限公司对接合作，为企业拓宽发展渠道。又比如，针对宜明昂科生物医药技术（上海）有限公司反映的开设出入口问题，镇经济发展有限公司与浦东新区交警路设科沟通协调后，对桥梁结构进行调整，企业得以按设计建造出入口，解决了企业出行难的问题。

## 三　经验启示

面对浦东高水平开发开放的新态势，新场镇紧紧抓住浦东推进生物医药产业发展的契机，通过产业发展推动镇域发展，在产城融合共治方面取得了显著成效，主要有以下经验可供借鉴参考。

### （一）将党的全面领导落实到产业园区治理中

新场生物医药产业园区是张江创新药产业基地的重要承载区，也是新场镇经济发展的重要引擎。为此，新场镇建立了以科创为中心，全方位推动镇域经济发展转型的发展规划。围绕"高质量党建引领高质量发展"的总体目标，坚持并加强党对园区各项工作的领导，按照"党建引领、全域统筹、融合发展"的党建思路，依托生物医药产业的集聚，推动传统制造业高端化发展，通过技术改造、产品升级、链条延伸等，努力掌握产业链核心环节，占据价值链高端地位。为了实现这一目标，新场镇以全域思维构建大党建格局，以功能性党组织建设为抓手，围绕科创、文创、乡创、社创、商创五大重点领域，建立了由镇党委直接领导的"五创联盟"党建共同体，形成了党委统一领导、党政齐抓共管、全社会共同参与的工作格局。其中，科创主要以张江创新药产业基地（新场片区）为承载区，重点发展以创新药为引领的高端制造业。通过"五创"融合驱动高质量发展，大力推动园区党建与产业发展深度融合，以新兴产业领域党建提升园区发展效能，多措并举推动提升产业能级，把生物医药产业园区打造成为新场镇经济发展优势。

### （二）以规范的制度确保党建引领落到实处

新场镇在推动生物医药产业园区建设中，突出了党建引领的功能和价值，做实了相关的制度机制，为党建引领治理的落实提供了依据。根据产业相近、行业相关、地域相邻等原则，以组织联建的形式，由职能部门党组织牵头，构建"科创联盟"，统筹各方资源，充分发挥党组织在价值引领、资源整合等方面的优势，以党建共同体推进社会治理共同体建设，为推进张江创新药产业基地（新场片区）转型升级、优化产业化空间布局、加快创新产业集聚和升级凝聚共识、攻坚克难。

建立由镇党委、政府主要领导担任双组长，领导班子各负其责，相关科室、职能部门切实发挥作用的产业园区管委会，统筹"党建+治理"的体制机制，坚持园区高质量发展和高效能治理并重，通过党建引领协调园区土地收储、生物医药产业集群发展等重大事项，引导"两新"组织参与营商共治，整合党群服务资源。尤其在2022年上半年疫情防控期间，镇党委坚持党建引领，建立"气泡式"封闭管理制度，实行生产区、生活区和公共空间分类管理，取得了园区疫情防控的良好效果。2022年5月，在疫情防控任务最为繁重的时期，镇党委及时总结了产业园区的防控经验，撰写了《关于张江创新药基地（新场片区）疫情防控情况的专报》，主要做法获区委主要领导批示肯定，并在全区各镇推广。

### （三）以紧密的上下联动机制把准产业发展脉搏

园区建设涉及基础设施改造等多方面的问题，区镇联动机制的建立对于理顺各方关系、明确各自职责、形成工作合力非常关键。比如，园区的配套设施建设需要区发改委、建交委等部门的合作，需要及时会商相关工作，协调解决推进事宜。

为了加强上下联动、畅通区镇联系渠道，浦东新区成立了由新区分管领导挂帅的张江创新药产业基地开发领导小组，明确张江管理局为产业准入与导向、行政审批、政策扶持主体，张江集团为招商引资与企业培育主体，新场镇为前期开发、安商稳商和社会管理主体。制定每月工作例会制度，统筹推进、协同解决基地开发建设、重大项目落地过程中的相关问题。明确区镇税收分成机制，明晰企业总部与分支机构所在地的财税分配比例。2019年5月，新场镇、张江集团共同出资成立上海张江创新药基地建设有限公司，作为基地统一运营平台公司，负责基地内二级开发经营、招商引资。通过联动机制，新场镇能及时把脉园区发展方向，及时调整治理举措。

## （四）以融合共治格局形成治理的整体效应

园区的发展既要靠自上而下的顶层设计，又要靠横向的融合共治。按照社会治理现代化的要求，构建人人有责、人人尽责、人人享有的社会治理共同体，是推动产城融合治理的重要方式。这就需要植入科学元素提升党建引领基层治理的智能化水平，引入产业要素扩大党建引领基层治理的领域和场域，加快促进党建引领园区融合发展。在融合发展的理念下，搭建多元主体的协同合作，形成共同治理的格局。新场镇在推动生物医药产业园区发展的过程中，不仅建立了区镇两级协同的机制，也横向梳理整合了各类资源。通过党建联盟推动治理联盟，吸引新场镇以外的跨系统、跨层级、跨隶属的园区建设主管单位、科研院校等党组织和生物医药企业党组织加入党建联盟，共同推进园区的治理，形成了融合共治的格局。

## 四 存在问题

作为张江创新药"北研发南生产"的重要承载地，新场生物医药产业园区产业项目推进顺畅，发展形势良好。目前，已落户生物医药企业有复星凯特、晟斯等；益方生物在上海证券交易所科创板成功挂牌上市；在建工程有宜明昂科、奥浦迈、宏成药业，预计2023年上半年完成结构封顶。据统计，2022年1~6月，园区内企业长顺电梯、爱康保利、金标生物、康桥药业、爱康企业集团、新上化增长速度可观，园区企业税收占全镇税收的48%。但是，从推进产城融合共治的要求来看，目前还存在以下问题，需要进一步加以解决。

### （一）园区产业需要加快转型

经过近几年的转型发展，产业园区已粗具规模，但是，与打造世界级生物医药产业基地的要求还有差距。新场工业园区最早建成于2003年，园区内注册型、实体型企业共计312家，总计劳动力7000余人。其中外来人口3000余人，居住在园区内人才公寓、企业宿舍以及周边（主要为坦西、坦南）自建房内。自2019年被纳入张江创新药产业基地（新场片区）后，园区要承接张江生物医药产业化成果转化，打造张江生物医药科技成果转化核心承载区，因此，必须腾笼换鸟优化产业结构，实现转型升级。

### （二）园区整体环境需要加快优化

目前，园区是开放式的，区域范围广，人员结构复杂。近年来，在推进转型发展的过程中，土地征收、动拆迁、环境整治、基础设施建设等群众所反映的遗留问题比较突出。由于已建绿地长势杂乱，需要及时提升景观品种，园区内还有129户居民尚未完成动迁，古博路、古恩路等市政道路也尚未完成建设，部分土地动迁后环境较差，急需整治清理。从整体看，园区原有的基础设施水平和形象还不能完全适应新的定位和产业发展需求，需要加快优化。

### （三）人居配套需要加快提升

居住环境的营造是吸引企业和人才的重要因素。由于新场镇地处城乡接合部，产业园区的配套仍需要加强。一是商业配套不足。张江创新药产业基地的从业人员数量庞大，未来3年创新药基地将迎来用工高潮，预计有万余人涌入，但目前周边人才公寓已成为稀缺资源，出现了供不应求的现象。园区整体入职人员素质较高，对生活有一定的品质要求，而原有商业比较落后，无法满足未来需求，需要提升功能性配套。二是周边公共交通匮乏。园区地处城乡接合部，交通上主要依托地铁16号线。但是，公交车频次少，没有与16号线鹤沙航城、新场站直接驳运的车辆；同时，共享单车投放点较少，导致园区工作人员出行不便，尤其是夜班人员出行比较困难。同时，生物医药产业基地与周边国际医学园区、张江科学城等重要功能板块的快速交通联系功能还没有跟上。

## （四）政策瓶颈需要加快突破

新场生物药产业基地与临港相比，在落户和税收优惠上缺少有利的政策支持，限制了企业引入人才。招商受到土地全生命管理约束，比如，天慈土地的自用属性严重制约了新形势下大批创新药生产的落地问题，流程长、效率低，影响了新场镇未来支柱产业的发展。受土地政策限制，二次开发的存量空间不能以出租的形式引入高端产业，阻碍了企业焕发新活力。而这些传统企业已处于行业没落期，容积率提升、技术改造等政策操作较为复杂，无法释放出新的发展动能。

# 五　对策建议

在浦东推进生物医药产业集群发展的背景下，新场镇要紧紧抓住时代机遇，按照产城融合共治的要求，加快推动产业园区建设，将产业园区发展融入镇经济社会的全面发展之中。

## （一）持续优化园区功能性配套

继续发挥党组织统揽全局协调各方的优势，持续推进产业园区的建设，不断提升园区品质。一是有序扩大张江创新药产业基地的开发边界。张江科学城扩区方案已批复，建议尽快明确张江科学城的开发建设方案，扩大张江创新药产业基地，将2017年集建区"瘦身"并已完成农民镇保的3.14平方公里区域（新场片区1.68平方公里）先行纳入，进一步释放产业基地发展空间。加快完成地块储备，到2025年基本建成具有国际影响力的生物医药创新策源地和产业集群，到2030年，实现新场片区工业总产值500亿元目标。二是进一步完善园区的功能性配套。加速推进道路、河道、供水、供电、供气等基础设施建设。进一步实施园区土地征收动迁和出让挂图作战计划，切实提供用地保障。提前谋划布局，加强园区周边人才公寓、交通、商业环境等服务的配套，完善人才公寓

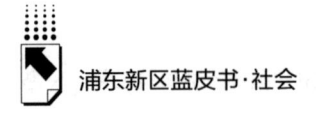

"建融家园"的功能配套，为人才发展营造良好的生态环境，打造人才集聚地。

### （二）推进"气泡式"管理创新

深化园区"气泡式"管理创新，强化党建引领在基层治理各环节的"融入融合融洽"，打造"平时好用、战时管用"的园区基层治理"新场样本"。一是构建园区常态化治理"大气泡交流融合"模式。园区管委会在常态化发展治理中，统筹区域力量，以党群联席会等议事机制为纽带，推动党建带群建促社建，加强职能部门、群团组织、企业和社会组织等不同隶属主体的交流沟通，以陆家嘴、世博地区"楼事会"建设为样本，以"五创联盟"党建共同体为支撑，助力生物医药产业集群探索"园事会"机制，共同优化园区营商环境、激发增强园区活力，形成"园区综合治理共同体"。二是构建特殊紧急状态下的"小气泡吸附分离"模式。巩固优化疫情期间园区"气泡式"管理措施，将园区各党组织以"大包围小分割"的方式科学划分进各个社会面管控网格。企业、园区在实现相对静止时，发挥党支部战斗堡垒作用，做好监督指导、保供保产。

### （三）以企业需求为导向，提升服务能级

园区的治理要以企业为主体，始终关注企业的需求，为企业的发展助力。加强企业走访、调研工作，落实重点企业服务专员工作机制，加大走访、联系工作力度，为企业提供全流程、全周期、全方位服务，营造良好营商服务环境。具体在"三化"上下更大功夫。一是职能的具体化。根据前期开发方案，进一步细化工作职能、理顺机制、统筹管理、各尽其责。其中，产业准入与导向、行政审批、政策扶持等产业促进职能，总体纳入科学城管理框架。进一步推进前期开发、安商稳商、社会管理、企业落户相关事宜。二是管理人员的专职化。通过建立市场化选人用人机制、明确工作职责、强化考核管理等措施，选优配强平台公司专职管理人员，做好人才的发掘和引流工作，让更多海内外的优秀人才

加盟进来，提高管理人才的专业化水平。通过专业人才对园区进行专业化管理，从而提升园区的治理效能，为企业的发展营造更好的环境。三是协作的无缝化。健全工作联动机制，继续实行基地开发与建设推进协调机制和每月工作例会制度，统筹调配资源、政策信息、人员等，深入推进基地开发建设和重大项目落地。建立常态化沟通渠道，协调解决企业用工难、停车难、物流紧张、关键零部件缺口等问题，让"好服务"成为"好口碑""金招牌"。

### （四）注重文化融入，逐步拓展园区的内涵和特质

新场镇是"中国历史文化名镇""中国民间文化艺术之乡"，也是浦东新区迄今唯一的国家级特色小镇，具有丰富的人文资源，目前正在申报"江南水乡古镇"世界文化遗产。新场镇以古镇保护开发为核心，提出了以科创、文创、乡创、社创、商创为核心的"五创融合"发展规划，全力打造以文化创意、休闲度假和高端制造为主导功能的"活力新场"。这些文化资源是新场的重要名片，也是新场产业园区发展的重要文化资源。因此，新场生物医药产业基地的打造要融入古镇文化品牌，在园区治理中通过优化党组织架构，增强基层党组织对各种社会力量的统筹、整合和引领，拓展园区的文化内涵。开发建立体现古镇文化内涵的科创活动，使文化成为助推生物医药产业基地发展的利器，逐步使园区建设从硬件打造转向内涵深化，以此提高产业园区的社会影响力，吸引更多的企业入驻。

**参考文献**

《浦东新区生物医药产业高质量发展行动方案（2022~2024年）》，《浦东时报》2022年1月28日。

缪晓琴：《上海浦东新场镇以党建引领世界级生物医药产业集群建设》，《中国经济导报》2022年10月18日。

缪晓琴：《上海浦东新场镇：生物医药与古镇文化相得益彰，走出乡村振兴新路

径》,《中国经济导报》2022年10月18日。

《坚持党建引领城市社区科产城融合发展的探索与实践》,《重庆日报》2022年4月28日。

许爱萍等:《产城融合型园区:发展经验的本质透视与借鉴》,《甘肃理论学刊》2019年第6期。

# B.8
# 走向善治：党建引领商务楼宇治理的探索与展望
## ——以上海浦东陆家嘴金融城为例

丁 倩*

**摘　要：** 随着城市化的深入推进和楼宇经济的快速发展，商务楼宇空间成为城市基层治理探索和创新的重点。浦东陆家嘴金融城作为上海楼宇经济发展的高地，20多年来在党建引领楼宇空间治理方面进行了一系列卓有成效的探索。特别是近年来，陆家嘴金融城通过建立楼事会与楼长制，构建"枢纽式"端口、提供"下沉式"服务、打造"一站式"平台，推进"全域化"治理，推动商务楼宇走向善治、促进楼宇经济有效提升。浦东党建引领楼宇治理还应从加强顶层设计、强化制度供给、增强配套保障、完善数据支撑等方面进行优化和提升。

**关键词：** 党建引领　楼宇治理　楼事会与楼长制　上海浦东

改革开放以来，随着我国城市化不断发展，经济形态加速转型，大量商务楼宇如雨后春笋一样拔地而起，聚集在城市的重要地段。楼宇经济成为现代都市极具生命力的经济形态，同时也使楼宇空间成为游离于党组织体系之外的新社会空间。如何组织、整合和引领商务楼宇这一新社会空间，就成为

---

\* 丁倩，中共上海市浦东新区委员会党校党史党建教研部讲师，党建教研室主任，主要研究方向为社会治理与基层党建。

城市基层治理的一项重要议题。浦东陆家嘴金融城作为上海建设国际经济中心和金融中心的核心承载区，既是上海楼宇经济发展的高地，也是党建引领楼宇治理的创新地。以陆家嘴金融城为样本，系统总结浦东党建引领楼宇治理的发展历程、主要特点及优化路径，对探索和创新超大城市基层治理具有重要的理论和实践意义。

## 一 浦东党建引领商务楼宇治理的缘起与背景

长期以来中国共产党在城市的治理主要以单位制和街居制为依托，改革开放后特别是20世纪90年代以来，随着我国经济社会形态不断变化，城市社会治理所依托的空间结构发生重大变化，以城市商务楼宇为代表的脱离于既有单位制或街居制体系之外的新社会空间不断涌现，这一新社会空间成为加强党的政治引领以及创新城市基层治理的重要领域。

1. 浦东开发开放催生楼宇经济的新形态

20世纪90年代以来，随着浦东开发开放的快速推进和产业结构的优化升级，以服务业为代表的第三产业占全区经济总量的比重迅速上升，浦东的经济服务功能逐步增强。随着第三产业高度发展，一种新的经济形态——楼宇经济在浦东悄然崛起。楼宇经济是一种服务经济，作为后工业社会的一种典型经济形态，具有自身鲜明的特征。

首先，资本的高密度性。楼宇经济是一种集约型的经济形态，在寸土寸金的中心城区，商务楼宇以其有限的占地空间创造着巨额财富。以浦东陆家嘴为例，在陆家嘴金融城31.78平方公里范围内，集中了285幢商务楼宇4万多家企业。从经济发展情况看，陆家嘴已成为全区、全市经济发展的重要增长极，区域经济总量（GDP）超5700亿元，税收超亿元的楼宇达113幢。楼宇经济所释放的巨大能量使其成为城市生产力发展最活跃的地方。其次，组织的"体制外"性。在工业、制造业领域，国有企业与外资企业、民营企业相比占据一定优势，但在以商业、服务业为主的楼宇经济中，私营企业和外资企业占有极大比例，所有制结构上的差异导致楼宇经济具有很强的

"体制外"性。最后，人员的高端性。楼宇经济往往与知识经济紧密结合，其从业者往往具备较高的文化素养和知识水平。以浦东陆家嘴金融城为例，楼宇从业人员平均年龄为29岁，具有硕士以上学历的人员占从业人员总数的70%以上，具有海外学习工作经历人员占从业人员总数的32%。一方面，以服务业为主的产业属性和资本的高密度性使商务楼宇成为城市经济发展的主阵地；另一方面，组织体系的"体制外"性以及人员结构的高端性，又使商务楼宇成为一种文化多元、联结松散的"低度政治化"空间。

2. 楼宇经济快速发展孕育楼宇社会的新空间

楼宇经济的高度发展催生出一种新型的社会空间——楼宇社会。楼宇社会是由一些相互"隔离"的经济组织所组成的社会，与传统的单位组织和居住社区相比有着显著差异。一方面，同传统单位组织相比，商务楼宇是一个"弱政治强经济"场域。单位是组织化的制度空间，单位成员之间的关系是一种权力性的"组织"关系，在单位组织中往往存在一个突出的权威中心，按照科层化的等级关系进行运转。商务楼宇是区域性的物理空间，楼宇内各主体之间是一种自愿性的"联合"关系，楼宇中的从业人员是谋求经济利益的主体，以平等关系为合作基础，以市场规律和经济利益最大化作为基础法则。

另一方面，与居住社区相比，商务楼宇是一个流动性高的松散空间。社区是相对固定的生活居住场所，由一定的社区"共同体意识"来维系居民关系和情感，并且在社区中有负责行政的街道和自治性的居委会以及社区党组织等形式的组织力量存在，因此政党对社区的整合度和影响力相对较强。楼宇是从事经济活动的工作场所，以经济利益和工作联系来维系成员关系；同时楼宇中的产业以流通领域和服务性行业为主，导致经营主体往往具有很高的流动性。通过与单位组织和居住社区比较，可以看出商务楼宇是一个低度整合、高度流动、平等松散的新社会空间，是政党影响薄弱的"真空"地带。

3. 政党影响薄弱的新空间需要基层治理的新模式

楼宇经济的快速发展使商务楼宇成为城市经济增长"高地"，同时也成为政党影响渗透的"洼地"。要在城市经济发展最活跃的"高地"上进一步加强党的政治引领，夯实党在新社会空间的治理基础，就必须尽快把党的工作推进到商务楼宇中去。一方面，商务楼宇政党影响薄弱的现状要求扩大党的覆盖面和影响力。商务楼宇中的单位以新经济组织和新社会组织为主，党建工作基础薄弱，存在许多"盲区"。1999年下半年，浦东新区党工委对3503家新经济组织进行调研，发现平均每家企业只有2.1名党员，无党员企业有2195家，占新经济组织总数的62.7%；有党员但未建党组织的企业有1071家，占有党员企业总数的77.8%。这种情况与"两新"组织的蓬勃发展形成强烈反差，减少"两新"组织党建空白点、扩大党的组织覆盖和工作覆盖成为商务楼宇党建工作的重要课题。

另一方面，商务楼宇新社会空间的特质要求创新党建引领基层治理的组织模式和运行方式。商务楼宇属于市场领域和社会空间，经济组织和社会群体不是集聚在严密统一和固定单一的组织系统里的，与地方政府机关无行政隶属关系，互相之间无资产纽带关系，没有上级主管单位，且组织成员流动性较大，因此无法采用传统的支部建在居委、村委、单位等模式来发挥党对商务楼宇这一新社会空间的直接影响作用，需要对党建引领基层治理的组织体系进行创新。同时，与"具有权力依托、资源配置、边界清晰、关联度强"[①]的单位空间相比，商务楼宇具有"权力微弱化、关联松散化、边界模糊化、功能碎片化"的特点，政党在这一社会空间容易出现"边缘化处境"和"组织力困境"，要发挥党建对楼宇治理的引领作用，就需要对其治理理念和方式进行优化创新。

## 二 浦东党建引领商务楼宇治理的历程与特点

自20世纪90年代以来，我国一些城市开始了对商务楼宇进行组织覆盖

---

① 汪仲启：《空间结构变迁与城市基层党建发展——以我国城市商务楼宇党建实践为例》，《理论视野》2020年第1期。

和空间治理的创新探索。以1999年上海浦东嘉兴大厦开创"支部建在楼上"为起点，在20多年的实践中，浦东党建引领商务楼宇治理经历了建组织、送服务、强功能、善治理四个阶段。

第一阶段，建组织（1999~2003年）。浦东开发开放初期同时面对跨越式城市化、率先市场化和不断国际化三大挑战，大量的新经济组织和新社会组织如雨后春笋般出现，游离于单位管理体制之外。一方面，在向市场经济体制转轨的过程中，浦东提出"小政府、大社会"的政治和社会管理体制，为党的领导体制和组织体系创新提供发展空间。另一方面，面对大量无行政依托的"两新"组织，浦东提出"巩固立足点、拓展增长点、占领制高点"的思路，要求"党的建设同经济发展、社会发展一样也要先行先试"，为基层党建创新提供了政策指向和制度支持。在此背景下，1999年6月浦东率先探索楼宇党建工作，在跨行业、跨区域、跨所有制的嘉兴大厦建立了全国第一个楼宇联合党支部，创新实践了"支部建在楼上"的组织模式。"支部建在楼上"最重要的实践意义在于它突破了党的基层组织必须建立在社会基层单位的传统模式，推动了"单位建党"向"区域建党"的转变，以更加灵活的组织设置方式实现了体制外党员的再组织化和党对新社会空间的"有形覆盖"。

第二阶段，送服务（2003~2014年）。在楼宇中建立党组织的初衷是实现楼宇空间的组织覆盖和对楼宇中流动党员的管理，因此在发展初期党建引领楼宇空间治理主要侧重于党务工作，包括组织关系的转接、流动党员的教育和管理等。然而由于楼宇空间的"体制外"性，"约束型"和"管理式"的传统党建工作方式很难发挥作用。在此背景下提升服务功能，以服务来吸引和凝聚楼宇企业及从业人员，就成为党建引领楼宇治理"转起来"的关键。2003年浦东新区提出和开展"三服务"活动（党的上级组织为基层组织服务、党的基层组织为党员服务，党的各级组织和党员都为群众服务），"三服务"理念的提出使党建引领楼宇治理的内涵和功能得到极大拓展，除了传统党务管理之外，营造良好营商环境、服务企业进驻楼宇、发展企业先进文化、化解劳资矛盾纠纷、满足职工实际需求成为楼宇党建工作的重要组成部分。党务转向服务，为无行政依托条件下执政党在商务楼宇开展工作提供了手段和方式，极大提升了党组织的影响力和感召力，实现了党对楼宇空间的有效覆盖。

第三阶段，强功能（2014~2020年）。2014年上海市委出台"1+6"文件，提出在党建引领下创新社会治理、加强基层建设，在此背景下陆家嘴金融城党群服务中心（原"金领驿站"）成立。陆家嘴金融城党群服务中心提出"交流、服务、凝聚、引领"的工作理念，以"开放式、集约化、共享性、枢纽型"为工作要求，以党群服务中心为核心载体，以"三个同步、双向认领、双培育人、积分管理、党群联动"为工作机制，其主要特点包括三个方面。一是搭建区域化的组织架构。成立区域化党建促进会陆家嘴片区委员会，按照"区域共治"的理念，将体制内外各级各类资源包括政府资源、楼宇企业的优质资源以及项目化运行的社会资源，通过片区委员会进行有效整合。二是建立体系化的工作阵地。以上海中心为旗舰店，打造"1+10+30"党群服务阵地体系。按照"共建共享"理念，场地由企业提供，党组织负责具体运行，打造开放的党群服务平台。三是丰富整体性的功能定位。一方面突出政治功能，开展"三个同步"扫楼机制，实施"双培工程"（把党员培养成骨干、把骨干培养成党员），探索党员政治生活管理积分制，发挥党建对楼宇治理的政治引领作用。另一方面，做实服务功能，建立"双向认领"机制，推出"三张清单"，实现需求和资源的有效对接。楼宇服务项目从党建服务向政务服务、生活需求、精神文化服务不断拓展。

第四阶段，善治理（2020年至今）。党的十九届四中全会提出，"构建基层社会治理新格局"。在浦东开发开放30周年庆祝大会上，习近平总书记指出："要提高城市治理水平，推动治理手段、治理模式、治理理念创新，加快建设智慧城市，率先构建经济治理、社会治理、城市治理统筹推进和有机衔接的治理体系。"① 总书记的重要指示为基层治理体系创新指明了方向。同时，在新冠肺炎疫情的冲击下，商务楼宇及其蕴含的巨大流动人口

---

① 《在新征程上奋力创造新奇迹》，《人民日报》2020年11月14日，第01版。

成为城市运行管理重点关注的对象，企业和职工复工复产面临的各类问题和诉求成为楼宇治理需要重点关注的内容。在此背景下，2020年4月浦东在上海中心、中国金融信息中心、东方金融广场、鲁能国际中心、嘉兴大厦及双鸽大厦等6家楼宇内启动楼长制试点，建立党建引领下的商务楼宇"楼事会"（楼宇事务委员会）运行机制，推动浦东楼宇党建进入"善治理"阶段。

## 三　楼事会与楼长制：浦东商务楼宇走向"善治"的探索与创新

善治，是对良好或理想的社会治理状态的描述。党的二十大报告指出，要"加快推进市域社会治理现代化，提高市域社会治理能力"。① 善治以公共利益最大化为目标，本质特征是政府和公民对公共事务的合作管理，是政府与市场、社会的一种新型关系，也是社会治理现代化的重要体现。2020年4月浦东开始在商务楼宇探索建立楼事会和楼长制，将资源、服务、管理力量下沉到"楼门口"，建立起楼宇垂直社区的"居委会"、楼宇经济发展的"办事处"，形成了党建引领下政府、楼宇"居民"、社会力量协同共治，经济治理、社会治理、城市治理在楼宇空间统筹衔接的"善治"格局。

一是建立"枢纽式"端口，形成"常态化"机制。自2020年4月试点楼事会和楼长制以来，截至2022年7月浦东已经在近百幢标志性商务楼宇建立了楼事会。楼事会由楼宇联合党组织书记、入驻企业党组织书记、物业管理方负责人、党群服务站负责人、企业行政负责人及党员职工代表等组成，人数原则上不超过20人。由楼事会推选出一名政治意识强、综合素质高、熟悉楼宇情况并有志愿精神的成员担任楼长（通常为楼宇物业管理方负责人），让楼长成为对上打通政府职能部门沟通渠道，对下畅通企业及员工联系服务，对外联通各种社会资源的主要环节；同时明确楼宇服务专员，

---

① 习近平：《高举中国特色社会主义伟大旗帜　为全面建设社会主义现代化国家而团结奋斗——在中国共产党第二十次全国代表大会上的报告》。

组团下沉到楼宇开展服务，让服务窗口通过楼长这一中枢前移，形成"有楼事找楼长"的共识，使楼事会成为管理、服务楼宇社区的主要端口。为了保障楼事会高效运作和楼长作用的有效发挥，浦东区委组织部出台《楼事会工作例会制度》、《社情楼意通报制度》和《楼长紧急约见磋商机制》等制度，让楼事会不仅"建起来"，而且"转起来""强起来"。

二是打造"一站式"平台，提供"下沉式"服务。陆家嘴金融城在做实"1+10+30"党群服务阵地基础上，在楼事会覆盖楼宇内拓展党群服务功能，打造党群服务的窗口、政务服务的端口、社会服务的入口、志愿者服务的家门口，形成"区域旗舰站、网格分中心、楼门口服务站"三合一的党群服务矩阵，确保党员群众"不论到哪儿都能找到组织、找到家"。在完善党群服务矩阵的同时，浦东还积极推动服务资源下沉，健全"楼门口"服务体系，协调招商、市场监管、消防等18个部门，建立楼宇联席会议机制，推出"楼宇集成服务计划"和"楼事服务指南"，将各类政府服务资源和服务窗口通过楼事会这一中枢前移，以楼宇党群服务站点为载体，打造"一站式"服务平台，做到企业诉求"一口式"受理、问题"一条龙"对接，实现"楼事楼议、楼事楼办、楼事楼管"，形成党组织牵头，业主或物业具体负责，政府有关部门协同推进，楼宇企业深度参与的楼宇治理格局（见图1）。截至2022年3月，楼事会先后收集楼宇、企业、白领提出的各类需求676项，已解决476项，推进200项，推出外卖取餐、自助购药、爱心暑托班等一批楼事服务项目，解决并形成了上海中心等18幢楼宇电子废弃物垃圾清运、太平金融大厦港湾式停车带、东方金融广场加装新风系统等典型案例，获得楼宇企业广泛好评。

三是加强"开放型"联动，实现"全域化"治理。楼宇空间既是需求集聚之地，也是资源集聚之地，将楼宇内外的企业、政府、社会资源整合起来形成共治格局是激发楼宇党建活力的关键。首先是加强党建联建。陆家嘴金融城通过发挥楼事会的平台作用，凝聚多方优势资源，目前已与包括中央驻沪企业、市属国有企业、专业服务机构、文化艺术场馆、行业协会等104家单位开展党建联建，通过组织共建、资源共享、活动共联等方式为楼宇企业职工提供教育、医疗、金融、文化等多方面优质服务，实现"生活小事不出楼宇，教育服务就在身边"。其次是推进党群协同。陆家嘴综合党委在商务楼宇中建立了党群组织联盟，把楼宇内不同隶属关系的党群组织通过联建联动的方式组织起来，探索楼宇党群组织联盟领导下的组织联动、活动联办、党员联学、干部联用、人才联引等方式，推动楼宇需求、资源、项目"三张清单"运作，实现各类资源与活动在楼宇空间的集聚。最后是促进区域化联动。陆家嘴金融城打破楼宇空间的物理限制，积极推动"多企联动""多楼联动"，推动区域化党建、居民区党建和楼宇党建"三建"联动，引领楼宇企业、党员职工走出楼宇、走进社区，服务社会。通过搭建共建共治共享大平台，整合楼宇内企业资源，链接区域服务资源，加强楼宇内外组织共建、资源共享、机制衔接、功能优化的系统建设，促进从"点上治理"走向"全域治理"。

四是采取渐进式推广，坚持分形态推进。2020年4月起，陆家嘴金融城在上海中心等6幢重点楼宇试点推出楼事会制度，开始探索党建引领下的新型楼宇治理模式。2021年3月19日，陆家嘴金融城楼事大会在上海中心大厦召开，向首批39家重点楼宇楼事会集中授牌，为楼宇党群组织联盟及楼事工作指导中心揭牌，正式成立楼事工作联席会议，进一步规范楼事会职责、整合资源渠道、响应楼宇需求。目前，浦东楼事会制度进一步覆盖更多的重点楼宇，基本实现了百幢亿元楼楼事会全覆盖。在扩大覆盖面的基础上，浦东根据楼宇特点进行分形态推进。针对陆家嘴亿元楼，主要侧重建立楼宇党建指导中心和"1+5"区域联席会议机制，整合资源，打造金牌"楼小二"；以潍坊街道和陆家嘴街道为蓝本，延伸重点楼宇带动周边楼宇链条，探索联体楼事会和"商圈党建"，推出"楼事指南一本通""楼长工作指导手册"，拓展"楼帮帮""饭小二"等实事项目；在世博地区鲁能国际中心，借鉴"一网通办""一网统管"理念，将智慧手段融入楼宇治理，建设"楼门口"智慧党群服务站，开发智慧楼宇"楼长通"系统，楼宇企业职工需求一键直达，业务主管部门"点对点"服务，通过渐进式推广和分形态推进，实现楼事会的有效覆盖和楼宇治理的有效推进（见图2）。

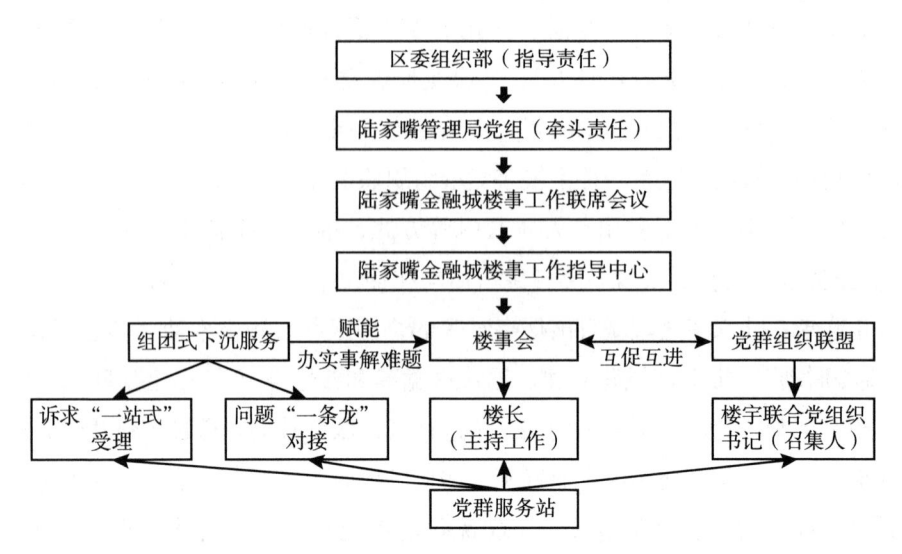

图 1　楼事会组织架构与运作机制

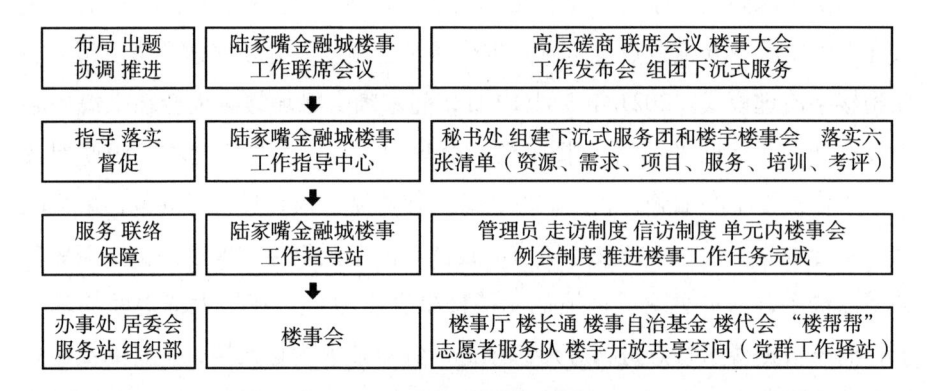

图 2　楼事会工作架构

## 四　浦东党建引领商务楼宇治理的经验与启示

20多年来,从"支部建在楼上"到实行楼事会和楼长制,浦东始终根据时代要求和区域实际不断探索党建引领商务楼宇治理的新模式,通过理念、体系、功能、载体、机制的迭代升级,推动楼宇党建有效覆盖、楼宇治理有效落实、楼宇经济有效提升。

1. 以有效覆盖夯实党在新社会空间的执政基础

2018年11月6日，习近平总书记在陆家嘴金融城党群服务中心视察时充分肯定浦东楼宇党建工作的成效，并提出"继续探索、走在前头"的殷切嘱托，要求在组织和工作覆盖的基础上进一步实现"宗旨和作用"的全覆盖，陆家嘴金融城在探索党建引领楼宇治理过程中始终坚持这一方向。

一方面，持续织密楼宇中的组织网络。陆家嘴金融城聚焦新领域、新业态和重点人群、薄弱环节，及时有效地把党的工作做到企业高管、归国白领等新群体中去，努力实现党的组织覆盖和工作覆盖不留空白、不留盲区。截至2022年7月，陆家嘴金融城共有402个"两新"党组织，覆盖非公企业2000余家、党员10255名，各楼宇的组织覆盖率达到75%以上，工作覆盖率达到100%。同时，通过深入实施"双培工程"，对优秀企业主、企业高层和骨干进行政治吸纳，到目前为止已有400余名骨干加入党组织，有160余名党员成长为企业骨干甚至高管，大智慧等7家民营企业成为"红班子、全党员"高管团队，通过组织覆盖和政治吸纳把党的工作嵌入了经济发展最活跃的经络上。

另一方面，努力实现宗旨和作用的全覆盖。陆家嘴金融城始终抓住楼宇企业和职工最关心最直接最现实的利益问题，增强认同、赢得人心，迅速打开工作局面。正是因为解决了白领的吃饭难、出行难、就医难、婚恋难等"急难愁盼"问题，楼宇党组织对年轻人的吸引力才得到不断加强；正是因为根据企业需求不断优化完善营商环境，企业才会真心接纳，楼宇党组织的向心力才得以持续巩固。从党组织自身来说，这是推动党建引领楼宇治理"转起来""活起来"的重要着力点。

从实践效果来看，原来年度党员发展指标用不完，现在申请入党的人多了，指标远远不够用；原来"口袋党员""隐形党员"的现象比较突出，现在党员基本上都把身份亮出来了；原来开展组织活动需要反复动员，现在活动信息一发布入场券就被抢空。3年多来，陆家嘴金融城共新增党支部150

个，发展党员186人，转入党员5302人，收到入党申请书2000余份①，党组织在商务楼宇中的吸引力、凝聚力和感召力得到显著提升。

2. 以共建共治共享打造楼宇社区治理共同体

2021年4月出台的《中共中央国务院关于加强基层治理体系和治理能力现代化建设的意见》指出，"基层治理是国家治理的基石"，要"坚持共建共治共享，建设人人有责、人人尽责、人人享有的基层治理共同体"。社会治理共同体是在社会的组织方式和秩序建构模式发生变化的情况下，对社会治理认识的深入和具体化，强调"治理主体多元化、治理过程协同化、治理手段多样化和治理结果的共享化"②。陆家嘴金融城通过构建"一核多元"的治理结构、民主协商的治理方式、共建共享的治理机制，打造楼宇社区治理共同体。

一方面，构建一核多元的治理结构。社会治理共同体通过集体行动来解决人们日常社会生活中的公共议题，满足人民对美好生活的需求。人民的美好生活需求与公共服务的有效供给之间要实现精准匹配不可能由单一主体来实现，必须由多元主体协同合作来共同促成。多元主体的协同合作不是无差别的并列结构，而是"党委领导、政府负责、社会协同、公众参与"的"一核多元"治理结构。目前，陆家嘴金融城已经在上海中心大厦、环球金融中心、汇丰银行大楼等建立了楼宇党委，进一步增强了党对于楼宇空间治理的政治引领作用。同时，通过建立党群组织联盟以及召开楼事工作联席会议，为楼宇企业和职工、政府职能部门以及各类社会组织参与楼宇治理提供了载体和平台，形成了党组织牵头、业主或物业具体负责、政府部门协同推进、楼宇企业深度参与的楼宇治理格局。

另一方面，完善共建共治共享的治理机制。多元主体在参与社会治理时，要形成功能有序、比较稳定的互动关系模式，就要"构建共同解决社

---

① 以上数据为浦东陆家嘴管理局提供。
② 李青：《社会变迁背景下中国社会治理共同体的构建里路》，《山东社会科学》2020年第6期。

会问题的体制机制和规则规范，完善共建共治共享的社会治理制度"①。陆家嘴金融城楼宇治理通过运行"需求、资源、项目"三张清单，深入排摸企业职工诉求、有力整合楼宇内外资源；通过召开楼事工作联席会议，为楼宇选派楼宇党建督导员、经济包干员、消防辅导员、公安联络员、市场监管员等，共同协商解决楼宇治理的"急难愁盼"问题。例如，针对早高峰期间太平金融大厦停车场出口长期拥堵问题，楼事会通过联席会议机制第一时间联系到交警等部门，通过沟通协调、现场勘查，在楼下设立了港湾式停车带，有效缓解交通拥堵问题；为了推进国际化人才队伍建设，营造良好的营商环境，楼事会牵头发起首个楼宇 HR 自我服务组织——上海中心片区 HR 社群，来自上海中心大厦、金茂大厦、环球金融中心、国金中心的众多 HR 加入其中，通过线上线下交流解读政策、分享经验，共同助力企业人才发展。陆家嘴金融城通过不断完善治理机制、搭建协商平台、培育公共精神，进一步激发了多元主体参与楼宇社区治理的积极性，逐步构建起了楼宇治理、责任和价值共同体。

**3. 以高质量楼宇治理提升营商环境软实力**

与传统单位、居住社区不同，"楼宇社区"更强调经济和商务功能。陆家嘴金融城始终坚持将楼宇治理与经济发展有机结合，切实为企业在市场开拓、技术升级、上市融资、完善生态等方面提供全方位服务，强化党建工作在优化营商环境、促进经济发展中的"领跑"作用，把党的政治优势、组织优势转化为楼宇经济的发展优势。

一方面，帮助企业复工复产，提升招商创新力。面对疫情冲击，陆家嘴管理局积极协调企业复工备案，解决防疫物资筹措难题，"一对一"帮助跨国企业外籍高管返沪并进行疫苗接种；依托楼事会平台，陆家嘴发挥多层次资本市场的优势，畅通间接融资渠道，推动星月集团、正大集团等 16 家楼宇业主为 596 家中小企业减免租金 7290 多万元，协调交通银行、浦发银行

---

① 李友梅、相凤：《我国社会治理共同体建设的实践意义与理论思考》，《江苏行政学院学报》2020 年第 3 期。

等金融机构为餐饮企业提供8000多万元低息贷款，全方位为企业雪中送炭，持续为楼宇发展营造良好营商环境。同时，陆家嘴金融城还探索群团推进招商，抓住部分重点企业在陆家嘴办公的属地优势，通过工会服务覆盖实现企业组织覆盖，发挥工会"830"计划的制度和资源优势，在孵化创新企业、助力小微企业等服务中同步开展招商工作，积极打造科技创新基地，评比示范创新基地、职工技能提升等发挥的政策资源溢出效应，在招商工作中前置建会服务，依靠完备的工会组织体系吸引企业，变"房东"为"股东"，提炼招商新品牌，提升竞争新优势，提供针对性精细化服务。

另一方面，参与企业全生命周期管理，提升安商服务力。楼事会根据商务楼宇税收贡献分级，形成由综合党委领导，部门负责人、片区主任牵头的"一对一"专员负责制，依托联席会议成员力量，为重点楼宇提供全过程、全方位、全覆盖的"保姆式"服务，确保重点企业的合理诉求得到及时处理。在当好"金牌店小二"的同时，利用楼事会平台优势，为企业在匹配上下游产业链资源、协调资金需求、寻找产品应用场景等方面给予引导和帮助，把楼事服务从基础需求提升到企业战略的层面，结合企业在项目前、项目中、项目落地后各环节的不同需求，提供专业精准服务。2020年楼事会共组织楼宇与企业洽谈200余场，协助凤凰卫视、妙盈科技等169家企业顺利入驻陆家嘴。2020年陆家嘴金融城经济总量（GDP）突破5200亿元，税收超过2000亿元，税收亿元以上楼宇新增9幢，数量达到110幢。面对疫情影响和国际环境变化，陆家嘴金融城楼宇经济仍然保持着较好的发展态势，根本原因在于高质量的党建引领楼宇治理为区域经济发展营造了良好的营商环境，将楼宇空间的治理效能转化为楼宇经济的发展优势。

## 五 优化党建引领商务楼宇治理的路径与建议

浦东党建引领楼宇治理从建组织、送服务、强功能，进入善治阶段，通过治理理念、组织结构、运行方式和行动策略的优化升级，实现了经济治理、社会治理、城市治理在商务楼宇中的统筹推进和有效衔接。但与此同时，浦东通过建立楼事会与楼长制推进楼宇治理，在运行机制、制度保障、人才队伍、数字治理等方面仍存在提升空间。对此，应从加强顶层设计、强化制度供给、增强配套保障、完善数据支撑等方面进行提升和优化。

1. 完善党建引领楼宇治理的领导体系和运行机制

加强区委对楼宇治理工作的全面领导，优化顶层设计、完善运行机制，将党建引领的治理优势转化为推动楼宇经济的发展优势。一是明确领导机制。可由区委组织部牵头，成立楼事工作委员会（以下简称"楼工委"）代替现有楼事工作联席会议，相关开发区管理局党组、街镇党（工）委，下沉式政府职能部门作为成员单位，统筹楼宇治理工作的推进、协调和指导，同时明确工作职责和考核要求，逐步形成区委组织部统筹指导、楼工委具体领导、楼宇楼事会实践运作的三级楼事会工作机制。二是完善运行机制。建立契合商务楼宇治理的工作制度，确保党建引领楼宇治理能够常态化、规范化运转。一方面，建立楼事会日常工作机制，如建立指定责任制度、巡查走访制度、工作碰头会制度等，确保楼事会的日常工作运行有序高效。另一方面，制定楼宇自治章程，健全楼事会民主协商制度和代理制度，可以参照居委会建立"三会一公开一代理"制度，即征询会、协商会、评议会，楼宇公共事务公开以及楼宇事务代理制度，代理制度的重点是全面整合街镇、区级相关职能部门的服务资源，打造综合性楼宇事务服务平台。

2. 明确楼事会的主体地位与主要职责

楼事会是在党组织的引领下，由政府、楼宇业主、物业、入驻企业、职工代表等共同参与，协商解决楼宇建设、管理、发展等事务的楼宇自治共治平台，旨在发挥楼宇社区"居委会"和楼宇经济发展"办事处"的功能。但和传统居民区居委会具有特别法人资格、可以依法开展履职所需要的民事活动相比，楼事会的主体地位和运行机制缺乏制度规定，导致各个楼事会在楼宇治理中的实际运行效果存在很大差异。对此，可以利用浦东拥有地方立法权的优势，明确楼事会的特别法人资格，通过法人治理结构运行楼事工作，出台有关楼事会促进楼宇经济发展工作条例和指导意见，进一步明确楼事会的具体职责和组织架构。在主要职责方面，楼事会以服务楼宇发展为宗旨，主要凸显两大职责：其一，引领和组织楼宇内各类主体通过民主协商的方式推进楼宇自治共治与共建共享，优化楼宇日常运行环境；其二，按照相关条例协助上级党组织、政府及其派出机构开展与楼宇建设、管理、发展、服务有关的重大事项，为楼宇企业提供政策扶持、利益协调等综合服务，优化楼宇营商环境。在组织架构方面，可以参考居委会下设专属委员会的做法，立足各商务楼宇实际，设置楼宇党建、楼宇综合治理以及优化营商等专业委员会，提升楼事会工作的针对性和有效性。

### 3. 强化楼宇治理的人员配备与资源保障

在陆家嘴金融城，商务楼宇体量庞大、企业众多，楼宇治理需要覆盖的领域广泛、需要关注的主体多元、需要解决的诉求多样，这就对楼宇治理工作者本身的能力素质以及相关配套保障提出了较高要求。一是加强人员配置。在现有楼事工作者"一人对多楼"的现状下，进一步扩充楼事工作者队伍，可以从全市公开招录专业化楼事工作者，提高工资福利待遇，科学规划职业发展，同时成立楼宇工作"名师带教"工作室，通过带教培养、示范引领打造一支高素质、高质量的楼宇工作队伍，为服务楼宇治理和经济发展提供坚强保障。二是增强经费支持。可以参考居委会的做法，根据各商务楼宇的实际拨付一定数量的楼事会日常工作经费，根据楼宇治理事实项目拨付专项工作经费。同时，还可以尝试与业主、物业进行沟通协商，通过"业主众筹一部分、物业（收入）补贴一部分"来保障楼事会的日常运转。三是强化资源保障。可以参照居委会在家门口集成七大类服务资源的做法，将与商务楼宇相关的服务资源集成于楼宇事务综合服务平台，同时与区发改委、区市场监管局、区商务委、区税务分局等部门建立常态化沟通机制，形成对楼宇事务的长效支撑。

### 4. 打造楼宇治理的数字化平台与智能化场景

现代楼宇治理需要先进的数字化平台和智能化的治理场景，但目前陆家嘴金融城只有少数楼宇治理实现了数字赋能，统一的数字化管理平台还没有完全形成。对此，应该整合数字化系统服务资源，打造楼事信息共享系统，通过优化党员积分系统、完善楼企服务系统、升级楼事服务平台，进一步强化政治职能、引领经济发展、做实治理服务，让数据跑代替企业跑，打造党建引领下楼宇治理的"一网通办"。一是探索商务楼宇经济治理智能化场景设计。可以建立楼宇企业经营状态分析研判智能场景，充分整合楼事会、楼宇物业和政府监管部门信息，实现数据整合与共享，分析研判入驻楼宇企业的经营状况，提供针对性和精细化服务。二是探索商务楼宇公共服务供给智能化治理场景设计。通过线上线下联动的方式优化楼宇居民需求、党群下沉资源、楼事年度项目、综合服务指数"四张清单"，建立政务服务、生活服务智能化服务平台。三是探索商务楼宇安全运行智能化场景设计。重点发挥楼事会、物业管理方的作用，通过与属地消防、公安部门联络员建立常态化联系机制，及时发现和解决楼宇运行中出现的各类安全隐患，保障楼宇环境的有序和安全。

## 参考文献

丁倩：《楼宇党建的浦东模式》，《党政论坛》2020 年第 11 期。

汪仲启：《空间结构变迁与城市基层党建发展——以我国城市商务楼宇党建实践为例》，《理论视野》2020 年第 1 期。

汪鸿波、费梅苹：《商务楼宇社区：城市社区治理的空间转向》，《学习与实践》2018 年第 8 期。

叶敏：《巩固薄弱地带：城市楼宇上的政党建设策略》，《华中科技大学学报》（社会科学版）2019 年第 1 期。

陈海燕：《整体性推进商务楼宇党建文献综述研究》，《理论视野》2020 年第 3 期。

李友梅、相凤：《我国社会治理共同体建设的实践意义与理论思考》，《江苏行政学院学报》2020 年第 3 期。

# B.9
# 央企融入：党建引领世博地区"央地融合"的实践

郑智鑫*

**摘　要：** 浦东新区世博地区央地融合区域化党建联盟的成立，是以一流党建引领高质量发展、高水平改革的生动实践和创新举措，有效助力各大央企持续做大做强，有力推动区域核心功能提升。党建联盟通过"思想联学、服务联动、发展联促、人才联育、资源联享"，进一步完善世博地区区域化大党建格局，在入驻的央企与地方之间搭建全方位、宽领域、多层面的对话交流与协作共建平台，服务央企实现新发展，推动世博地区建设"秀外慧中"的世界会客厅，助力浦东新区打造社会主义现代化建设引领区。世博地区央地融合的实践，对产城融合具有积极意义与重要启示。

**关键词：** 央企　世博地区　央地融合　区域化党建

2014年5月24日，习近平总书记在上海考察时指出，"切实把企业作为重要主体，重视各类企业对制度建设的需求，鼓励企业积极参与试验区建设。"央企是浦东发展的重要增长极、压舱石，也是世博地区开发建设的重要"助推器""加油站"。世博地区因2010年上海世博会的举办而得名，又因世博会后续开发利用、众多央企入驻而兴盛。2011年起，13家央企首先

---

\* 郑智鑫，博士，中共上海市浦东新区委员会党校讲师，"四史"研究中心副主任，主要研究方向为党史党建。

抢滩世博园区 B 片区，并于 2017 年陆续入驻。目前，已有 25 家央企集团在世博地区注册了各类公司近 80 家。其中，世博园区 B 片区央企总部基地这块仅有 0.2 平方公里的区域已成为上海央企集聚密度最高、央企数量最多的区域之一。世博地区正由前期的开发建设阶段，进一步转到出形象、出功能、出成效、出品牌的阶段。根据《上海城市总体规划（2017~2035年）》，世博地区正集聚全球城市核心功能，加快"央企聚集、跨国公司集聚、国际经济组织集聚以及文化专业机构集聚"的产业布局，总部经济发展态势明显。

浦东自开发开放以来，始终坚持以一流党建促一流开发、引领一流发展，不断推动党建工作的创新。近年来，浦东结合地区实际，通过党建引领，以央地融合促进产城融合、推动区域发展，在世博地区成功实践。世博地区央地融合党建是区域化党建和毗邻党建工作的新举措，也是产城融合的生动实践，实现了党建引领全域合作，为形成产城融合、生态宜居的新型城区发挥了巨大作用。世博地区区域化党建打造的党建品牌，已成为浦东乃至上海推进产城融合的典范。

# 一　缘起背景

浦东世博地区占地面积约 25.04 平方公里，区域内包含世博园区浦东地块（3.93 平方公里）、耀华地块（1.8 平方公里）、前滩地块（2.83 平方公里）等重点地块以及南码头路、周家渡、上钢新村、东明路等 4 个街道。2015 年初中国（上海）自由贸易试验区扩区之际，世博地区约 10 平方公里被纳入了自贸区范围。在世博地区沿江核心区域中，央企、民企、外资跨国总部聚集，体育文化演艺活动集中，但是从核心区域和周边区域关系以及从入驻企业的情况来看，这一区域的产城融合现状并不理想。作为"岸"的范围和作为"腹"的周边街镇区域各有资源优势，但无法顺畅共享。

从空间区域来看，世博地区沿江与腹地之间，特别是较为成熟的住宅社区与新建的商务楼宇、企业总部片区等之间存在一定的割裂性。具体来说，一方面，"岸"内主要是高端办公、文化演艺集聚区，集聚了大量的品牌企业、优质企业和发展中企业，产生大量工作机会，但没有顺畅渠道惠及腹地居民，如一些高品质文化演艺资源票价高，周边居民承受能力有限，往往在家门口却难以享受这些资源。另一方面，腹地是长期城市建设形成的成熟居住区，集中了一些高水准、成熟的各级医疗教育设施以及社区服务队伍、设施和经验，但是"岸"内的企业职工因不在区域居住无法充分享受，如腹地有不少住房和社区商业等配套，来自全国各地的"岸"内企业职工就近居住呼声高，却因需求较大和沟通不畅等原因一房难求，同时也存在租赁价格高、房屋品质低等问题。这些都造成这一范围内的生活便利度不够以及"岸""腹"之间发展"两张皮"、企业和社区互动少、资源不共享的问题，进一步加剧了产城不融合的矛盾。

特别是，世博地区拥有大量商务楼宇，入驻了大量央企和国企总部。世博央企总部基地是上海市央企集聚密度最大的区域之一，目前入驻央企已在世博片区初步形成了总部、金融、能源、贸易等功能板块。如中国宝武、中国商飞2家一级总部和中核上海总部、中铁投资等9家区域性总部，远东宏信、商飞资本、天安财险等一大批金融机构，中国华能、中国华电、中国核电等一批能源企业，中铝国际贸易、中铜国际贸易两个千亿级的贸易平台。这些大型企业层次高、人数多，需求较为多样，如何打通各个环节、实现资源融合与共享；如何让世博地区的发展惠及周边社区；世博管理局、周边各街镇社区如何联动加强对企业的服务；央企等各类企业又如何积极投身世博地区发展，这些都是世博地区需要且正在探索、实践和大力推动的工作。这些问题，光靠一家单位或者部门难以化解，必须采取党建引领的方式，通过区域化融合共治逐步加以解决。

## 二 举措机制

坚持党建引领推动央地融合是世博地区产城融合的重要抓手。抓好区域化党建的各项工作，既是各家企业强化自身党的建设、履行社会责任的需求，也是世博地区经济发展、创新社会治理、精细化管理的重要支撑和保障。浦东通过建组织搭平台立规矩，首先从顶层设计上加以谋划。

2018年5月，首个央地融合发展平台——中国（上海）自由贸易试验区央地融合发展平台成立仪式在世博地区央企总部基地举行。当年7月，浦东召开世博地区央地融合党建工作座谈会，并成立世博地区央地融合党建工作平台，这是浦东首个以推进央地融合党建为重点的区域化党建平台。该平台以自贸区央地融合发展平台为基础，着重发挥党建工作在央地融合发展中的引领、凝聚、协调、服务作用，努力打造"6G"① 党建工作平台，在央地融合发展中实现"思想共识、情感共融、工作共商、资源共享、区域共治、品牌共创"。党建工作平台的成立，进一步激发党建活力，拓展党建功能，完善党建格局，推动企业发展。该平台的成立，为推动世博地区央地融合打下了良好基础。

2021年，浦东升级了央地融合党建工作平台，在浦东新区区委常委、市经济和信息化工作党委支持下，由世博管理局、世博地区综合党委与区委组织部牵头，会同入驻世博地区的中央企业和浦东新区相关委办局、街道、相关市属、区属国企等单位共同倡议发起浦东新区世博地区央地融合区域化党建联盟。2021年12月29日，浦东新区世博地区央地融合区域化党建联盟在世博园区B片区央企总部基地正式揭牌，标志着一个有力量、有温度的"大家庭"在世博地区诞生。为有效开展工作，党建联盟研究制定了《上海市浦东新区世博地区央地融合区域化党建联盟章程》，共分为总则、主要工作、组织架构、成员单位、运行机制、附件六部分。

这一以党建为纽带、联建为契机，搭建的一个促进央地融合发展的区域化党建共建平台，目前覆盖世博地区45家成员单位，成员单位包括中国宝武、中国商飞等30家央企总部、区域总部或项目公司，上海地产集团、陆家嘴集团等3个世博区域相关开发主体，浦东新区区委组织部、世博管理局

---

① G为汉字"共"的拼音Gong首字母大写。

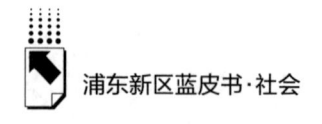

等8个浦东新区职能部门，以及上钢新村街道、周家渡街道等世博周边4个街道。目标是通过融合共治，进一步完善世博地区区域化大党建格局，在入驻的央企与地方之间搭建全方位、宽领域、多层面的对话交流与协作共建平台，服务央企实现新时代高质量发展。

党建联盟的成立，是一次以党建促进世博地区城市功能和经济密度"双提升"的新尝试：引领世博地区区域化党建形成新特色、创建新品牌，探索加强新时期区域化党建"开放、融合、共治、共享"的新思路、新路径、新方法；服务世博地区在沪央企实现新发展、再攀新高峰，加紧推出一批既围绕中心工作又受央企关注的重点项目，创造更优营商环境；助推浦东引领区建设加速新征程、勇创新佳绩，做强做优引领区的核心功能，将世博地区打造成为央地合作的示范区。目前，浦东全面贯彻落实新时代党建工作的要求，立足区域经济社会发展和各单位发展实际，围绕共同目标、共同需求、共同利益，研究解决区域化党建工作中的重大问题，推进区域化党建合作项目，交流党建工作成功经验，创建区域化党建工作品牌，以"五联"为重点，汇聚区域发展的合力，建设高品质、有世博特色的产城融合示范区。

### （一）以思想联学强化政治引领

思想联学重在整合改革实践、红色资源等优势，联动开展党史学习教育和各项主题教育工作，推进学思践悟新思想走深走实，把思想和行动统一到引领区建设上来。

#### 1. 思想教育互学互补

组织开展区域性党建品牌展示活动和区域性央地党群活动。以"资源共享、优势互补、区域联动"为原则，不断强化政治引领，服务好区域党员群众组织互促。

随着一系列主题教育和学习教育的开展，各类央企、国企对党课培训有较大的需求，但自身开展党员教育活动的资源有限，而附近的街道社区则具有得天独厚的优势。上钢新村是上海最早的工人新村小区之一，在这里，居住着70多名志愿军老战士、80多位参加过我国"两弹一星"研制和爆破的老功臣，以及60多位劳动模范。他们闪烁着时代光彩的事迹，是上钢人宝贵的精神财富。近年来，上钢新村街道以"红润"工程为主线，在整合红色文化资源、建设红色文化阵地、打造红色精神团队的基础上，努力创新群众工作方法，以特色文化打造精神振奋、昂扬向上的上钢幸福家园。

为充分发挥上钢新村街道红色教育资源优势，党建联盟以党员教育为抓手，推动央地联动、区域共融，邀请志愿军老战士、"两弹一星"老功臣、老科学家和老劳模讲红色故事，取得了很好的效果。

开展"红色浸润式"主题党日活动，打造"上钢红"。依托街道红色资源，开设"红润上钢"学习课堂，组织青年进行党史教育，宣讲"两弹一星"精神、志愿军精神、劳模精神、雷锋精神。"两弹一星"老功臣以亲历者的身份，通过照片、实物为党员们讲述他们在茫茫戈壁的奋斗故事，并从中国发展"两弹一星"事业的背景意义及在新时代如何弘扬传承"两弹一星"精神进行交流。通过联动合作，央企和地方之间将进一步紧密共建情谊，秉承"共建共享、协同共治"理念，结出"资源互利共享、人才培育共赢、党性教育共建"的良好硕果。

与此同时，辖区内的相关企业也积极发挥作用。由世博管理局牵头、上海宋城承接，世博地区综合党委联合各街道，推出"产城融合、文化会客"项目，开展"五个一百"游宋城世博大舞台活动，邀请"两弹一星"老功臣和社区老劳模、老党员等500名代表参加①。相关企业履行社会责任，满足了区域内社区群众和企业职工对文化活动的需求，还促进了世博文化秀带对区域内的辐射，增强了社区和企业与世博文化联系。

2. 示范引领互联互鉴

世博地区企业大多与国家战略息息相关，是典型人物和优秀事迹展示的

---

① "五个一百"指100名"两弹一星"老功臣和社区老劳模、老党员，100名参与世博会的志愿者，100名上钢三厂老工人代表，100名街镇的党员群众代表和100名区域共建单位代表。

窗口。为进一步落实上海市委、市政府的工作要求，响应浦东改革开放再出发的号令，在世博地区进一步宣传先进典型、弘扬工匠精神，世博地区管委会以党群组织为纽带、区域化党群共建为抓手，发动区域内各党团组织传播工匠精神、共筑上海品牌，通过情景主题演讲的形式分享青年工匠立足本职岗位的精彩经历和所感所悟，激发更多优秀党员、优秀青年职工投身到上海"四大品牌"建设中。双方精心选择身边的先进典型人物，开展一系列活动，促进了行业和区域交流。

开设情景党课，以"上海制造"品牌为主题开展青年工匠世博分享。宝武集团、中国商飞、华电集团、振华重工等来自基层一线的青年工匠，讲述他们精湛的专业技术以及迎难而上、创新突破、精益求精的态度。这些情景党课形式新颖活泼、内容生动，听众能够贴近他们的工作与生活，从优秀的青年身上学习到坚守、创新、执着、担当的工匠精神。

开办全区首场女职工论坛，加强"半边天"凝聚力。2022年3月2日，"浦东与她·建功引领区：世博女性·优雅力量"之央企职业女性论坛举行。市经济信息化工作党委、新区总工会联合中国商飞、华能核能、招商局、南方水泥、国网英大等世博地区央企单位共同举办"三八"国际劳动妇女节央企女性论坛专场，5位央企女高管进行主题分享，讲述她们在这片热土上的奋斗故事和成长感悟，线上线下15000余人次参与。职业女性的独有魅力、真正的优雅力量，引领浦东越来越多女职工立足岗位、创新创造，争当推动高质量发展的排头兵和先行者。

世博管委会以党建工作为引领，以世博央地党建融合工作为抓手，坚持党群联动，围绕打造上海"四大品牌"，推出系列情景党课，增强区域共同学先进、育典型、谋发展的氛围，不断激发世博地区内生活力。

**（二）以服务联动回应需求**

服务联动重在建立"企业吹哨、部门报到"，针对央企提出的各项问题开展"组团式服务"，确保"事事有推进，件件有回音"；开展"我为群众办实事"实践活动，发挥企业属地社会责任，共同推进产城融合。

### 1. 集成提供"一站式"服务

根据2021年7月12日浦东新区人民政府发布的《自贸试验区世博片区发展"十四五"规划》的通知（浦府〔2021〕81号），突出党建引领，打造以央地融合党建为特色的世博地区党群服务中心提高党群工作服务企业能力。世博地区党群服务中心是按照中央关于进一步加强城市基层党建工作要求和上海市、浦东新区关于加强区域化党建、楼宇党建的工作部署，结合世博地区的特点，在相关部门指导和区域各单位支持下，与各央企资源整合、合作建设，面向世博地区的综合性服务空间。2021年7月，世博地区党群服务中心正式运行。场地由国家电网提供，位于鲁能国际中心D座一楼大厅。中心以"开放、融合、共治、共享"为服务理念，集成了世博央企服务站、世博央地融合党群服务站、新时代文明实践点、职工服务总站、青年中心、丽人之家、楼宇书房、"红点楼吧"等功能，为区域企业和党员群众提供党组织、群团组织建设和人才、文明实践（志愿者）、学习交流、宣传展示、图书借阅、生活健康等多方面的开放式服务。服务中心设综合服务窗口，可受理党群服务、文明实践、企业服务和综合服务等4大类16项办理事项。世博地区党群服务中心以"党群服务的窗口、政务服务的端口、社会服务的入口、志愿者服务的接口"为发展目标，成为世博区域化党建和楼宇党建的突破口。

后滩"家门口"服务站于2021年10月揭牌成立，这是浦东首个面向大型人才公寓服务的"家门口"服务站，为周边居民与楼宇职工提供社区事务、政务服务、文体活动等。服务站将地产经租中心、社区卫生服务站、世博联勤联动站同步嵌入，满足企业员工和附近居民的"一站式"服务需求。同步成立后滩社区党支部，聚焦服务园区、服务企业、服务人才，通过功能集成、优势叠加，锻造服务企业人才承载地；充分发挥服务企业人才效能，为企业提供实训及会议场地服务、员工"随申办"事务受理办理服务、看诊配药及疫苗接种等公共卫生服务；突出资源共享，服务站通过预约或约定固定时间等方式向共建单位团队开放。"红色加油站"为后滩区域户外职工提供休憩、阅读、交流空间。同时，后滩服务站发挥"旗舰店"辐射效

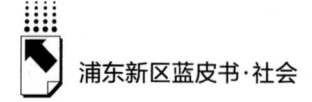

应,将高品质公共空间、卫生服务资源覆盖到周边老城区。

为积极推进党建引领后滩"家门口"服务站工作,发挥基层党组织的堡垒作用,引领和凝聚这一区域党员群众在服务区域发展中发挥积极作用,成立上钢新村街道后滩社区活动型党支部,隶属于上钢新村街道社区党委。党支部由后滩"家门口"服务站党员工作人员、物业党员骨干、入住租户非在职党员等9人构成,后续根据动态发展,将热心公益服务的入住租户在职党员、附近商户党员纳入。

**2. 解决各类迫切民生需求**

民心是最大的政治。将社区居民和楼宇职工共同纳入实事项目的服务群体,整合区域资源,推出多个产城融合服务项目,聚焦央企总部员工关心的住房、就餐、就医及随迁子女就学等问题,逐一加以解决。

位于后滩地区的耀华滨江公寓为上海地产集团市筹公租房,周边现有企业楼宇上海SK大厦(浦东第四高楼)、环球都会广场、远东宏信等,住房需求量较大。一期二期公共租赁住房总计3500余套,出租率94%,居住人口约4800人,均可实现"拎包入住"。自2016年入市以来,已累计服务各类大中型企业270余家,发挥了助力产业发展、人才引进和配套作用,解决了青年职工、引进人才、务工人员等常住人口阶段性住房困难。目前,三期和四期正在建设中。牵头中建材、中铝国贸集团等央企为世博耀华滨江人才公寓提供全套烘焙设备以及1万多元图书。为更好地加强管理和服务,推进耀华滨江居民区筹建工作,高质量打造功能集成、治理有序、特色鲜明的公租社区,更好地服务企业人才,成立筹建工作领导小组和耀华滨江居委会筹备组临时党支部。

入学政策解读。根据世博地区央地融合区域化党建联盟工作安排,结合企业人才服务的需求,2022年6月,党建联盟组织召开浦东新区义务教育政策等线上答疑会世博央企专场。会上,浦东新区教育局义务教育处、教育招生考试中心,对各央企人才子女入学政策普遍性问题做详细的解读,如就读上海公立幼儿园和小学、初中需要的条件,报名流程,时间节点,民办幼儿园、小学和初中如何填报志愿等,并在线对企业职工提出的个性化问题进行了解答，如户口在外地的职工子女转学、异地社保缴纳职工子女入学等具体问题。本次答疑会帮助央企职工进一步了解、熟悉了浦东新区的义务教育入学政策，得到了世博地区央企的广泛支持与肯定，为加强世博地区企业人才服务工作、优化营商环境提供助力。

通过世博医联体开展义诊咨询和巡诊活动。由世博地区综合党委、总工会牵头，与浦南医院以及公利医院的上海工匠杨铁毅工作室合作，在世博地区党群服务中心设置"上海市园区（楼宇）健康服务站"，结合医疗优势资源，开展健康咨询、报告、巡访、义诊等活动，将医学和健康知识、健康服务送入世博地区的商务楼宇中，做到距离贴近、需求贴近、服务贴近。开展有针对性的健康服务进楼宇活动。邀请浦南医院走进中产集团，以颈椎病为主题开展健康讲座，并现场演示了颈部锻炼方法。邀请公利医院骨科专家走进世博地区党群服务中心，开展"科学运动"讲座，并由专业康复理疗师来做拉伸，为白领们进行了敷贴等治疗，让参与活动的白领感受到健康服务进楼宇的温馨与便捷，现场反响热烈。邀请浦南医院医师为楼宇白领提供义诊和健康咨询服务，宣传医学常识，给予治疗建议，指导青年白领健康工作、运动和生活。

在新区商务委牵头指导下，由世博地区综合党委具体协调联系，在商务楼宇和单身人才较为集中居住的区域推进"早餐工程"，切实为区域职工解决具体生活问题，创造良好的生活和工作环境。目前，在环球都会广场、耀华滨江公寓推进早餐点和流动早餐车的建设，后续还将在其他区域按需推开。

### （三）以发展联促推进经济发展社会治理

发展联促重在聚焦企业经营发展、区域公共服务、城市管理和区域治理等突出问题，建立健全资源共享、问题共商、工作共推、区域共治等机制。要进一步加强招商引资、经济服务等方面的合作，签订全面战略合作协议，使政企形成合力推动高质量发展。

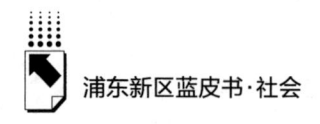

**1. 助力优化营商环境促发展**

发展是第一要务。世博央地融合发展平台发挥了重要作用，肩负着为企业纾困解忧的应尽责任，出台了有力提升区域营商环境的切实举措，从而成为世博管理局服务企业成长的"倍增器"。结合上海自贸区改革创新、建设开放型经济新体系、投资便利化等举措，以更快速度解决企业遇到的问题，进一步优化营商环境。通过加强党建引领，促进世博地区企业与区域经济、社会融合发展，为营造世博地区一流营商环境提供坚强的组织和服务保障。

"党建搭台、经济唱戏"是围绕中心、服务大局的有效手段。2022年7月，由世博管理局牵头，中铝、中铜国贸等央企承办世博地区大宗商品国际贸易生态集成区发展大会，旨在提升我国对重要大宗商品的价格影响力，加快人民币国际化进程，强化上海的全球资源配置功能，更好服务和引领实体经济发展。世博管理局通过党建引领、汇聚力量，以蹄疾步稳的工作作风，抓好对央企总部基地的企业服务与招商引资各项工作。经过各方共同努力，有效提升世博地区的营商环境。

成立工作专班，盯紧央企项目落地。一是成立央企招商工作专班。从世博管理局内抽调骨干力量成立央企招商工作专班，从事央企招商、投资发展等工作，还就长江三峡集团重点项目成立长江三峡项目专班，抓重点项目的经济贡献尽快落地；为每一家央企建立档案，精准画像、精细服务；开展央企集中调研走访，已走访央企30家，收集招商线索14条，已一一落实专人跟进。二是赴北京央企招商。宣传对接"十四五"政策。举办"十四五"财政扶持政策宣介对接会央企专场，30家央企参加活动，并就企业普遍碰到的问题进行了答疑和交流。

疫情发生以来，文体和旅游等服务性行业受到的冲击较大。世博管理局围绕复工复产后的租金减免、纾困政策、优化文体旅企业经营环境等方面给予企业支持，减轻企业负担、加快经济恢复、提振市场信心，让城市"烟火气"回归，为世博地区打造世界级文化聚集区提供支撑。

**2. 同心抗疫贡献力量善治理**

世博地区企业、人员多，在建工地多，疫情发生以来，不少世博地区的企业也在特殊时期贡献着自己的力量，协力组织疫情防控，彰显央企担当。在党建联盟的指导和号召下，区域内央企积极响应市、区关于疫情防控的决策部署和世博管理局的倡议，履行社会责任，彰显时代担当。近20家央企及其下属子公司的千余名员工主动参与到楼宇、社区防疫保障服务中。有的企业为疫情防控提供物资支持，员工积极投身疫情防控一线。联盟成员单位国药控股为世博管理局及其所属企业捐赠2.5万个N95口罩和1000多套防护服，助力世博区域内企业复工复产。

益海嘉里金龙鱼粮油食品股份有限公司在按照防疫要求做好企业自身及办公楼宇管理的同时，怀揣着高度的社会责任感投身社会公益事业，为疫情防控提供物资支持。2022年4月初，由集团下属金龙鱼基金会出资、由下属央厨板块负责落实，为滞留在前滩、后滩10余栋办公楼宇内的552名员工供应每日爱心餐，日均供餐1000余份，极大限度地缓解了封控楼宇滞留人员的用餐压力。企业员工主动参与到楼宇、社区防疫保障服务中。封控在家的党员干部就地转化为社区志愿者，支援社区各类抗疫工作。公司总部持续为所在地南码头街道100多名公安民警提供每日餐饮保障，积极配合街道抗疫工作。振华重工长兴分公司快速高效完成气膜方舱援建任务，并协助完成大量仪器设备装卸工作。益海嘉里金龙鱼公司慰问世博地区医务人员、社区工作者与志愿者队伍（包括世博医联体牵头单位浦南医院），捐赠价值超过60万元的米面粮油套餐。远东宏信捐赠防护服、空气净化器、口罩等一线急需的抗疫物资，价值50万元。疫情之下，益海嘉里金龙鱼公司第一时间启动应急保供机制。一端是全国各地工厂24小时不间断、开足马力生产米面粮油等重要民生物资，另一端是足不出户的居民。为将两端直接打通、快速送达物资，益海嘉里金龙鱼公司紧急上线了社区团购平台。"金龙鱼社区购"正式上线后，为快速覆盖上海各小区，该公司面向员工发出了紧急招募"团长"的通知，很多人力所能及地将公司便利的、安全的、价格稳定的渠道分享给小区邻居，提供米面粮油保障。

服务央企复工复产。世博管理局按照浦东新区区委、区政府关于做好新冠肺炎疫情常态化核酸采样工作的要求，在各央企成员单位支持配合下，在世博园区 B 片区建立了 12 个常态化核酸采样点，基本做到每家央企楼下都设点，建成央企总部基地"50 米核酸圈"，极大地便利了央企职工。常态化采样点的采样亭、采样员等由管理局统筹安排，扫码辅助、秩序维护志愿者由各央企组织发动，并做好场地、水电、采样员用餐等保障工作，取得良好效果。据统计，截至 2022 年 9 月中旬，共完成核酸检测近 80 万人次，有力推动央企总部基地复工复产。世博管理局与周边街道联手，持续响应园区企业需求，在楼宇业主和物业公司的支持下，就近设立疫苗接种点和核酸采样点，让楼宇职工不用特地出门、在上班的同时就能接受服务。在前期，联合入驻企业宣传发动、排摸统计人数、组团预约，企业提供场地设施，组建志愿者队伍现场提供服务。街道方面则协助企业抗疫，提供人口实有信息，帮助摸清底数和排摸风险人员，分享转运经验，积极参与安全安监工作，守护城市商务楼宇底线安全。

### （四）以人才联育凝聚人心

人才联育重在人才政策创新、住房保障和教育卫生服务等方面，在推动央地干部人才交流和培训、共建工匠工作室和劳模工作室等方面加强合作，提升区域人才服务保障水平。

**1. 聚焦青年群体，增强归属认同**

涵养文化，结合实际，促进认同，增强黏性，打造"后滩青"特色品牌。针对人才公寓青年聚集特征，开展项目品牌活动，以此提高后滩社区青年的凝聚力。针对人才公寓青年集聚特征，开展四大品牌活动，以此聚人心、汇人才、集人气，促进青年"玩、聚、成长在一起"，提升青年在社区中的归属感。同时，针对服务对象多是工作、生活在后滩的年轻人这一特点，后滩"家门口"服务站上线了单身交友、亲子活动、萌宠俱乐部等更具活力的社区活动，提升"产、城、人"的黏性。针对现代都市工作节奏快、生活压力大的情况，组织相关活动，取得良好效果。

以上钢新村街道为例，一是做强"阿拉上钢"文化品牌。来自五湖四海的青年人融入上海这座城市的愿望十分迫切。针对区域内新上海人、外来青年学习沪语、融入上海的需求，开设"阿拉上钢"沪语学堂，聚焦人际沟通与海派文化，帮助青年在学习沪语的同时逐渐增强社区归属感。在"老上海"教年轻人沪语的同时，年轻人则帮助老年人掌握一些基本的理财知识、反诈知识，教会使用智能手机常用软件等。

二是做细"钢好你在"青年交友品牌。针对性地开展婚恋交友服务，与世博区域团建单位共同排摸汇总形成单身青年数据库，动态掌握单身青年情况，通过线上线下相结合的形式，为单身青年提供相互认识、交友的机会，进一步加强辖区青年间的沟通，扩大青年朋友圈。

三是做实"后滩宝贝"品牌。结合"双减"政策后亲子活动需求旺盛的情况，特别是低龄幼龄子女较多的情况，依托团工委12355亲子共育加油站及上钢家庭科学育儿指导站建设，定期开展亲子绘本共读、育儿保健指导、亲子手工制作、亲子公益电影、亲子心理疗愈等主题活动，协助青年家长和青少年开展良性沟通，构建和谐的亲子关系。

2. 打通环节，开展文体活动

世博区域地处上海城市核心滨水区，毗邻陆家嘴，与徐汇滨江隔江相望。世博地区空间结构及产业布局为"三带"，即：滨江现代服务业集聚带、高端文化产业发展带和滨水城市生活带。世博地区大力推动发展的功能中，除了总部商务、新兴金融之外，还包括文化会展、旅游休闲、生态宜居。因而，世博地区的一大特色是文化沙龙、文化嘉年华等一系列丰富多彩的活动。"世博大讲堂"、"我们四十年"文化进央企、"爱世博、爱生活"世博健康跑、世博"水上嘉年华"、自贸杯世博青年足球赛、"世博情缘"青年交友活动央企专场、央企职工厨艺大比拼等活动，得到了央企职工的欢迎。篮球联赛、水上嘉年华等活动，参与度和关注度更是居高不下。各单位通过世博地区区域化党建联盟，很大程度上解决了谁来组织、如何参加、费用太高等一系列难题。

持续打造"爱世博、爱生活"文化活动品牌。发挥世博地区文化和企业资源优势，汇聚党、工、团力量，持续打造"爱世博、爱生活"文化活动品牌。开展世博地区乒乓球赛、篮球联赛、健康跑，指导地区工会组织开展世博青年交友活动、央企楼宇物业劳动竞赛和东艺职工服务项目推介等活动，有效促进了区域企业和党员群众的交流，提升了区域内生活力。

### （五）以资源联享开放增进交流

敞开自家门，资源惠人人。资源联享重在实行阵地、活动等共建共享，变"单位资源"为"区域资源"，鼓励各单位将场地资源、活动项目适时向区域开放，形成企业、园区、社区资源和项目库，不断增进央地交流，提升区域内生活力。不同主体的基层签约，体现的是党建打破隔阂推动融合发展。

#### 1. 实现各方资源共享

抓好区域化党建的各项工作，既是各家企业强化自身党的建设、履行社会责任的需求，也是世博地区经济发展、创新社会治理、精细化管理的重要支撑和保障。通过打通通道、盘活资源，推动载体共建、突出资源共享、深化事务共治、鼓励项目共创。

世博地区党群服务中心将打造成为"党群服务的窗口、政务服务的端口、社会服务的入口、志愿者服务的接口"，成为世博区域化党建和楼宇党建的突破口，促进世博地区企业与区域经济、社会融合发展。世博地区党群服务中心得到了区域内各方面支持，如国家电网（上海）智能电网研发投资有限公司、中国绿发上海鲁能物业服务有限公司提供了免费的场地空间和物业服务。

以后滩地区为例，上钢新村街道先后与远东国际融资租赁有限公司、中国银行自贸区分行、南方水泥有限公司、中铝国际贸易有限公司等签订了党建联建协议，通过央地联盟带动后滩区域化党建服务工作。"家门口"服务站是世博地区产城融合的一个缩影。一楼公共厨房内的大部分电器、家具、设备都由南方水泥公司提供，其还积极参与筹建烘焙教室，社区居民可以在这里体验烘焙；党建图书室里的近千册书籍由中铝集团出资提供，增添人文氛围。世博地区的后滩"家门口"服务站实现了周边企业和社区共建功能、共享资源。

## 2. 企业反哺区域发展

世博地区为企业人才工作提供的助力和保障，带动了更多企业反哺区域发展。上钢新村街道社区党群服务中心与远东国际融资租赁有限公司办公中心实现了共建联建，充分利用双方在专业、人员、场所、渠道等方面的资源，发挥各自优势，搭建联动平台，通过活动、项目等形式，整合各类资源，为双方工作提供保障和支持，形成互通互利、互帮互助的共建格局。通过结对互助，结合实际，共同做好服务社区联系群众工作。

远东宏信是区域内的一家大型金融机构，共有44个基层党组织，党员人数近800人，是世博地区综合党委最大的党组织之一。远东宏信集团与上钢新村街道开展党建共建签约，双方签订协议、开展合作，成为世博地区央地融合区域化党建联盟成立后的首个项目。由于行业需要，该企业电子设备更新较快。作为党建联建开端，企业向社区党校捐赠20台笔记本电脑，助力社区党校远程教育，推进老年党员跨越数字鸿沟项目。其中有一批使用不到2年的笔记本电脑，也免费捐赠给社区。疫情封控期间，这些电脑成为社区抗疫的重要物资，发挥了极为重要的作用。

商飞公司也履行央企社会责任，以党建引领基层治理为导向，积极融入区域化党建。世博地区央地融合区域化党建联盟成立以来，总部机关党委认真落实公司党委要求，代表公司和中国宝武共同承担企业代表召集人责任，围绕航空科普、公益活动确定了第一批共建服务清单，加强与兄弟单位的互通有无。

周家渡街道则与益海嘉里金龙鱼公司开展党建结对，并推出"链在一起、爱在嘉里"社区帮扶项目。益海嘉里金龙鱼公司为周家渡街道特殊困难老人捐赠价值14万余元的粮油物资及3万余元用于购买日常清洁用品。同时，在周家渡街道开展社区中央厨房项目试点，进一步保障社区人群就餐。

# 三 成效与不足

各相关单位通过党建引领、完善组织架构、落实运行机制、开展共建项目、推动产城融合、优化营商环境、促进经济发展等方面的年度工作计划和投资服务、人才服务、党群服务、产城融合等方面的项目清单具体内容，达成了共识，取得了不小的治理成效。

### （一）实现了央企和街道、社区的深度融合

在强化党建引领，推进世博地区各项工作当中，"融合"是一直以来着重强调的。融合指资源的整合与共享，同时也是阵地、空间的延展融合。

通过央地融合党建工作，央企与街镇可以跨越体制和级别，形成党建引领下区域发展的合力，实现"组织有活力、党员起作用、群众得实惠"的目标。在此基础上，不断提升世博园区B片区央企基地乃至整个世博地区的内生活力，为央企在世博地区更好地融合发展、建设有浦东世博特色的世界级城市中央公共活动区提供政治和组织保障。

近年来，入驻央企已经开始在世博地区发生"化学反应"。2019年6月，上海临港集团、上海电气、上海建工、国泰君安等10家上海地方国企正式成为自贸区央地融合发展平台理事单位，形成了"央""地"双强的局面和更加紧密融合的关系。入驻央企在服务国家战略中崭露头角，在进博会上，不少央企举办论坛、采购商品、签订项目，非常活跃。中化国际等一些央企还在"一带一路"沿线国家投资了系列项目，使央企总部基地成为项目输出高地。

### （二）以需求为导向，以共同体意识促成解决各方实际难题

党建工作的根本出发点和落脚点是人。针对企业及员工比较关心关注的"急难愁盼"问题，有针对性地加以解决，打造一座有温度的城市。央企和商务楼宇中年轻人居多，通过组织他们感兴趣的一系列活动、解决他们的实际困难，青年群体对党组织的认同感不断提高，凝聚力、向心力不断增强。

一方面，要在党建引领下充分激发人的生产创造能力，促进产业结构和城市功能调整升级，创造更为丰富的物质资源、提供更多的就业岗位，为产城融合提供基础动力；另一方面，要在党建引领下充分尊重人的多层次需

求，持续优化完善服务功能，满足各类人群对美好生活的向往，提高人民群众的获得感、幸福感和安全感，为产城融合提供目标愿景。

除了央企和街道社区之间的联动与融合，企业之间也以共同体意识建立合作，在共同目标指引下化解难点，形成共赢局面。世博园区B片区央企总部基地地下空间的开放，是多年来困扰辖区企业的一个难题。地下空间被分割成块，存在砖瓦砌墙、铁栅栏、防火卷帘门、木板隔断等情况，地下空间环境整体美观度受到影响。中国宝武、中国商飞等15家企业在平等、自愿、协商一致的基础上，同意签订《世博园区B片区央企总部基地地役权合同》。这有助于整体提高该区域不动产的地下空间和地上公共空间的利用效益，从而使该区域空间处于整体持续对外开放的状态，最终达到统一规划、统一设计、统一建设和统一管理的目标。

### （三）实现区域合理布局和人民宜业宜居的统一

央地融合区域化党建的开展，符合合理的功能布局规划要求，对推动世博地区宜业宜居、实现融合共生具有积极作用。

第一，实现发展乐业。一是启动世博地区高品质产城融合示范区建设研究；二是落实世博地区央地融合区域化党建联盟，紧密联系各入驻央企，实现党建引领发展；三是成立宣讲团，开展世博地区"十四五"规划、政策等宣讲，让企业更好了解世博；四是整合国际、国内思想智力和创新创业资源，连接企业、人才和机构，实现对企业及人才服务机制的创新。

第二，实现形象乐视。通过宣传、意识形态引导以及文明创建等手段，进一步树立世博地区朝气蓬勃、产业高端和城市景观优美的可知、可视的立体化形象。主要是拍摄世博地区的形象宣传片，统筹区域内氛围营造。

第三，实现人才乐居。摸清人力资源状况，协调优化居住、教育医疗等服务；加强市、区部门协调，优化公租房租赁资源以及环境；积极与区委组织部、区人社局、区外办等有关部门沟通，优化特殊人才引进和外籍人才永居事项，争取成为国际人才服务高地。

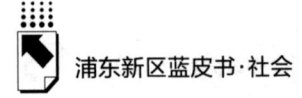

第四，实现员工乐活。加强党建引领，深化世博地区党群服务中心和3个世博地区共享式党群服务阵地建设；优化区域党建格局和参政议政等工作；持续组织开展"爱世博、爱生活"系列文化活动；加强精神文明创建，弘扬志愿者奉献精神、劳模精神和工匠精神。

当然，我们也应看到，目前世博地区央地融合区域化党建也存在一定不足之处。比如，在探索高技能人才激励机制等问题上，世博地区需要跨前一步。技术工人是支撑中国制造、中国创造的重要基础。上海在打造高端制造业的过程中，培养了一批"高级蓝领"，这些大国工匠们有着一技之长，是企业不可或缺的技术人才，但很多人学历并不高。如果按照现有的上海人才落户政策的话，很难落户，这对于他们的生活和长期稳定发展造成了一定影响。中共中央办公厅、国务院办公厅印发了《关于加强新时代高技能人才队伍建设的意见》，要求各地区各部门结合实际认真贯彻落实。文件指出，支持各地将高技能人才纳入城市直接落户范围，高技能人才的配偶、子女按有关规定享受公共就业、教育、住房等保障服务。

又如，世博管委会与各街镇、企业与地方之间仍需要进一步打通环节，并形成制度化机制，以避免负责人变动导致的信息不对称、联系不畅，增加沟通成本。不断加强世博央地融合党建工作平台与自贸区央地发展平台的工作融合与功能互补，在促进经济发展、业务拓展的同时，进一步加强区域央企与市、区职能部门，区域内开发主体，世博地区街镇社区，各企事业单位联建共建，实现央企与世博地区在发展愿景、发展理念乃至思想状态、员工生活等方面全方位融合。

## 四 经验启示

坚持党建引领，充分发挥党的领导作用，切实整合好区域内招商引资、城市管理、党建群团各类资源，形成发展合力。通过党建引领、资源整合、统筹协调、区域共治，打造以开放、融合、共治、共享为特色的区域性党群阵地。

## （一）必须充分发挥党建引领的统领性作用

在我国社会治理的多元主体中，党的领导是最关键、最根本的。党建引领是有效整合世博地区各方资源、形成发展合力的重要途径。加强"世博央地融合党建"品牌建设是区域党建工作的有力抓手。充分发挥党建引领发展作用，持续打造央地融合党建品牌。建立世博地区产城融合示范区工作专班，整合相关平台和区域各类资源，推进产城融合实事项目，切实服务区域企业和周边社区。

结合世博地区央地各方特点，探索推进和构建融合党建三级立体网络，不断完善世博地区区域化党建网络体系，明确融合各级党组织主体，为开展共建工作提供有力支撑。第一级为央地各单位党（工）委、党组等开展党建共建，以调研走访、中心组联组学习、重要工作、困难问题协调协商等为主要共建方式；第二级为各单位部门、条线基层党组织（党委、党总支、党支部）等开展党建联建，以开展学习培训、联合组织生活、党日活动、志愿者公益活动、业务工作对接等为主要共建方式；第三级为各单位党员之间开展结对共建，以央企党员与区域内街镇社区困难党员、老党员结对，开展困难帮扶为主要共建方式。

## （二）不断加强顶层设计和机制建设

机制是社会治理的重要保障，具有稳定性和长期性。建立区域化党建引领世博央地融合发展的工作机制，以自贸区央地融合发展平台为基础，进一步提升央地融合党建工作平台效能，将其打造成为具有浦东特征、世博特色的党建品牌。在此基础上，建立特别服务机制，抓好两项工作机制，形成党建联盟三项运行机制等，以制度保障做实央地融合。

一是建立央企特别服务机制，定期上门拜访，做好金融和人才等各类政策的宣传与解读，采取"管家式""保姆式"服务措施，确保项目落地、问题解决、需求满足。浦东主动联系、了解情况，2022年初，区委相关领导赴京集中拜访中国黄金、招商局（中外运）、中国华能、中电科、中铝集团等5家央企总部，就央企在世博地区的项目布局和发展规划等进行了深入沟通，争取央企积极履约并加大在世博地区布局绿色金融、大宗商品贸易及相关产业领域功能和项目的力度，继续为浦东稳增长做出更大贡献。

二是建立工作推动和流转机制。首先，落实学习交流机制，要建立定期交流机制和及时通报机制，依托央地融合党建工作平台，每年召开一次全体会议，交流世博地区党建共建、发展形势、各类政策，推进相关共性问题的解决和党建工作项目落实。其次，要利用"互联网+"党建工作思维，建立央地党建"朋友圈"、微信公众号圈，实时开展工作交流、信息沟通，促进工作融合。再次，形成协商协调机制。深入推进区委"大调研"工作，持续发力解决央企提出的各类问题，梳理各方面意见，协调市、区和世博区域各职能部门、开发集团，共同解决难点、痛点、堵点问题。最后，要发挥平台作用，协调好央企之间、央地之间的各种关系，统筹好各方资源，在城市精细化管理、文明城区创建、公共安全维护、消防管理、物业管理等各项工作中探索区域共治新路径。

三是建立党建联盟运行机制。党建联盟设总召集人、联合召集人和秘书处，实施三项运行机制。首先是每年召开一次成员大会、适时召开专题工作会议的会议机制；其次是采用项目化管理、制度化运行党建共建项目清单的项目推进机制；最后是建立健全党组织统一领导、组织部门统筹协调、基层党组织积极参与、各方齐抓共管合力推进的工作格局，对在区域化党建、创新基层社会治理中发挥积极作用的成员单位予以优先考虑的评价激励机制。三项运行机制推动党建阵地、产业、人才等资源深度融合，实现联盟发展上规模、上水平，切实把党建联盟做优做实，打造"央地党建联盟新典范"，形成亮丽的党建品牌。

### （三）牢牢把握融合共治这个关键点

融合并不是单线的，而是双向互动的，既有对企业的服务也有企业的反哺，二者相辅相成，使央地之间、产城之间形成紧密联系。

生活服务的资源共享。探索建立世博地区的入驻企业和周边街镇社区的互动平台,让入驻世博地区企业的就业人口享受到周边区域便利的生活配套服务,让周边街镇区域的居民享受到世博地区的高品质文化演艺资源和高端医疗教育资源,形成"岸""腹"区域的资源互补。

注重产城融合。因地制宜,以创建产城融合示范区为目标,加大力度组织牵线企业和街道社区共建联动,引导企业发挥社会责任,同时与属地街道社区共同为企业营造良好的营商环境,形成双向服务机制。

注意综合施策。央地融合是一项系统性工程,在结合世博地区特点的基础上,需要进一步结合区域化党建、楼宇党建、开发区党建等一体推进。要把一些基层党建中的好做法纳入央地融合区域化党建,形成相互促进、吸纳融合的崭新局面。

## 五 对策建议

目前,世博地区央地融合区域化党建工作已经取得了很大的发展,对推进这一区域的产城融合和社会治理发挥了积极作用。根据《自贸试验区世博片区发展"十四五"规划》,世博地区将继续优化"一核两翼"发展布局,以实现产城融合为导向,开创地处浦江沿岸的自贸试验区世博片区和地处腹地的周边街镇区域"岸腹联动"产城融合新局面,构筑"金色中环"协同联动新格局。未来一段时间,还需要进一步在如下几个方面加以推进。

### (一)以区域化党建为抓手促进区域融合发展

党建引领合作共建是根本。从世博地区乃至更广范围的空间尺度,对全域党建工作进行整体设计和协调,发挥党总揽全局、协调各方的领导核心作用,以全面协同的区域化党建引领世博地区产城融合的高质量发展。

一是通过党群建设加强与世博地区各个党组织的联系,扩大党建阵地,拓展党建功能。通过开门搞党建,加大对世博地区各级党组织的引导,更好统筹区域内各项资源。二是将党建工作作为中心工作的支撑,始终与世博地区经济社会发展、城市管理等中心工作紧密结合,不断增强战略合作的统筹

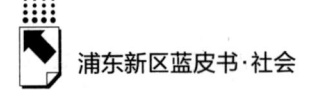

性和前瞻性。三是在实效性上下功夫，实现项目落地生根。抓好项目落地，将重点工作逐一落实。在形成服务清单和年度项目清单的基础上，与党建联盟各成员单位一道，推进工作项目的落实落地，为企业和群众办实事、解难题，开创世博地区生机勃勃的发展局面。进一步创新资源共享、区域共治的工作机制，促进央地融合党建工作落到实处。

### （二）实现央企"引进来"和"走出去"相结合

央地融合区域化党建不仅是世博地区的发展平台，更是全上海服务央企的平台，对内可以帮助央企更好地参与地方建设，对外可以利用自贸区的一些政策优势，进一步拓展合作领域，提升合作层次，助力央企发展。

以央地融合发展平台为示范载体，相关政府部门还将积极推动"部市合作"机制建设，提升央地合作层次，不断完善服务保障全要素，做优上海营商环境，为中央企业与地方开展投资合作、产业配套、创新示范、人才交流等各项工作提供支持，为企业发展壮大厚植土壤。

近年来，世博地区不断深化"融合发展、投资合作、产业配套、创新示范"功能，积极打造央地融合发展平台，带动了区域经济强劲增长，区域综合功能和配套环境日益完善。未来，将适时开展面向世博全域范围的产业功能布局规划，充分发挥腹地区域的土地资源优势，为世博片区的整体产业发展和功能培育提供更广阔的空间。以产城融合为导向，全力推进地处浦江沿岸的自贸试验区世博片区和地处腹地的周边街镇区域在产业发展、功能建设、民生服务和城市治理等方面的全方位对接联动，进一步拓展产业发展空间。

### （三）打造企业文化与公共文化的有机融合

开展央企党建的重要一环是文化，党建引领的一大作用是促进企业文化与公共文化相结合。除了优化良好的区域环境、营商环境之外，人文环境也需要持续升级。以建设世博文化带动企业文化为例，要利用空间场域讲好"世博故事""浦东故事""自贸区故事"，从浦东文化延伸至上海文化，不仅有利于形成文化产业，同时也能吸引优质企业入驻上海、抢滩世博。通过党群文化建设赋能企业发展，以建设公共办事处、构建"会客厅"、建设党群服务综合体、加强公共文化建设为路径，提高企业的影响力和知名度，推动世博轴商圈建设，带动央地融合，实现多方共赢。

总之，加强央地融合区域化党建可助力世博地区高品质产城融合区建设。浦东的发展离不开广大央企的鼎力支持，浦东引领区和央企"国家队"将继续携手奋进。浦东新区世博地区央地融合区域化党建联盟的成立，是以一流党建引领高质量发展、高水平改革的生动实践、创新举措，可有效地助力各大央企持续做大做强，更有力地助推区域核心功能提升。推出一系列"企业社区心连心、产城融合耀世博"项目，通过党建牵头，开展企业社区融合共建活动。世博地区央地融合区域化党建工作的开展，让世博地区成为高品质的产城融合示范区。通过党建引领的方式，积极推进资源共享、功能共建、社区共治、服务互助，推进共建共享共治。联动区域企业和社区，增强企业发展的动能，增强党员群众的获得感和认同感，共同努力，为浦东打造社会主义现代化建设引领区、推动世博地区打造"秀外慧中"的世界会客厅，发挥示范引领作用。

# B.10
# 刚柔并济：合庆镇推动流动人口治理新实践

张波 王幽*

**摘　要：** 实现流动人口良性治理是推动市域社会治理现代化建设的重要组成部分，其中街镇和村居是有效管理和服务流动人口的基础性主体。21世纪以来，上海市浦东新区合庆镇面对镇域范围内流动人口日渐增多的情况，与属地派出所通力协作，在完善治理网络、构建规范、人口全面梳理、社会力量参与、智能防控系统运用及长效机制构建等方面开展了诸多实践，推动实现流动人口治理过程的刚柔并济，探索出一条现代化国际大都市郊区流动人口综合治理的新路子。其中，党建引领是核心、部门协同是关键、村居支持是基础、智能技术是支撑、民众参与是重点、制度机制是保障。最后，本文对流动人口治理工作的未来趋势、法律权属以及队伍建设等方面进行了探讨，以更好地实现流动人口的良性治理。

**关键词：** 流动人口　社会治理　刚柔并济　协同治理　合庆镇

20世纪90年代以来，中国社会经历了史无前例的持续时间长、规模浩大的人口流动浪潮。流动人口在为城市经济发展和社会进步发挥巨大作用的

---

\* 张波，上海政法学院政府管理学院社会工作教研室主任，副教授，硕士研究生导师，主要研究方向为人口社会学等；王幽，上海政法学院政府管理学院社会工作专业硕士研究生，主要研究方向为社区治理等。

同时，也给城市的社会治理带来了严峻的挑战。作为中国最具活力的特大型城市之一，上海借助优越的地理位置、国家的政策优势、繁荣的经济发展吸引了来自五湖四海的流动人口。长久以来，流动人口基本占到全市常住人口的四成左右。2021年末，全市常住人口为2489.43万人，其中户籍人口1457.44万人、流动人口1031.99万人，流动人口占比达41.5%[①]。所以，创新流动人口治理体制、实现治理能力现代化，是上海市域社会治理现代化建设的重要内容。

历经30多年的实践探索，上海逐步形成了"党政领导、部门指导、区县管理、社区为主"的人口工作机制和"两级政府、三级管理、四级网络"的管理架构，居住地管理体制已经成为有效管理和服务流动人口的基础制度[②]。在居住地管理体制中，街镇和村居承担着最为基础的流动人口管理服务工作，包括人口登记、房屋租赁、治安管理、社会保障、公共事务等多项职能，在实践中也创新出多种工作方式方法。浦东新区合庆镇面对流动人口管理服务工作的新变化，党委、政府和属地派出所协同联动、通力合作，破解以往公安机关单独作战、被动兜底、疲于应付等问题，推动实现流动人口治理过程刚柔并济，最终探索出了一条现代化国际大都市郊区流动人口综合治理的新路子。

## 一 主要背景

合庆镇位于浦东新区东北部，东临长江入海口，南邻川沙新镇和祝桥镇，西依唐镇，北接曹路镇。2020年辖区面积为41.97平方公里，下辖29个村民委员会、8个居民委员会，户籍人口为60461人，其中农业人口为17686人，占比达29.3%，是一个典型的特大城市郊区镇。

---

① 《2021年上海市国民经济和社会发展统计公报》，https：//www.shhuangpu.gov.cn，2022年3月18日。

② 郭秀云：《大城市外来流动人口管理模式探析——以上海为例》，《人口学刊》2009年第5期。

合庆镇地处长三角洲冲积平原，地势平坦，长期以来都以农业生产为主，2020年耕地面积为590公顷，农业总产值达到9951万元。2022年，合庆工业生产总值占三次产业比重超过50%，并逐渐形成了医疗器械产业集群。2019年4月，合庆工业园区正式被纳入张江医疗器械产业基地，主攻高端医疗器械研发生产，经济发展水平不断提升。2020年全镇完成工业总产值246.4亿元、税收收入16.3亿元（比上年增长13.7%）、一般预算收入4.13亿元，新注册企业172家，招商引资总额9.46亿元。

随着合庆镇的快速发展，越来越多的流动人口向合庆镇聚集。相对于张江、唐镇、川沙等地，合庆相对低廉的房租、宜居的生态环境吸引了更多的外来人口。"十四五"期间，合庆老集镇社区、合庆工业园区、张江医疗器械园区、合庆南社区等将来合庆重点发展的社区和工业园区都划进了张江科学城，龙东高架和华夏路高架更是缩短了其和张江科学城主城区的距离。合庆镇不仅将搭上张江科学城扩区提质的快车，融入浦东新区"创新药"硬核产业布局，还将立足合庆郊野公园、合庆火龙果等生态资源，成为张江园区的"后花园"，实现与张江科技园区联动融合发展。

从流动人口数量来看，2003年以来，合庆镇流动人口总量呈现逐年波动上升趋势。2006年虽然户籍人口与流动人口数量一度接近，但合庆流动人口数量一直少于户籍人口数量。2009年，合庆流动人口数量开始实现对户籍人口的反超，并且持续增长到2013年。2014年开始的"五违四必"环境综合整治在给镇域居住环境带来较大改观的同时，也在一定程度上影响了流动人口增长。新冠肺炎疫情并没有影响流动人口的增长，从2019年的7.9万人增长到2020年的8.8万人。2021年，辖区共有人口149007人，其中流动人口90824人（见图1）。

流动人口的急剧增加给合庆镇及周边地区经济社会发展带来了活力，推动了经济快速发展，同时也给地区城市治理带来了巨大的挑战。尤其是合庆从长期以来以农业为主的郊区镇转向了以工业为主的城乡接合镇，很多农村社区工作者并没有像城区社区工作者那样拥有丰富的流动人口治理经验。具体而言，合庆流动人口治理过程存在很多困难。

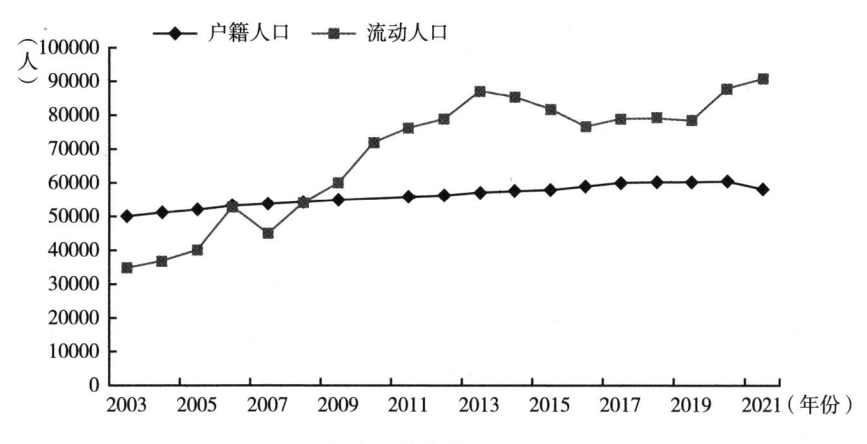

**图1　2003~2021年合庆镇户籍人口和流动人口变动状况**

资料来源：《浦东新区统计年鉴》（2004~2021）。

一是流动人口底数把握难度大，实时更新难上加难。全镇流动人口数量大，居住的稳定性较差，人口流动非常频繁，群租现象非常普遍，治理难度非常大。有些流动人口借住在农民私房中，政府不了解相关情况。据统计，目前全镇共有房屋142087间，其中私房出租达到46432间，这导致流动人口登记与实时更新很难。

二是镇政府流动人口管理办与派出所各自为政，数据共享性差。政府相关管理部门之间的协作性较差已成为流动人口治理过程中的"顽疾"，虽然从市级层面到镇级层面都设置了综合调控领导小组，但是在实际工作中各部门依然各行其是。而且在很多镇，流动人口治理基本属于社区综合协管员和派出所的事情，但是二者缺乏沟通，这使得即使在同一片区域，社区和派出所给出的人口数据都不一致。

三是流动人口治理中信息数据资源利用率不足、社区综合协管员素质不高且工作积极性差等问题，这些都需要在实际工作中予以创新发展。

## 二　工作举措

近年来，面对镇域范围内流动人口新的变化情况，合庆镇党委、政府和属地派出所对标引领区建设城市治理样板，通过加强人防、物防、技防三合一的社会综合风险防控体系建设，让生活在合庆镇域内的群众拥有高度安全感。

## （一）完善流动人口管理服务网络

伴随流动人口不断增多，合庆镇党委和政府高度重视流动人口的管理和服务工作，将新型农村住房管理、村域停车治理、来沪人口常态化教育等综合性治理难题作为课题，牵头起草修订了合庆镇来沪人员管理服务工作方案、考核办法等文件，形成了"党委领导、政府负责、人口办主管、公安指导、社区为主"的流动人口工作机制和村居属地管理工作体制。规定村居社区属地工作管理职责，确立各村居委书记为人口工作室第一责任人；社区民警负责日常工作业务指导；社区综合协管员负责对实有人口信息数据日常维护和更新；各村居的生产队长、村民组长、综治协管员等组成信息联络员队伍，协助综合协管员提高信息的采集和更新速度。同时，合庆镇鼓励来沪人员共同参与公共事务和社区管理，形成来沪人员"自我管理、自我教育、自我服务"的自治体系。推动租客主动申报，要求房东主动将租赁合同交村居备案，持续贯彻"以房管人"模式。

## （二）构建各具特色的流动人口治理规范

所谓"1+1+X"，第一个"1"，即党组织的领导；第二个"1"，即村民自治章程，是村民自治的基础性、指导性文件；"X"，即若干实施细则，是村民会议或村民代表会议就群众关心的事务如何处置所制定的办事规则。2010年，合庆镇党委以"有法依法、有规依规、无法无规、村民自治"为基本理念，以尊重和实现村民在村级事务管理中的主体地位为出发点和落脚点，积极探索"1+1+X"工作法，发动村民人人参与村民自治章程及实施细则的制定与执行。在流动人口治理过程中，合庆以个别村为试点的模式形成经验，按照法定程序将有关内容纳入村民自治章程、村规民约，建立完善与区域特点相适应的村民自治机制。比如为监督管理私房出租问题，跃丰村根据《上海市居住房屋租赁管理办法》和《跃丰村村民自治章程》制定了《跃丰村私房出租管理办法》，让当地村民和流动人口一起参与管理，这一举措获得了村民的一致认可，最大限度维护了大家的权益。

### （三）"大数据+人口全面梳理"推动防控疫情精准施策

在新冠肺炎疫情来临时，合庆镇人口办及时梳理流动人员的历史数据，将名单分派下发给各村居。各村居率先通过二维码申报及"三问三登记"广泛开展流动人口管理服务工作。首轮梳理后，发现部分原先登记的人员信息出现了变动。结合排查名单，将人—房信息登记到位，依靠强化排查将信息要素深度挖掘到位。通过实际排摸数据，形成房屋信息、人员信息、疫情防控信息和网格管理责任人信息等条目，并与新区下发的二维码登记系统平稳衔接。在经过几轮排查，对人口流动趋势有了大致把握的情况下，镇政府召集了赵人口办、合庆派出所、蔡路派出所、外口队等部门召开来沪人员管理服务专题研讨会，目的就是充分用好这些人口数据，尽早落实疫情期间来沪人员管理服务工作的具体安排。随着来沪人员的陆续返程，要求各村居及时做到"三更新"：一是完成本市户籍人员零散信息及时更新，二是完成来沪人员存量信息加快更新，三是对每日增量信息动态更新。将各村居记在心里、写在纸上的散落信息统一收录至镇级数据库，形成固定存档，避免信息失真滞后。同时，还利用合庆镇"五情档案"民情档案系统，充实来沪人员各类信息，为下一步工作提供科学决策依据，实现"大数据+"民情档案管理。

### （四）警民联动推动社会治安力量共同参与

自2021年7月起，合庆镇与蔡路派出所细致谋划，试推行村居群众百姓微信群。由派出所社区民警牵头，分别建立由分管社区副所长、责任区队长以及村居委干部、村居民为组员，通过以村落自然形成的"宅"为单位建群，以"一户一人"的方式邀请村居民进群，让群众有需求就在群内反映。群众感受到民警与镇村干部时刻就在身边，实现了全天候警民"零距离"。此举也使得派出所第一时间掌握辖区动态，快速反应，及时处置突发问题。蔡路派出所结合治安形势和多发性案件情况，通过图表、文字、视频等多种形式，在"警民群"内向居民推送针对性防范技巧，提升群众防范意识。"天下无诈""平安蔡路"等特色板块较受欢迎。截至目前，蔡路共建群129个，累计加入群成员10870余人。建群至今，共推送防范信息690余条，接受咨询527次，消除各类动态隐患362次，辖区报警类警情环比、同比均有所下降。蔡路派出所通过建群，即时收集辖区居民群众反映强烈的疑难问题和各类隐患，加上物防、技防的投入建设，后续处置措施及时跟进，震慑了各类可能会发生的不安定情况。

### （五）科技运用推动智能防控网络显实效

合庆镇和属地派出所借助大数据、5G、AI等新一代信息技术，在镇域范围内公共道路主要路口、封闭小区卡口、村道路出入口等安装公共摄像头、智能门禁、门磁等基层神经元系统，不断加大对辖区内住宅小区安防系统投入。从以传统的人防、物防为主的矛盾风险防范机制转向人防、物防、技防"三防并举"的社会矛盾风险防控体系，初步探索形成"紧联动、大数据、强应用"的市域治理现代化"合庆样本"。数据显示，截至2021年底，合庆镇对区域内23个封闭小区完成微卡口及主要道路视频监控建设，其中11个小区进行了视频监控提升项目建设。

### （六）构建流动人口治理长效化运行工作机制

一是构建社区民警和综合协管员协作机制，要求综合协管队员在实际工作中遇到困难，及时向社区民警汇报。二是实行早晚签到制和晨会讲评制。利用队员签到时间集中讲评队伍中存在的一些问题，通报辖区内治安状况，布置近阶段工作重点，减少工作环节，使每位队员都能及时掌握辖区内动态信息，围绕重点开展工作。三是制定明确的奖惩考核管理机制。根据辖区实际情况设立若干考核模块，把各项工作具体细化，落实到个人。在明确各自工作职责后，加大考核抽查力度，设立考核小组,以实地抽查和网上检查等方式进行"每季考评,年度汇总",最后按对应权重计入镇党委和政府对村居委综合管理考核。考核结果直接对各村居委工作站通报,便于各村居委第一责任人及时了解掌握本工作站工作情况,并以此作为每位综合协管员考核成绩的主要依据之一,奖优惩劣考核体制得以体现。

## 三 经验与启示

在合庆镇探索实践中,合庆镇与属地派出所通过"法"的刚性与"自治"的柔性相结合,实现了警镇之间的紧密联动,加大执法力度,强化刚性约束,解决了长期存在的社会治理疑难杂症,实现了流动人口治理的"刚柔并济",这是合庆镇案例最重要的经验和启示。具体而言,合庆案例为实现基层流动人口良性治理带来以下几点启示。

### (一)党建引领是实现流动人口良性治理的核心

基层党组织既是流动人口治理工作的领导核心,也是实现流动人口良性治理的第一责任主体。合庆流动人口治理工作之所以取得成功,首要经验就是合庆镇党委的高度重视,坚持城市治理本质是对人的治理,只要做好人的管理服务工作,那么城市的良性治理便容易实现。在对合庆实有人口的梳理过程中,最难啃的硬骨头就是流动人口,因此合庆以项目形式攻坚流动人口治理工作,并以基层党建组织力层层压实责任,把流动人口治理与联勤联动工作站深度融合,在镇域范围内构建起了一张无形的覆盖流动人口治理网,做到区域范围内不留死角盲点。

### (二)部门协同是实现流动人口良性治理的关键

流动人口治理工作实质上是一个非常综合性的社会公共事务,而在现行块状分明的政府管理体制中,主要涉及公安、房管、工商、民政、劳动保障、卫生等多个职能部门,在镇级层面也是分属不同部门,部门之间都有针对流动人口管理服务的不同事务,相互之间分割和脱节现象非常突出。所以,各地在加强部门之间协同作战方面都努力创新。作为本案例最大的特色,合庆流动人口治理最典型的经验是实现了公安和镇政府之间的良性协作,通过二者之间信息共享、事务共办、风险共担等构建起了紧密的联动机制,这提高了区域流动人口登记更新工作、治安管理工作以及疫情防控工作等的整体效能。

### (三)村居支持是实现流动人口良性治理的基础

居住地管理是对流动人口进行有效统计和管理的最为基础性的管理体制,而人口登记则是实现流动人口良性治理的起点。在社区制管理体制下,居委和村委的支持则是基础。但是长久以来,街镇领导、村居领导和派出所民警之间对流动人口管理的职责分工认识不清。人口管理应该是由公安系统下属区域派出所主管还是由街镇主管,协管员队伍是由派出所管理、街镇管理还是由村居管理,非常不统一,这直接降低了流动人口治理工作的整体效能[①]。合庆的警镇联动实质上是在公安和镇政府之间进行职能协调,把村居直接提到流动人口治理工作的一线,而且以社区党建的组织力,压实了居村党委书记的第一责任,为实现流动人口的良性治理打下了良好的基础。

### (四)智能技术是实现流动人口良性治理的支撑

当前,智能技术已经全面渗透各行各业和群众生活的方方面面,所以在流动人口治理工作中,抓住智能技术这个牛鼻子,服务好流动人口的基层治理工作,是时代发展的必然要求,也是赋能社区工作的必备要素。实际上,在合庆流动人口登记环节,对智能化的使用除了公安系统统一配备掌上PDA进行人口信息登记报送外,其他仍是较为传统的对辖区住房进行密切

---

① 张波:《着力提升浦东新区服务管理实有人口新能级》,《科学发展》2021年第8期。

关注，发现有流动人口进入及时上门核实。合庆使用智能技术最多的是对辖区内数据信息和视频信息的动态监管和循线追踪，一旦发现违法事件，辖区派出所能够迅速利用智能信息技术进行寻查，综合协管员则利用图像监控定期通报的案件进行分析和比对，充分发挥综合协管队员接触面广、人员熟的优势，争取多提供有效线索，为民警在实际破案过程中提供支撑，助力实现整个区域的平安有序。

### （五）民众参与是实现流动人口良性治理的重点

社会协同、公众参与已经成为人民城市建设理论的有机组成部分，是实现良性社会治理和善治的重要基础。这就要求在社会治理过程中最广泛地吸引各类社会主体参与。流动人口治理不仅是政府、公安以及村居的事情，也关系到本地社区居民和流动人口的切身利益，因此在工作中广泛动员群众参与，能够更好地实现流动人口良性治理。合庆在流动人口治理工作中，首先广泛动员本村居民和流动人口制定村外来人口管理实施细则，把人口管理工作纳入村居自治事务，同时也鼓励来沪人员共同参与公共事务和社区管理，形成来沪人员"自我管理、自我教育、自我服务"的自治体系。在流动人口登记方面，合庆镇依托现有各个管理系统和网络，发动一切可以发动的力量，包括推动来沪人员主动申报、房东主动备案、生产队长和村民组织协助监管综治管理员，由此实现了人人参与、通力协作完成流动人口数据信息及时登记和更新，力争做到实有人口各项数据具体、真实、鲜活，为政府部门决策提供有效依据。

### （六）制度机制是实现流动人口良性治理的保障

规范治理是新时代中国特色社会主义基层治理体系的重要特征，其中制度是治理的基础，治理则需要依照制度进行，以避免治理过程中的主观性和随意性。所以制度的科学性、合理性和有效性需要实际治理工作予以检验，而治理工作成效也在一定程度上检验了制度的科学性。制度的运行需要各项机制予以保障，否则再好的制度也很难达到预想的效果。合庆镇在流动人口治理工作中，除了遵循上海市和浦东新区各项人口政策规定，也根据镇域自身的特点和情况，专门制定了《合庆镇来沪人员管理服务工作方案》和考核办法，在订立制度之后，合庆又配以一系列工作机制予以保障，包括社区民警和综合协管员协作机制、早晚签到制和晨会讲评制、奖惩考核管理机制等，实现"两个实有"的长效管理。

## 四 建议与思考

可以说，合庆镇在探索部门联动、实现流动人口基层治理方面迈出了很大一步，很多工作举措和推进机制都值得同类地区借鉴。但调研发现，由于历史、法律以及社会等多方面原因，合庆流动人口治理依然存在管控强于服务、农村出租房治理缺少法律法规、社区协管员队伍有待优化等难题，这些产城融合进程中流动人口治理出现的问题，亟待深入思考和探讨。

第一，在加强对流动人口管理的同时提升对其公共服务能力。任何地方的人口治理都是基于对当前人口问题的价值判断，服务于特定人口发展目标，从而对人口事件或人口行为实施的公共管理活动，其主要任务是通过有效的制度安排，对人口行为进行引导、调控和干预，以保证城市健康有序发展。长期以来，上海市的人口最大承载量与来自世界各地人口流动之间存在明显的不对称，根据"七普"数据，2020年上海常住人口2487.11万人，但是劳动年龄人口占66.82%，高于全国的63.35%，其很大原因是外来流动人口劳动年龄占比达到86%，而上海户籍人口则仅有52.97%，老年人口占比则达到36.04%，并且这一趋势会持续加深（见表1）。因此无论是街镇还是市级、区级政策都需要未雨绸缪，不仅要考虑如何引导和管理好流动人口，还要考虑以优质的公共服务吸引优秀的流动人口留下来，增强他们对于上海这座城市的认同感和归属感，以缓解未来人力资源短缺问题，持续推动上海繁荣发展。

表1 上海市第七次人口普查年龄结构

单位：万人，%

| 年龄 | 常住人口 | | 户籍人口 | | 流动人口 | |
|---|---|---|---|---|---|---|
| | 数量 | 占比 | 数量 | 占比 | 数量 | 占比 |
| 0~14岁 | 243.63 | 9.80 | 158.11 | 10.99 | 85.52 | 8.16 |
| 15~59岁 | 1661.92 | 66.82 | 762.29 | 52.97 | 899.61 | 85.84 |
| 60岁及以上 | 581.56 | 23.38 | 518.73 | 36.04 | 62.83 | 6.00 |
| 总计 | 2487.11 | 100.00 | 1439.13 | 100.00 | 1047.96 | 100.00 |

资料来源：《上海统计年鉴2021》。

第二，农村房屋出租管理亟待出台详细的管理细则。农村闲置住房出租是城郊地区农村居民处理闲置住房的方式，这既可以快速提升农民收入，又可以为流动人口提供相对低廉的稳定住房。但是农村出租房屋管理则一直是空白，并没有相应的制度规定进行约束。并且随着城市租房价格不断提升，农村闲置住房受到大量流动人口的喜爱。越来越多的流动人口给城郊农村社区治理带来前所未有的挑战。

2022年1月，上海市颁发了《关于加强本市农村宅基地房屋租赁管理的指导意见》，同年7月浦东新区也制定了《浦东新区农村村民住房租赁管理实施办法》（试行），旨在加大对居住在城郊农村的流动人口的治理力度。但是很多政策在实际执行中操作较为困难，比如出租房屋"应当符合消防、治安、防灾、卫生等方面的标准和要求"，标准和要求不够细化，也没有专业力量定期检查。所以，区级层面应该在充分调研的基础上进一步制定详细的操作规程，让镇村在农村出租房屋管理过程中能够切实遵循。同时，镇村在管理过程中也应该充分利用村民自治制度，在村民自治章程、村规民约中体现规范自建房租赁相关内容，加强对流动人口日常管理服务，并主动借鉴其他地方做法，比如江西南昌村委会当"免费中介"，搭建起了村民与租客之间的桥梁，把住租赁住房和人口管理的第一道关口。

第三，提升社区综合协管员队伍能力和素质是关键。社区综合协管员是直接从事人口信息采集的责任人，其工作积极性和精准性直接决定着社区人口数据的及时性和准确性，进而影响到行业主管部门和政府开展公共管理服务的效能。但是目前很多街镇的协管员都来自"万人就业项目"。这一项目是2003年上海市政府为解决20世纪90年代后期大批下岗职工以及上海城市化进行中离土农民实现非农就业而出台的一项举措。协管员队伍的成立为一大批年龄大、就业竞争能力较弱的就业困难人员提供了一份稳定的工作，帮助这些大龄就业困难人员获得基本的收入和社会保障，不仅有效地稳定了本地区的就业形势，而且为消除本地区的社会矛盾提供助力。在合庆镇，社区协管员共有292人，其中专门负责社区实有人口管理服务的有121人，其中男性67人、女性54人；年龄结构方面，30岁及以下2人、30~45岁50人、45岁及以上69人；文化程度上，初中毕业63人、高中毕业49人、大专毕业9人。由此可知，这一支队伍总体呈现年龄偏大、文化素质较低的特点，而且由于工资收入、福利待遇、工作性质等原因，他们的职业认同感和工作积极性都不高，难以适应当前高品质、精细化、智能化的现代流动人口治理工作。目前有些街镇采取在社区综合协管编制外购买服务、扩建人口信息采集队伍的做法，但这一做法对于街镇的财力有一定要求，而且如何在信息采集中做好人口信息保密工作也是需要思考的内容。

除此之外，合庆镇的实践做法还有其他一些需要深化的地方，比如目前仅有公安部门与政府主要是人口办开展协作，应进一步把民政、劳动与社保、卫生、教育等部门纳入协同作战。而且即使是现在的公安部门与人口办协作，仍以公安部门为主，人口办对流动人口信息数据并没有较多权限。现在信息数据采集还是以敲门逐一核查方式为主，这种方式虽然也能够准确收集信息，但是费时费力，而且这种敲门方式由于协管员与流动人口工作时间不同，往往协管员上门时流动人口已经出门上班，因此，如何把最新的智能技术运用其中是需要思考的问题。当然，最关键的还是增强对流动人口的普惠性公共服务，提升他们申报信息的主动性和积极性。

## 参考文献

郭秀云：《大城市外来流动人口管理模式探析——以上海为例》，《人口学刊》2009年第5期。

陆继霞、汪东升、吴丽娟：《新中国成立70年来人口流动政策回顾》，《中国农业大学学报》（社会科学版）2019年第5期。

潘鸿雁：《流动人口社会管理面临的新问题与对策——以上海市为例》，《上海行政学院学报》2014年第1期。

王峰：《流动人口管理创新及启示——基于三个城市的比较》，《浙江工业大学学报》（社会科学版）2018年第3期。

吴鹏森：《大城市实有人口管理的难点及其破解——以上海为例》，《人文杂志》2012年第5期。

张波：《代理经租型公租房的运行背景、实践经验与价值意蕴——基于上海T镇的实践考察》，《求实》2017年第1期。

张波：《着力提升浦东新区服务管理实有人口新能级》，《科学发展》2021年第8期。

# B.11
# 汇治联盟：打通前滩社会治理经络

王奎明[*]

**摘　要：** 新时代的超大型城市既包括有形的住宅、商圈和基础设施等"固件"，也包括人口、交通、信息等"流体"。在新城区开发过程中，这些"流体"会沿着由各种基础设施组成的"脉管"涌入开发区，并推动"固件"的生成。然而，当"流体"及其背后的治理资源流入新城区时，会在带来繁荣的同时滋生混乱。倘若缺乏必要的引导，便会造成资源栓塞，阻碍新城区的有效治理。新兴城区治理的关键在于有效协调各种资源，将其从无序的阻力转化为有序的助力。上海前滩社区通过组建汇治联盟，从拓宽治理资源源流、实现供需精准对接和建立综治联动机制三方面入手，成功打通当地治理"经络"，使不同治理主体既可以通过汇治联盟实现精准的治理供需对接，以互助互利的形式满足自身和其他治理主体的发展需求；又可以在汇治联盟的统合下携手参与综治联动，应对前滩面临的各种重大治理挑战。汇治联盟大大提升了前滩社区的治理水平，形成了诸多可复制可推广的宝贵经验。

**关键词：** 新兴城区　汇治联盟　治理源流　综治联动

三林镇前滩社区位于黄浦江南延伸段，东至济阳路、南至中环、西至黄

---

[*] 王奎明，上海交通大学中国城市治理研究院副研究员，硕士生导师，主要研究方向为基层治理、社会融合、邻避冲突。

浦江（岸线 2.3 公里）、北至川杨河（岸线 0.8 公里），总面积 2.83 平方公里，是以世博会为核心的黄浦江南部滨江区域的重要组成部分。前滩规划总建筑面积 350 万平方米，其中商业办公区 220 万平方米、住宅 97 万平方米、教育及公共设施 33 万平方米，规划居住人口 2.35 万人，就业岗位 10 万~15 万个。前滩社区按照规划有 6 个居委 26 个小区 9000 户居民，在基层自治组织的组建方面，现已成立前滩紫丁香居民区党支部、前滩紫茉莉居民区党支部、前滩紫薇居民区党支部、前滩紫荆工作组、前滩紫藤工作组。前滩目前仍处于人口导入阶段，以上已成立的居民自治组织正致力于开展居民入户调查和交房保障工作。各工作组目前累计保障交房 7015 套，完成了 21 个小区的居民入户调查工作。调查结果显示，各社区的常住人口约为 10731 人。

随着居民不断迁入以及基层自治组织的成立，前滩社区的配套基础设施建设工作也被提上日程。其中，最先被提上日程的便是教育体系的建设。目前，前滩引入了从幼教到高等教育的完整教育体系。截至 2022 年，前滩社区辖区内配套学校 8 所，其中公办学校 3 所、民办学校 5 所。在交通建设方面，截至 2022 年，前滩区域有 1 个地铁站和 4 个公交枢纽站。此外，前滩在规划中还将建设大量停车空间，以解决困扰市民的"停车难"问题。前滩辖区内目前对外开放的公共停车场共有 2 个，其中：停车场 1 位于东边角绿地（规划车位不少于 50 个），停车场 2 位于东方体育中心（规划车位不少于 300 个）。此外，前滩规划建设的公园也附带停车功能。根据规划，前滩将会建设友城公园、休闲公园、体育公园、小黄圃集中绿地共 4 座公园。其中，友城公园位于前滩大道 108 号，拥有停车位 490 个（其中地面停车位 100 个）；休闲公园位于前滩大道 650 号，规划停车位 260 个；前滩体育公园位于前滩大道 735 号，规划停车位不少于 300 个。位于前滩的东方体育中心于 2011 年 7 月投入使用，是上海标志性的大型体育设施，总面积达 34.75 万平方米。

商业区是前滩建设规划的重点。截至 2022 年，前滩已经投入使用的商区包括企业天地一、二、三期，晶耀前滩和太古里。企业天地一、二、三期商务区共进驻企业 57 家、店铺商户 43 家，其中医疗机构 2 家、餐饮 30 家、零售 5 家、教育 1 家、美容美发 2 家、超市 2 家、娱乐 1 家、银行 1 家。企业天地一、二、三期共有停车位 2400 个。晶耀前滩由三部分组成，分别位于耀体路 230 号、平家桥路 50 号、江耀路 100 弄 70 号，其商业面积分别为 32183.2 平方米、22965.09 平方米和 34330.05 平方米（含住宅）。截至 2022 年，晶耀前滩商务区进驻企业 13 家，店铺商户进驻 140 家，共有停车位 300 个。前滩太古里位于东育路 500 弄，2021 年 9 月 30 日开业，商场汇聚高端零售、时尚潮流、餐饮娱乐、文化艺术等 200 多家商铺，提供停车位约 1000 个。

前滩作为上海市典型的新兴城区，在发展过程中有大量资金、企业、人才等治理资源源流涌入。然而这些治理资源源流在进入前滩后，并不会自发地形成建设性的治理聚合体，而是处于离散状态，甚至不乏碰撞冲突。协调汇通这些治理源流，使之成为前滩发展的助力而非阻力，正是前滩治理的重要背景。

## 一 背景·缘起

当各种治理资源源流涌入前滩时，他们会不可避免地与前滩的建设规划、基础设施等各种"固件"发生碰撞与融合。在这一过程中，二者形成了一种相互影响、相互制约的关系。建设规划对涌入前滩的治理资源的影响无疑是深远的，这也是协调前滩各种治理源流时必须考虑的要素。在建设规划方面，前滩区域于 2012 年被上海市纳入全市总规划，并命名为"前滩国际商务区"。从 2012 年到 2022 年，前滩依托浦东新区的建设开发活动，将"总部商务""文化传媒""体育休闲"作为三大核心功能，并在此基础上配备完善的商业、居住、酒店、教育、医疗等配套设施，力争打造宜居宜业的"世界级中央活动区的样板区""24 小时活力城区"。为了实现这一目标，前滩不仅建设了大量商业区，而且在教育、交通、公共空间等配套基础设施建设方面投入不菲，以期打造良好的周边环境，进而吸引并留住投资、企业和人才。这种长期、持续的投入推动了前滩面貌的显著改观。

目前，前滩作为处于开发过程中的新兴城区，在城市硬件设施建设方面已取得了长足进步。这对于引入前滩发展所需的资金、企业、人口和人才等流动资源而言是必不可少的。但正如前文所述，以上流动资源在涌入前滩的过程中显然不会自发地进行调和，而是会在前滩既有规划格局和资源自身特质的共同影响下发生碰撞，并产生诸多治理挑战。从城市治理的角度来看，在可预见的时期内，前滩发展和治理面临的挑战主要是由城市功能结构性冲突引发的社会治理需求难以得到有效满足的问题。

一方面，前滩在城市功能规划方面存在结构性冲突。在传统城市规划中，不同城区的功能泾渭分明。对于前滩而言，其建设规划中最为突出的功能便是商务功能。事实上，前滩在建设起步阶段，也的确依托并吸纳浦东核心区域不断外溢的商业功能，并借此迅速发展起来。但随着时代发展和城市规模的迅速膨胀，功能体系尚不完备的新建城区与功能体系较为齐全的既有城区的空间距离也与日俱增，而且这种距离的增长产生的问题在现有的交通技术水平下显然无法得到有效解决。大量市民为了满足自身的不同需求，不得不在不同城区之间往返奔波，造成了诸如交通拥堵、市民通勤时间过长、生活质量下降等一系列问题。因此，在城市规划领域，建设包含多种功能的综合型城区逐渐成为新潮流。在这一潮流的影响下，前滩也在商业功能之外，引入并加强了教育、居住等功能。然而，在建设空间与发展资源相对有限的情况下，新功能之间、新老功能之间的结构性冲突客观上是不可避免的。在这种由单一城市功能向综合性功能转变的过程中，前滩不仅要处理好传统规划思路与新兴规划思路的平衡，而且要协调不同功能背后的资源源流，避免它们互相碰撞，以实现城区功能的和谐发展。

另一方面，前滩的人口结构复杂，居民的背景、需求多元。在城区功能存在结构化矛盾以及当代社会关系日益疏离的情况下，民众的治理需求难以得到有效满足。从人口构成来看，前滩主要有四类居民：以原城郊居民和农

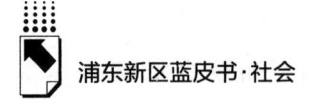

业人口为主的回迁居民、在商务区从事各种服务业并租住在周边社区的劳动人口、高新产业和商业服务业引入的研发管理人才、外籍人口。这些身份背景千差万别、生活习惯和价值观念不尽相同的社会群体的治理需求显然是高度多元化、复杂化的。

与此同时，前滩作为以商业功能为主导的城区，尽管政府在开发过程中并没有忽视配套基础设施建设，但其各种生活服务功能仍然不具备比较优势。然而，如果不能有效满足这种多元化的治理需求，前滩就无法引入其发展所需的人才和劳动力，实现其既有开发规划或是根据社会形势调整其发展方向。前滩相对发达的商业功能意味着其在事实上并不缺少满足居民生活所必需的治理资源，但这些蕴藏在不同治理参与主体中的资源显然不会自发地满足社会治理需求，而作为个体的居民显然既难以准确了解和掌握这些治理资源的分布，又缺乏有效统筹和调动此类资源的能力。唯有采取有效的方式盘活蕴含在彼此碰撞的资源源流中的治理资源，才能切实满足居民多元、复杂且不断增长的治理需求，进而保持前滩的吸引力和人才竞争力，在满足前滩发展对人力资源需求的同时，为当地每一名居民提供高质量的社会服务。

## 二 举措·机制

承前所述，前滩的治理关键在于协调各种治理资源的源流，使之与多元化的社会治理需求精准对接。为此，就需要搭建一个能够争取整合各种治理资源，识别吸纳不同治理参与主体诉求，调和调度各种涌入前滩的资源源流的综合性的治理平台。前滩作为新兴城区，更是搭建此类综治平台的理想实验点。由前滩社区党委以党建引领形成的"汇治前滩社区大联盟"（以下简称"汇治联盟"），便是这样的综治平台。前滩社区党委秉承"汇集各方资源，共建共治共享"的理念，向上争取三林镇党委、政府的指导和支持，同时与辖区内企事业单位通力合作，精准识别社会治理需求，进而实现治理资源的匹配与调度。具体而言，前滩社区在组建治理联盟时，主要从治理资源开源、治理供需对接和综治情境联动三方面着手,打造一个治理资源富集、供需对接精准和治理灵活权变的社区汇治联盟。

## (一)党建凝心广开治理源流

经过十余年的开发,前滩已成为商业区粗具规模、各种高新产业与服务业汇聚的新兴城区。蒸蒸日上的发展形势意味着技术、人才等治理资源持续不断地涌入前滩。然而,这些治理资源大多蕴含在不同的治理主体中,不同主体在社会中相对离散、孤立的状态使得这些治理资源无法得到整合利用。在国内外城市治理研究与实践中,社会网络被普遍视为打破这种治理资源区隔、汇聚调度各种治理资源的关键。在前滩城市治理实践中,以党建工作为引领的治理联盟便成为汇集治理资源、匹配社会治理供需的社会网络。前滩社区党组织将基层党建作为切入点,从纵向和横向两个维度建立治理网络,打造汇治联盟。其中,纵向治理网络使联盟获得了其运营活动的合法性资源,而横向治理网络则使联盟能够广泛深入不同的治理主体,识别其治理需求,盘活其蕴藏的治理资源。前滩社区党组织深知织密、织牢治理网络在建立汇治联盟中的作用,并致力于以党建为抓手,积极扩大治理网络的覆盖范围。

在纵向维度上,前滩社区一方面通过开展党建工作,积极争取三林镇党委、政府对组建治理联盟的指导支持,另一方面则通过加强基层党组织建设工作,将汇治联盟延伸到每一个新建社区中。在前滩开发过程中,前滩社区很快注意到当地治理资源的栓塞问题与结构性矛盾,并意识到需要建立相应的综治平台以应对这一问题。对此,前滩社区向三林镇党委、政府提出了建立汇治联盟的构想,并得到了来自上级的指导和支持。

同时,前滩社区在引入人口的过程中始终注意做好基层党建工作,加强党建引领并在新社区成立基层自治组织。在新建社区第一时间建立基层自治组织,不仅可以在吸取既有基层自治组织经验的基础上,避开或消除各种阻碍,还可以及早增强民众对基层自治组织的认同感。这样一来,基层自治组织便得以在党的指导下深入群众,及时了解民众的基本情况以及不同社会群体的治理诉求。通过以上两方面工作，纵向维度的社会网络逐步形成，这也意味着前滩社区打通了这一维度的治理源流，使治理资源的调度在该维度上成为可能。

在横向维度上，前滩社区积极通过党建工作，与辖区内的企事业单位增强联系，促进相互之间的信息交流，也推动了多边之间的资源共享，初步形成了横向交融共治的良好局面。毕竟，在社会治理中，很多具体的治理问题往往需要通过横向协作加以解决，需要有着利益关联的社会主体都参与进来，整合和发挥多元主体的资源和力量。前滩相对发达的商业体系也意味着其中蕴含着丰富多元的治理资源。如果开发得当，可以有效应多如今多元化且变幻不定的治理情境。然而，要想在以营利为目的的商业主体中有效开发此类资源绝非易事。

有鉴于此，前滩社区一方面积极在横向维度上拓展汇治联盟及其背后的社会网络的覆盖范围，以增加汇治联盟对于辖区内不同类型企业的吸引力；另一方面积极通过党建引领，在汇治联盟之间开展各种活动，以增进联盟成员之间的联系，并通过既有联盟成员推荐引入新成员。通过这种方式，汇治联盟不仅吸收了辖区内的大量企业作为成员，而且也将联盟范围扩展到事业单位和社会团体。这种横向维度的拓展极大地丰富了汇治联盟所能掌控的治理资源源流，也使得汇治联盟能够在更为广泛的领域中调度各种治理资源，及时回应其成员的治理诉求，帮助他们解决各种现实问题。

## （二）分层引导实现治理供需精准对接

通过积极拓展汇治联盟的范围，广泛吸收新成员，前滩社区织就了一张覆盖范围广、内部联系较为紧密的社会网络，为平衡协调进入前滩的治理资源源流初步打下了相对坚实的基础。但在引入相应的治理资源源流后，正确地引导、匹配这些资源源流，使之能够有效满足汇治联盟内部不同成员的多样化诉求，是维系汇治联盟的关键所在。汇治联盟的建立和运营与人才政策至少有一点是共通的，那就是"引进来，留得住"。要想实现该目标，就需要实现治理供需的精准对接，盘活既有的治理资源源流，综合运用它们去有效回应汇治联盟成员的各种诉求。如果前滩社区能够不断实现各种治理需求的精准对接，那么就会增加汇治联盟对潜在成员的吸引力，联盟的规模就会随之持续扩大，形成良性循环。反之，就会导致联盟成员因治理需求难以得到有效满足而逐渐流失，联盟及其背后的社会网络也就趋于瓦解。此外，前滩社区还需要处理好吸收新成员和协调既有成员之间的平衡，以避免扩张过快陷入困境。

为了有效实现治理供需的精准对接，前滩社区将汇治联盟的成员治理诉求进行了分层处理，这样便可以更加精准、有效地识别汇治联盟成员的治理需求，同时也可以在需求识别的过程中进一步了解联盟成员拥有的治理资源，进而建立成员之间的互助体系。由于前滩区域的商业功能较为突出，故本节主要以商业主体的治理需求分层与治理资源供需对接为例，说明前滩社区是如何通过分层引导实现治理供需的精准对接的。与人们对商业区的刻板印象不同，前滩商业区不仅有各种大型企业，也有众多小微企业。这些小微企业进入前滩的主要原因在于当地相对优惠的招商政策。然而，由于小微企业的类型不尽相同，相应的招商政策以及小微企业的管理规范也较为复杂。因此，小微企业既可能错过各种优惠政策，又可能在不知不觉中违反某些规范。前滩社区掌握着相应的政策信息资源，为了更好地实现政策信息资源的精准对接，满足小微企业对政策规范的了解需求，前滩社区主要采取了以下措施。

首先，前滩社区通过此前党建工作建立的基层党组织，充分收集小微企业在经营管理中遇到的各种实际困难，根据企业类型、困难种类对这些治理诉求分门别类。其次，前滩社区根据企业诉求的标签，运用社区掌握的政策信息资源，寻找能够有效回应各类诉求的政策。如果自身掌握的政策资源不足以满足企业对政策信息资源的需求，那么前滩社区就会运用汇治联盟中的关系网络，向工商等职能部门寻求支持，直到找到可以有效回应目标企业诉求的政策。再次，前滩社区会召开政策宣讲会，向企业宣讲相应的政策和规范，以确保企业获得其所需的政策信息。不同场次的宣讲会针对不同企业的政策信息需求，在宣讲会上，前滩社区不仅会根据同场企业的信息需求宣讲相应的帮扶政策，还会详尽回答与会企业的各种疑问。最后，前滩社区在宣讲会结束后会及时总结和整理企业提出的各种问题和诉求，同时对宣讲会的反馈结果进行分析整理，调整企业的需求标签和画像，以便在之后更加精准地向企业提供（政策信息方面的）治理供需匹配。

### （三）综治联动高效回应多元治理情境

不同于传统的乡土社会，现代社会的治理环境存在各种未知风险。农业社会可以通过沿袭各种习俗来应对大多数社会治理问题，其高度稳固的社会关系网络也保障了这一点。然而，现代社会治理遇到的问题是截然不同的。一方面，现代社会相对疏离的人际网络增加了组建治理网络的难度；另一方面，现代社会面临的各种问题往往是单一治理主体无法有效解决的，唯有通过不同治理主体间的通力合作，形成综治联动，才能有效应对各种治理问题。对于前滩而言，密集的商业区也意味着更高的人流和更多的潜在风险。前滩社区建立的汇治联盟的目标之一，便是通过组建治理网络和互助机制，实现综治联动，帮助所有治理主体在多元复杂的治理情境中应对各种突发性问题。得益于前滩社区汇治联盟与相应治理网络的发展壮大，不同治理主体在多次综治联动中也积累起了一定经验，这也进一步增强了前滩社区应对各种治理情境的能力，为当地社会发展和平稳运行提供了必要保障。

根据治理情境，前滩社区的综治联动可分为常规情境下的综治联动和应急情境下的综治联动。前者是指在可预见的情况下，汇治联盟通过识别问题、制定预案、协调治理资源、调动治理主体、采取应对措施，最终解决问题的社会治理过程；后者则是指在突发情况下，汇治联盟以保障辖区内民众和各治理主体的生命财产安全，采取各种紧急措施，应对危机的治理活动。实现综治联动的前提是汇治联盟能够有效分析治理情境中的复杂问题，抓住问题关键并判明解决问题所需的各种治理资源。唯有正确地同时调动联盟内部的各种治理资源源流，才能充分发挥联盟内部不同治理主体专业和资源方面的优势，为综治联动提供必要的资源保障。在综治联动实践中，不同治理主体之间的协同经验也是必不可少的。无论如何完备的预案，要想落到实处，就必须依靠成员之间的密切配合，这种默契只有在实践中才能形成。汇治联盟秉承"养兵千日，用兵一时"的理念，采取多种措施，以提升不同联盟成员在综治联动中的协同效率。

## 三 创新·成效

通过组建和扩大汇治联盟规模、实现供需精准对接以及综治联动，前滩汇治联盟逐渐厘清了各种治理资源源流的脉络，在汇治联盟内部建立起相应的互助共治体系，从而有效回应了前滩社区不同治理主体的治理诉求。汇治联盟在前滩社会治理中取得的成效主要包括：汇治联盟成员数量持续增长、治理资源对接精度不断提升以及综治联动系统趋于成熟。这些治理成效使得涌入前滩的各种治理资源源流得到了充分运用，从而推动了前滩的发展和建设，改善了当地的营商环境，提升了社区的人居环境以及民众的生活水平。

### （一）汇治联盟规模持续扩大

前滩汇治联盟在前滩社区工作人员的不懈努力下，规模持续扩大，参与联盟的治理主体类型也更加丰富。前滩汇治联盟致力于发展新成员，引入新的治理资源源流，吸收和开发当地的治理资源，以形成覆盖前滩的社会治理网络。前滩社区基层工作人员在扩大联盟规模、发展新成员方面取得了显著的成效。仅2021年一年中，前滩社区大联盟成员由2020年的25家增加到56家，成员单位的构成也更加多元，既包含公安、消防、市场监管等公共职能部门，又有与民生息息相关的医疗医药公司、金融银行、隧道股份、教育机构等。可以预见，随着汇治联盟规模不断扩大、治理资源进一步丰富，还会有更多潜在成员加入其中，并成为正式成员。汇治联盟的成员分布如表1所示。

**表 1　汇治联盟成员分布统计**

单位：家

| 类别 | 数量 | 类别 | 数量 |
|---|---|---|---|
| 职能部门 | 10 | 医疗机构 | 3 |
| 居民区 | 6 | 商　业 | 3 |
| 事业单位 | 3 | 企　业 | 13 |
| 学　校 | 4 | 医药企业 | 6 |
| 金融业 | 4 | 公益机构 | 1 |
| 文　体 | 3 | | |

由表1中的数据可知，汇治联盟的成员数量不仅增长迅速，而且类型也更为多样。这意味着汇治联盟正在将更多社会治理源流纳入其协调与调度范围。成员数量的增长与成员类型的多样化不仅意味着作为整体的汇治联盟掌握了更多社会治理资源并能在更加广阔的范围内对其加以调度，运用这些资源解决各种前滩面临的治理问题，回应其成员的治理诉求，而且意味着汇治联盟的特定成员也可以与更多的成员形成互助关系，增进、扩展和补强社会治理网络。目前，前滩汇治联盟仍处于扩张阶段，其所取得的治理绩效增强了其对潜在成员的吸引力；同时，多元化的治理参与主体构成也使那些想要建立互助联系、满足自身治理诉求的潜在成员考虑加入汇治联盟。这样一来，汇治联盟在治理资源的广度和深度上就有了保障，也为后继治理活动的开展奠定了较为坚实的基层。

## （二）治理供需对接更加精准

如前所述，汇治联盟协调调度各种治理资源源流的重要方式之一便是实现治理供需的精准对接。唯有持续且高效地实现不同治理主体之间的治理资源精准匹配，才能及时满足他们的治理诉求，在提升汇治联盟社会治理绩效的同时，增加既有成员对汇治联盟的向心力以及联盟对潜在成员的吸引力。自创立以来，汇治联盟同样致力于实现其成员之间的治理供需精准对接，汇治联盟组织的供需对接活动主要如表2所示。

**表2　汇治联盟供需对接活动**

单位：人次

| 服务单位 | 服务对象 | 服务人次 | 服务形式 | 备注 |
| --- | --- | --- | --- | --- |
| 前滩社区党委 | 前滩社区各企业 | 180 | 线下沙龙及政策宣讲 | |
| 前滩社区党委/隧道股份 | 前滩社区各企业 | 120 | 线下青年交友活动 | |
| 前滩社区党委 | 华二前滩学校 | 2130 | 课后育人 | |
| 前滩社区党委 | 前滩社区各企业 | 60 | 校企社活动 | |
| 三林镇文化服务中心 | 前滩社区各中小学 | 480 | 非遗授课 | |
| 浦东新区前滩消防救援站 | 华二前滩学校 | 710 | 线下消防安全讲座 | |
| 上海市浦东新区市场监督管理局三林所 | 前滩社区各企业 | 20 | 线下沙龙及政策宣讲 | |
| 三林镇企业服务中心 | 前滩社区各企业 | 18 | 线下沙龙及服务提示 | |
| 前滩医联汇——汇治前滩大联盟旗下专题联盟 | 前滩社区青少年 | 840 | 线下急救培训 | |
| 前滩医联汇——汇治前滩大联盟旗下专题联盟 | 前滩社区女性 | 40 | 线下心理讲座 | |
| 前滩医联汇——汇治前滩大联盟旗下专题联盟 | 前滩社区居民 | 16 | 线下口腔健康讲座 | |
| 前滩医联汇——汇治前滩大联盟旗下专题联盟 | 前滩社区各企业 | 90 | 线下健康讲座 | |
| 前滩医联汇——汇治前滩大联盟旗下专题联盟 | 前滩社区居民 | 22050 | 线上居家健康讲座 | |
| 前滩医联汇——汇治前滩大联盟旗下专题联盟 | 前滩社区各企业员工/居民 | 1000 | 疫苗接种助力 | |
| 前滩医联汇——汇治前滩大联盟旗下专题联盟 | 三林镇退役军人 | 83 | 健康义诊 | 服务延伸 |
| 华二前滩学校 | 三林镇各中小学教师 | 100 | 线下教师增能培训 | |
| 隧道股份 | 前滩社区居民 | 38 | 生命故事 | |
| 科思创 | 前滩各企业员工 | 60 | 生命故事 | |
| 杜邦 | 前滩各企业员工 | 60 | 生命故事 | |
| 普华永道 | 前滩社区居民 | 12000 | 疫情期间物资捐赠 | |
| 三林镇团委 | 前滩社区居民 | 520 | 幼儿英语 | |
| 三林镇团委 | 前滩社区居民 | 416 | 尊巴健康运动 | |

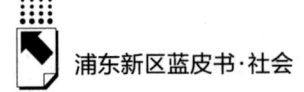

表2中的统计结果表明，前滩汇治联盟的供需对接机制不仅覆盖范围日益广阔，而且其需求识别与对接精度也不断提升。在此基础上，为了进一步发挥汇治联盟的作用，前滩社区每月组织联盟成员单位开展"创治前滩沙龙"活动。每月根据辖区单位的需求，针对性地组织交流分享和资源对接活动，为成员单位搭建进一步深入了解、资源共享、需求对接的平台。自汇治联盟成立至2022年，前滩社区共开展了9期专题沙龙活动，其主题涉及企业服务、前滩生活节、移民融入服务、区域化党建、党史学习、民生保障服务、前滩医联汇筹备、社区阅读等，共为超20家成员单位解决了资源对接、疫情政策解读、外籍入境政策与居留证等问题。这种专题沙龙更好地帮助联盟成员解决了仅凭自身力量难以解决的各种棘手问题，在联盟成员间获得了交口称赞。

起初，汇治联盟的供需对接工作主要局限在前滩的社区、企事业单位。这种小而精的供需对接模式有效培养了联盟内部成员的合作模式，增进了成员之间的信任关系，也为联盟的发展壮大奠定了坚实的基础。但随着汇治联盟的供需对接工作精准度不断提升以及联盟成员的需求不断增长，汇治联盟已逐渐将资源对接的服务范围延伸到三林镇区域。资源对接服务范围的扩增不仅使汇治联盟可以将更多治理资源纳入匹配范围，而且可以为更多需要帮助的治理主体提供服务。对于联盟内部成员来说，汇治联盟的资源匹配服务范围从前滩社区延伸到三林镇，意味着可以与更多新成员建立互助关系，实现治理主体间的互惠互利；对于那些考虑是否加入汇治联盟的潜在成员而言，一个服务范围更广的汇治联盟对他们来说也无疑更具吸引力。

### （三）综治联动机制趋于完备

在综治联动方面，汇治联盟同样在社会网络的支持下取得了较好的效果。2021年，前滩区域先后面对人流疏导、台风预警和防疫工作三项主要挑战。在以上治理情境中，综治联动都取得了预期成效。

在台风预警方面，2021年前滩地区遇到了两次超强台风。为了给居民提供强有力的安全保障，前滩社区党委高度重视防台防汛工作，专门召开联控联防工作会议，联合相关职能部门，建立联勤联动机制。经深入研究和严密部署，与陆家嘴集团在泳耀路511弄设置了临时安置点。在2021年7月下旬台风"烟花"和9月中旬台风"灿都"来袭时，这一安置点如期启用，成功安置了4000多名居民。同时，汇治联盟在应对台风时，还设立单兵（城运通）连线区城运中心，及时反馈现场情况，做好防汛防台工作部署，切实落实人力物力，全力保障安全。

2021年9月30日，前滩太古里正式开业迎宾。临近国庆佳节，三林镇党委、政府高度重视国庆假期与太古里刚刚开业叠加效应带来的大客流应对工作，成立专门工作组，联合陆家嘴集团、世博功能区管委会、交警等部门开设交通秩序一线指挥部，提前发布大客流预警并广泛发布周边交通系统地图及停车指南，呼吁大家绿色出行，共同指挥管理现场秩序，疏导周边交通，有效缓解了国庆期间大客流带来的交通压力，维护了周边交通秩序，提升了体验者的感受度，获得社会公众的好评。

在疫情防控方面，前滩社区将疫苗接种作为2021年度工作重点之一。前滩社区党委积极响应国家号召，广泛发动辖区单位和居民参与疫苗接种工作，得到了积极响应。辖区单位纷纷贡献资源，顺利将疫苗集中点开进企业园区、商圈及居民区，极大地促进了疫苗接种工作。在疫苗接种过程中，汇治联盟的成员发挥了重要作用。陆家嘴集团、前滩派出所、城管大队、世博管委会、晶耀前滩、各居民区、工作站以及前滩医联汇成员单位拜耳医药、瑞泰口腔等通力协作，为疫苗接种提供了场地、安保、人力等重要保障，极大地提高了疫苗接种的人性化和便利化程度，使得前滩社区的疫苗接种工作取得了显著的成效。

## 四 启示·展望

在现代城市治理中，如何在"一穷二白"的新兴城区组织起有效的社会治理活动无疑是精细化治理不得不面对的问题。虽然新兴城区的建立和开发既有大量社会资源涌入，也不乏来自政府的治理资源支持，但这些相对孤立的资源并不会自发地组织起来，并形成有效的治理机制。在大多数情况下，这些治理资源源流彼此孤立地流淌在新兴城区崭新但明显缺乏生机的建筑中。在更糟的情况下，这些治理资源源流还会在无序的冲撞中挤占彼此的发展空间，形成恶性竞争。唯有盘活这些治理资源，理顺不同治理资源源流之间的关系，才能赋予新兴城区生机和灵气。

前滩社区的汇治联盟为融汇新兴城区的治理资源源流提供了一种思路。汇治联盟将党建工作作为切入点，通过党建活动组建相应的社会网络，在织密、织牢社会治理网络，扩大联盟覆盖范围，开发盘活各种社会治理资源的同时，为联盟成员实现治理资源供需的精准匹配，建立可以应对各种治理情境的综治联动机制。作为一个治理平台，汇治联盟无疑起到了盘活、理顺各种治理资源源流的作用，有效避免了前滩蕴含的丰富治理资源处于闲置甚至冲突状态，为前滩的建设发展和当地居民的生活提供了坚实的保障。汇治联盟的成功证实了这种综治平台在新兴城区治理中的实效和潜力。

从长远来看，汇治联盟这种综合性治理平台在融汇各种社会治理源流方面的作用值得重视。但是，如何做好发展联盟成员和维系联盟汇治绩效的工作，仍然在相当程度上依赖基层工作人员的经验和智慧。贸然将前滩经验推广到其他社区，未必可以取得同样的效果。因此，在今后的城市治理实践中，探索一套更稳健、可靠且具有普适性的综治平台建设路径将是汇治联盟发展的重点。这种建设路径首先要包括完整且行之有效的地方治理资源的识别与开发模式；其次要建立制度化、规范化的社区领导干部与工作人员的培养机制；最后则要因地制宜地搭建覆盖区域内其他治理主体的社会网络。

总之，在中国城市化进程不断推进的大背景下，新兴城区的治理资源源流调控仍将是城市治理的热点之一。像汇治联盟这样的综治平台在今后仍然大有可为。相信广大基层工作人员、企事业单位等治理主体和人民群众会用他们的智慧在实践中建立起更多成功的基层治理联盟，高效地实现各种治理资源源流的协调与调度，让这些源流与社会治理需求精准对接，不断滋养城市的每个角落，并为城市整体带来繁荣。

## 参考文献

张勤、宋青励：《新时代基层社区治理高质量发展何以推进？——基于"赋权—聚能—归位"的路径探索》，《行政论坛》2022年第4期。

卢宪英：《紧密利益共同体自治：基层社区治理的另一种思路——来自H省移民新村社会治理机制创新效果的启示》，《中国农村观察》2018年第6期。

黄晓星、蔡禾：《治理单元调整与社区治理体系重塑——兼论中国城市社区建设的方向和重点》，《广东社会科学》2018年第5期。

唐有财、王天夫：《社区认同、骨干动员和组织赋权：社区参与式治理的实现路径》，《中国行政管理》2017年第2期。

胡小君：《从分散治理到协同治理：社区治理多元主体及其关系构建》，《江汉论坛》2016年第4期。

# B.12
# 创新+科技：临港新片区高质量社会服务体系建设

张雯琪*

**摘 要：** 社会公共服务体系建设是促进新城转型升级和产城融合发展的重要抓手，完善的社会公共服务设施建设是提升产业园区综合服务功能、助推园区实现产城融合的重要手段。临港新片区在推进自由贸易试验区建设过程中，围绕"产""城""人"融合发展，通过补短板强优势、创新机制、科技赋能、增加服务供给等手段促进新片区社会服务水平和治理效能提升，助力新片区打造智慧生态、产城融合、宜业宜居的现代化新城。未来几年，临港还要进一步优化智能化平台，加快国际化活力社区建设，不断提高社会服务体系能级和水平，打造高质量社会服务体系的临港样板，也为全国其他地区社会服务体系建设提供临港经验。

**关键词：** 社会服务体系 产城融合 智慧生态 宜居宜业

2019年8月20日，中国（上海）自由贸易试验区临港新片区正式挂牌。设立中国（上海）自由贸易试验区临港新片区，是以习近平同志为核心的党中央总揽全局、科学决策做出的进一步扩大开放重大战略部署，是新时代彰显中国坚持全方位开放鲜明态度、主动引领经济全球化健康发展的重要举措。"为更好利用两个市场两种资源的重要通道、参与国际经济治理的

---

\* 张雯琪，中共上海市浦东新区委员会党校讲师，主要研究方向为社会发展理论。

重要试验田，新片区需要进一步集聚海内外高层次人才，以产引人、以人兴业，全力打造开放创新、智慧生态、产城融合、宜业宜居的现代化新城。为实现新片区发展战略目标，需要高起点规划、高标准部署、高水平推进新片区社会服务体系建设。"

上海市高度重视临港新片区的发展，专门编制了《临港新片区高质量社会服务体系建设规划》《中国（上海）自由贸易试验区临港新片区发展"十四五"规划》等，出台了多项支持临港新片区发展的政策措施。市委、市政府建立机制、倾斜资源、倾斜政策，强力推动临港新片区建设，这些都为新片区的快速发展注入了强大动力。

## 一 背景和缘起

自揭牌以来，临港新片区始终牢记嘱托，以"五个重要"为指引，紧扣"四个打造"的工作目标，锐意改革、开拓进取，各方面工作均取得了比较明显的成效，兑现了"三年大变样"的承诺，呈现了生气勃勃、建设如火如荼的新临港。成立3年来，临港新片区开发建设的各项工作任务跑出了"加速度"，累计签约前沿产业项目超300个，总投资超4200亿元，已诞生了一个千亿级产业集群，世界级、开放型、现代化的产业体系正加快构建。一个具有较强国际市场影响力和竞争力的特殊经济功能区、一座拥有高端资源要素配置功能的现代化新城正走向全球舞台。到2025年，新片区生产总值将在2018年基础上翻两番，培育形成智能新能源汽车、集成电路、高端装备制造3个千亿级产业集群，做大做强生物医药、人工智能、民用航空等先进制造业产业集群。到2035年，整个临港新片区873平方公里，区域生产总值要达到1万亿元，如此高速、高强、高标准的开发节奏，对城市功能建设提出了强烈的需求。

同时，按照上海市委、市政府提出的"五大新城"定位目标，要打造"产城融合、功能完备、职住平衡、生态宜居、交通便利、治理高效"的独立综合性节点滨海城市，离不开高质量的社会服务体系建设。肩负重大使命和职责，临港要以更大格局、更高站位，加快推进高质量社会服务体系建设，走出一条产城融合的发展之路。

产城融合是指在工业生产的基础上，逐步融入文体教育、休闲娱乐、商业服务、政务服务等城市功能，形成功能复合的产业园区，以达到"产""城""人"之间的有机融合发展。产城融合的核心抓手便是公共服务设施的有效供给。同样，临港新片区发展不能唯产业论，要强调城市功能，以产促城，以城兴产，合理配置产业要素和生活功能，提升临港新片区的城市品质和活力，打造建设高质量社会服务体系"临港样板"，助推城市发展。事实上，临港新片区在高速发展和建设进程中，始终将社会服务体系建设放在首要位置，在聚焦推进新片区产业发展的同时，同步加强社会事业和公共服务的统筹谋划和发展，为实现临港新片区更深层次、更宽领域、更大力度的全方位高水平开放提供坚实有力的保障。

## 二 举措和机制

对标世界一流，围绕"产""城""人"协调发展，新片区在制度创新、特殊功能打造、公共服务均衡化、现代化新城建设等领域采取了一系列创新举措。而创新、智慧、生态、韧性、低碳等代表未来方向的理念贯穿临港新片区社会服务体系建设全过程，彰显着高质量社会服务的"临港样板"底色。

### （一）教育先行助推产城融合

为推进临港新片区特殊经济功能区和现代化新城建设，构建具有国际市场竞争力的开放型产业体系，壮大高水平人才队伍，新片区进一步优化教育资源配置，扩大优质教育资源供给，营造良好的教育发展环境，助推产城融合发展。

**1. 推进教育资源优质均衡发展**

在公共服务体系建设任务中，首先要创建优质均衡、开放多元的公共教育服务体系，以满足市民群众和产业人口对于优质教育的期待。为此，新片区采取了一系列措施：加大基础教育资源统筹力度，积极建设与临港新片区人才需求相适应的高水平基础教育体系，支持全市优质学校和师资向临港新片区布局，高起点开办上海中学东校高中部、华师大二附中临港奉贤分校、上海师范大学临港中学等，推进上海中学东校高中部、临港青少年活动中心等重点项目落成及23所公建配套学校开工建设。完善从学前教育到高中教育的体系，增加多层次教育服务供给。

2. 提升教育国际化水平

积极引入国外先进职业教育发展体系和优质办学资源，探索引进国外高水平应用科技高校来沪办学。按需设立独立法人的外籍人员子女学校，推动世界高水平高等教育合作办学，满足多元化教育需求。目前已经引进上海诺思兰顿学校、上海中学国际部和民办寄宿制学校世外教育附属临港外国语学校等不同类型学校，满足多元化教育需求。

3. 打造产教融合示范区

新片区打造教育改革开放先行区的一个重要举措就是率先探索产教融合机制，创建产教融合示范区。制度创新是新片区的优势，围绕产教融合的制度创新，新片区研究并正式印发了全市首项产教融合专项支持政策，建立了全市首项产教融合协同工作机制，并率先启动产教融合项目管理办法研究。

临港新片区正加速聚集各类优质市场主体，以东方芯港、生命蓝湾和大飞机园等特色园区为代表的前沿产业集群正加快建设，区域内的企业对高素质技术技能人才的需求比以往任何时候都更加迫切。2021年以来，临港新片区管委会先后推动国内11所高校与多家重点产业公司签署合作协议，面向临港新片区集成电路、人工智能、先进制造等重点产业领域，共建产业学院、产教融合基地或人才培养基地等重点功能性平台，全力推进技能型人才培养，提升人才供应规模和质量。2022年3月，沐曦集成电路携手清华大学电子工程系一同推进产教融合的培育模式创新，以壮大我国集成电路领域的人才储备。擎翌智能科技携手同济大学城市风险管理研究院，推出了"城市安全系统应用研究中心"，旨在通过协同创新，更好地运用数字化工具携手构建城市公共安全风险防控体系，为城市安全运行提供更多解决方案，推广更多上海经验。

今后，新片区将以高水平产业人才培养服务高质量发展为主线，以促进人才培养供给侧和产业需求侧结构要素全方位融合为重点，加快构建国家产教融合示范区，促进教育链、人才链与产业链、创新链全方位深度融合，为临港新片区特殊经济功能区和现代化新城建设提供新动能，为国家产教深度融合提供新样本。

### （二）数字赋能让城市更智慧

智慧城市代表城市发展的先进方向和高水平的理念，这一理念在临港新片区社会服务体系建设中得到很好集成应用。

2019年11月11日，"临港新片区一体化信息管理服务平台"上线，标志着上海自贸区临港新片区在政务服务和风险防控方面的先行先试探索和率先创新实践正式启航。平台在"一网通办"和"一网统管"两方面的创新实践，大大提升了临港新片区在政务服务与综合监管两方面的能力。

**1. 公共高效服务"一网通办"**

数字政务最初更偏重数字化、信息化。在技术日臻成熟的当下，在临港新片区，这些内容已成为基础，人工智能助推了城市新发展。在"一网通办"场景中，借助AI为公众提供了辅助化服务，人机协同加快了审批服务流程，提高了审批效率。在临港，刚需、高频事项已实现100%线上办理。以"无人干预审批"为例，2022年6月，上海临港供排水发展有限公司的项目经理周艳取得了《临港污水处理厂牌海管工程水土保持方案审批告知承诺行政许可决定书》。与以往不同的是，她在公司全程无纸化网上办结，前后历时仅5分钟，"临港速度"让她惊叹不已。政务服务数据资源门户主要提供统一的数据共享服务平台，其他部门可以直接申请需要的数据资源。同时，利用政务服务数据资源门户，实现对数据对接的全过程监控和已对接数据接口的实时监测。

## 2. 城市运行"一网统管"

临港新片区城市运行"一网统管"从城市运行管理入手，围绕城市运行、经济发展、社区民生、公共安全、公共管理、公共服务等方面，构建"1+1+6"新片区特色城市运行管理体系。立足于"高效处置一件事"，推出符合新片区特色的应用场景。

"一网统管"不仅高效服务市场主体，还能高效发现问题、处置问题。平台以分类监管、协同监管、智能监管为基础，全面反映新片区经济、社会发展运行情况，服务新片区特殊经济功能区建设。"一网统管"最核心的功能是风险防范。比如，针对洋山特殊综合保税区专门打造的全要素、全流程、可视化风险防控系统，可实时掌握洋山港船舶数量、集装箱吞吐量、进出口货值、通关时效等信息。在洋山特殊综合保税区内的企业是否处于正常运行状态，落地新片区的项目目前处于什么阶段，大量的建设工地是否安全有序，在平台上都一目了然，实现一屏观、一屏管、一屏防。升级后的一体化信息管理服务平台，通过构建风险预警模型，形成风险监管应用场景，实现全生命周期实时监测、线索发现、动态预警、核查处置和反馈闭环的工作流程，筑牢精准有效的风险防线。AI 辅助，效率倍增。此外，新片区还打造了智能决策微循环工作台，进一步辅助人工，实现案件发现、派发、处置的自动化、智能化。机器人、无人机、无人驾驶等正成为城市管理力量的延伸。在众多"统管"智能应用中，"AI 边缘计算平台"成为新亮点。

## 3. "AI+技术"统管通办优化城市治理

AI 算法引擎让算法与业务场景解耦。在临港新片区"AI+技术"正助力城市管理精细化。"临港之眼"、无人机组成的城市感知系统，以及城市综合管理系统和社区治理系统，通过观、管、防三个视角作用的发挥，推动新片区的城市治理向数字化转型，感知并守护着城市的每一个角落。

"临港之眼"不仅感观一切，还在画面中以 AR 标签标注低点智感设备、报警柱、景区、公交站等静态资源，后台对接 5G 执勤装备、无人机等活动资源，实时监测是否有异常行为或警情。"临港之眼"发现警情后，指挥中心可在线呼叫附近执勤力量快速处置，或者采用自动派单的方式实现问题的闭环处置。

除了"临港之眼"，新片区还有一个无人机队，作为城市精细化管理的重要辅助手段，灵活机动、快速高效。临港新片区通过七台智能无人机库，建立起了一套全新的智慧城市精细化管理模式，可实现交通仿真推演、无人机自动巡查、建筑工地污染防控、台风灾后灾害评估、旅游趋势预测、垃圾检测、违章停车等。在临港核心城区的70平方公里内，通过云调度和人工智能技术，无人机可替代人力前往区域内的任意地点执行相应任务。比如，在临港31.67公里的海滩，无人机会根据每天的潮汐时刻表，提前20分钟"出勤"，沿着海岸线在30米高的半空中巡检飞行，提醒游客不要停留在即将涨潮的海滩上。甚至基于机器视觉，无人机能识别滞留游客，在其上方绕飞并实时喊话，紧急情况下直接报警请求进一步干预，直到消除安全隐患，无人机才会飞离。在临港新片区，从"主动发现"到"智能派单"再到"处理完毕"的闭环场景很多。滴水湖、上海海昌海洋世界等，这些旅游景点的客流量在工作日和节假日会出现很大差异，而在人工智能的帮助下，当地管理部门就能有的放矢地应对。

"数字孪生城市"也是智慧城市底座中的一部分。临港的"数字孪生城市"主要向精细化方向发展，面向园区、工地等具体化场景。孪生空间内会叠加更多维的数据，在虚拟世界中映射真实世界，预知未来从而影响对真实世界的运行管理。在智慧城市的建设中，临港已从底层的构建城市大脑、数字孪生城市，上升到了如今的统管通办优化城市治理，顶层将会是数字经济的发展。新片区将按照规划继续前进，让更多的人参与智慧城市的建设，让更丰富的技术得以应用，为市民提供有价值的服务。

### （三）创新人才机制打造创新创业的首选地

人才是第一资源，创新是第一动力。千秋基业，人才为本。新片区以超常规创新举措精准引才、系统育才、科学用才、用心留才，举全市之力打造全国重要人才中心和创新高地。

### 1. 创新用人机制，全力支持人才就业创业

临港新片区作为海外人才国际创新协同的重要基地，在人才政策方面进行了一系列改革。着力优化临港人才结构。3年来，临港新片区建立起了包含24项政策的"1+12+11"开放型制度体系，使人才从业更加开放便利、人才创新创业氛围更加浓厚，各方面优秀人才更加蓬勃涌现，新片区的人才服务也更加多元精细。

2019年，市人社部门聚焦新片区这一国家战略，围绕新片区重点产业需求，研究提出了人社领域一揽子特殊支持政策。先后赋予新片区人才落户自主审批权、重点机构推荐权，缩短居转户年限，降低居转户评价标准，升级居住证积分专项加分政策，加大技能人才引进力度等，新片区已成为全市人才引进政策最优、力度最大、自主性最强的区域。在此基础上，新片区管委会也出台了一系列配套支持政策和服务，持续优化引才综合环境，提升引才服务水平。

2022年8月12日，上海自贸区临港新片区发布《临港新片区完善社会服务体系 加速人才集聚行动方案（2022~2025）》，进一步明确，临港新片区将以科技创新为驱动，提供和出台导入各类人才的一系列相关配套资源和政策，致力于将临港新片区打造成为具有全球影响力和竞争力的人才高地。方案提出，将构建形成"一极一带"人才发展空间布局，聚焦集成电路、生物医药、人工智能、民用航空、智能新能源汽车、绿色再制造等前沿重点产业，大规模引育海内外高层次人才和优秀青年人才。

### 2. 全面实施人才引进战略

在人才引用上，拿出硬招实招，围绕人才"引、育、用、留"全链条全环节抓人才工作，让人才真正落户扎根，让人与城相互成就。为了使海外人才"进得来、留得住、干得好"，新片区以实施自由便利的人员管理制度为主线，积极探索更加开放便利的境外人才出入境、停居留和从业政策，全力引进海外优秀人才。全国率先试点电子口岸签证机制，海外人才只需通过电子化系统确认签证信息便可直接入境；率先放宽五年居留许可限制条件，累计办理最长5年居留许可113人。在全市率先实施更加便利的工作许可政

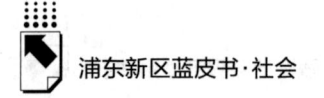

策，累计自主审批并核发来华工作许可427份。放宽境外人才从业限制，放宽外籍留学生和外籍高校毕业生创业条件等。

对职业技能人才的引进力度也在不断加大。临港新片区成立第一年，许多企业家、专家呼吁，这座新城不仅需要高端紧缺人才，更需要广大产业工人。新片区及时响应呼声，聚焦重点产业布局，独立制定并发布涵盖23类49个工种的首批技能人才引进目录；对目录外紧缺技能岗位人才，率先探索经行业代表性企业自主评定职业技能等级和推荐后，纳入引进范围。凭借政策，上海第一机床厂的磨工技师魏良斌等原先无法落户的技术人才，走通了这条路。

激励机制上，全国首个启动片区性人才企业年金计划。2022年2月，临港新片区还启动了全国首个片区性人才企业年金，通过资金激励、制订相关企业和人才准入标准，吸引更多企业和人才参与。在竞争激烈的当下，对人才而言，自我价值实现和长期稳定发展对于择业就业是重要的考虑因素之一。人才企业年金的发布，将引才留才的时间跨度拉长，将人才保障的功能延展，对吸引、稳定、激励人才起到关键作用。年金计划将通过给予人才个人账户资金激励、优化设计个人缴费梯度差、完善权益归属和基金管理机制等，让临港的"打工人"成为"合伙人"，共享临港新片区改革发展的长期红利。让人人都有人生出彩机会——这表达的是临港新片区打造人民城市样板间的核心理念。

临港新片区不断探索人才政策，深化人才发展体制机制改革，通过一系列政策、做法，形成了各类优秀人才近悦远来、纷至沓来的态势。3年来，临港新片区人才总量已经突破9万人，累计引进、落户人才达到2.84万人，集聚各级各类高层次人才专家210余人、海外人才1500多人，发挥了创新政策的巨大磁吸效应。

### （四）践行大生态理念让城市更宜居

临港新片区始终对标最高标准、最好水平，积极突破城市环境建设瓶颈，以"生态、生产、生活"融合发展为工作导向，努力把绿色生态塑造成为城市软实力的重要标识,全力打造人与自然和谐共生的韧性、绿色之城。

**1. 建设生态韧性海绵城市**

衡量一座城市的精细化管理水平,就要考量其"落细落小"的能力。2016年,临港新片区被列为上海首个国家级海绵城市建设试点地区,也是全国目前30个试点城市中面积最大的。6年来,临港新片区用"大生态""大环保"的理念,将海绵城市理念融入临港城市建设总体布局,一批海绵城市试点项目陆续建设完成。其中包括500公顷公园绿地、200多公顷小区海绵化改造、56公里生态型河道改建等内容。按照国家"渗、滞、蓄、净、用、排"的六字方针,临港提出了"源头减排、过程控制、系统治理"等海绵城市建设实施策略。在滴水湖核心片区继续保持相对较高的海绵城市建设指标要求,打造高品质海绵城市示范区。海绵小区、海绵校园、海绵道路、海绵公园,每一处"海绵设施"不仅是颜值担当,还是实力担当。

海绵型小区。海绵城市改造前,已建小区普遍存在雨污混接、道路或停车位破损、局部地区易积水等问题。小区海绵化建设按照屋面雨水、路面和停车位雨水等不同来源对径流雨水进行区分,因地制宜选用雨水花园、高位花坛、透水铺装、地下调蓄净化设施等各类海绵技术措施及其组合,就地对雨水进行消纳和净化,不仅解决了小区道路或停车位破损、局部地区易积水的问题,还能够减少降雨高峰时段向小区外雨水管道排放的水量,有效减轻下游排水压力。海绵型道路。临港试点区新建、改建的海绵型道路现已建成并投入使用,台风暴雨下发挥了良好的源头减排和过程控制作用。海绵型道路是在人行道和非机动车道采用透水铺装,透水铺装能够使雨水迅速渗入地表,减少排入雨水管网的雨水量。大量雨水通过透水铺装,被引入路边旱溪,传输到雨水花园和人工湿地中,避免雨水长期滞留在道路内。新片区海绵公园的典型是星空之境海绵公园,其为中国第二批海绵试点城市的重点示范项目之一,也是上海首个国家级海绵城市建设试点项目。星空之境海绵公园可称得上"海绵城市"建设的"样板间",集海绵功能、休闲娱乐、生态绿色于一体,除采用透水铺装、雨水花园等典型海绵设施向公众展示初期雨水净化、雨水蓄存及生态净化补水等常规海绵功能外，公园还精心打造了景观生态廊道、海绵生态湿地、城市雨水滞蓄净化、智慧水务平台等一系列特色海绵系统设施。在确保公园排水防涝安全的前提下，最大限度实现雨水在城市的自然积存、自然渗透、自然净化，促进雨水利用和生态保护，并在需要时将蓄存的水释放并物尽其用，整个公园就是一块绿色的"大海绵"。

"渗透"是海绵城市建设的核心理念之一。透水地面不仅能使雨水迅速下渗，补充地下水，保持土壤湿润，还能吸收地面扬尘，缓解城市热岛效应，夏季比常规路面更加凉爽。下渗的雨水通过透水地面及下部垫层的过滤作用得到净化，进一步维护了地下水质量及土壤的生态平衡。如果说，过往时代雨洪管控体系依靠的是畅通的下水道，那么，如今的临港新片区融入了科技理念的"海绵"，代表的则是未来环保趋势中的一种"城市韧性"。强大的雨洪管理能力让城市像海绵般呼吸自在，韧性与弹性的生态空间令城市生境充满活力。一呼一吸间，水资源、水生态、水环境的美丽图景正化为普惠民生的美好现实。

**2. 打造综合利用的无废城市**

《临港新片区"无废城市"建设实施方案》提出，到2025年，临港新片区将通过"无废城市"建设试点，统筹新片区内高新科技产业、生活、农业等领域各类固体废物的收运、利用与处置管理需求，打造韧性、绿色、共享的"无废新城"。为实现建设目标，临港新片区将紧密结合自身特点，在产业、生活、建设等方面强化顶层设计。其中，在产业方面，通过准入制度、绿色工厂和绿色供应链创建、清洁生产审核、循环包装及企业固体废物产排量定期公开制度，降低工业固体废物产生强度；积极支持新能源汽车废旧动力电池的梯次利用和再生利用。在生活方面，通过低碳社区的示范及"无废细胞"的创建，在办公、消费、游憩等各类活动中减少废弃物的产量；通过再生资源集散场的建设和配套政策完善，深度推进资源回收体系"两网融合"。在建设方面，大力推广低能耗、绿色建材、BIM技术、全装修及装配式建筑，打造低碳社区。通过堆坡造型、园林种植等对工程渣土进行再利用,在区域内实现土方的平衡。

同时,做好新建城市固废设施空间规划,实现集约共享。将需要在新片区建设的固废转运、资源化利用设施集中在综合体进行建设,对象涵盖生活垃圾、建筑垃圾、绿化废弃物,并统筹考虑一般工业固体废物,集循环再生、集散收运、设备运维、应急救援、环保教育等功能于一体,实现空间上和功能上的集约共享。比如,通过堆坡造型、园林种植等对工程渣土进行再利用。力争做到在临港区域内产生的渣土,全部在临港内部消化处理。

在建设"无废城市"的同时,"十四五"时期,临港新片区坚持大生态要素统筹,充分发挥绿林系统在优化城市生态功能和提升市民生活品质中的重要作用,优化绿地林地网络布局,构建韧性生态基底,提升新片区绿地和林地空间品质,构建"城在园中、林廊环绕、蓝绿交织"的生态网络格局,为市民提供优美和谐的生活空间。

### (五)高品质配套服务营造宜居宜业环境

一座城市是否具有吸引力主要在于其是否宜业、是否宜居、是否宜游。就业、教育、医疗、住房、环境、文化生活等,是与人民群众息息相关的民生领域,其中的每一项都是提升城市吸引力不可或缺的因素。基于此,新片区坚持从支持创业就业、教育医疗、居住环境等方面不断发力,全方位推进新片区民生建设,奋力打造更加美好的家园。

1. 安居住房方面

通过优化人才公寓、公租房、先租后售公租房等多层次人才租房体系,努力满足人才的阶段性住房需求。同时,实施人才安居政策。出台实物保障与货币补贴并举、普惠扶持与重点支持并重的人才住房保障政策,建立人才租房补贴、前沿产业人才安家补贴、优秀人才购房补贴等相互衔接的人才安居保障体系。租购并举的住房体系和安居保障政策,让人人都能拥有归属感和认同感。

2. 民生设施与服务

多点发力,不断提升供给与服务水平。新片区大力推进学校建设,完善教育配套设施、健全教育服务体系，与上海交通大学、华东师范大学、上海师范大学等高校合作开办附属基础教育学校。新开办明珠小学、上海中学东校、上师大附属浦东临港小学等13所学校，义务教育阶段学校集团化办学覆盖率达100%。在医疗卫生服务体系方面，健全公共卫生体系，优化医疗资源布局，打造高品质医疗服务体系。以市第六人民医院为核心的医疗联合体加上卫生服务中心、社区医院的多元化、多层次医疗体系已初步形成。高效畅达、便捷绿色的综合交通网络，全覆盖、多层级、国际化的社会公共服务体系，营造了高品质、有温度的生活环境。

临港日新月异的变化，吸引着各方人才在这里安家落户，成为新一代临港人。临港公共服务建设的速度彰显现代化新城建设的温度。

## 三 成效和经验

临港新片区对标一流，补齐城市建设短板，不断提升公共服务能力和城市能级，推动产城融合发展，在新一轮城市竞争中占先机，为现代化新城建设提供坚实的基础。临港新片区城市品质提升的三年，也是临港新片区公共服务水平大幅提升的三年，片区社会服务体系建设的各个方面取得了明显成效。临港新片区的举措和做法对于其他新城建设具有重要参考意义。

### （一）临港新片区社会服务体系建设取得的成效

临港新片区实施了多样化的社会服务创新举措，形成了具有代表性的实践样本，在社会、经济、城市建设等领域取得了显著成效。

#### 1. 人民群众幸福感不断增强

临港新片区坚持需求导向、科技赋能、建章立制、系统服务，持续探索超大城市治理新路，以高水平服务、高效能治理助力高质量发展、赋能高品质生活。3年来，新片区聚焦人民群众高品质生活需求和高水平产业发展需要，高标准建设城市基础设施，围绕优化教育和医疗、促进生产生活文化休闲、打造绿色生态环境和加强城市精细化管理等方面，不断提升城市服务功能。社会服务体系逐渐完善，服务主体和服务业态更加丰富，线上线下服务机制更加融合，精准化、精细化、智能化水平持续提升；吸纳就业和高层次人才能力不断增强，公共服务均等化优质化水平明显提升；高品质的景观、顺畅的交通、便捷的服务、丰富齐全的游乐设施，使得人民群众归属感、获得感、幸福感、安全感不断增强。

2. 营商环境不断优化

临港新片区紧扣打造"创新创业首选地"，在市场化、法治化、国际化的一流营商环境建设方面展现了新作为。推进"放管服"改革，先后分两批集中承接市、区两级行政审批和行政处罚等事权1170项，率先实施商事主体登记确认制改革，建立特色营商环境指标体系。设立临港新片区法律服务中心，引进境内外知名法律服务机构。启动全国首个区域性人才企业年金计划，在国内人才引进落户、外籍人才停居留、人才安居保障方面实施了更大程度的优惠。建立新片区一体化信息管理服务平台，集中行使市、区两级1215项行政事权，企业投资项目承诺制改革极大地加快了投资项目的建设进度，良好的营商环境已经成为临港新片区的重要竞争力和吸引力。

3. 城市服务功能不断提升

在高标准建设的新片区，以科学合理、适度超前的理念布局规划生产、生活、人文生态空间，高端智慧化的公共服务设施配套成为吸引产业和人才加速集聚的"法宝"。新片区在社会服务体系建设上走出了内涵式、集约型、绿色化的高质量发展路子，不仅把好水好风光植入城市，更是把绿色、韧性、宜居、宜业、宜乐、宜游的先进理念融入城市，生态临港更具韧性、更可持续。人与自然更加和谐，天蓝地绿水清的生态环境更加怡人。对外交通更加快速畅通，对内城市功能更加完善周全，开放创新、智慧生态、产城融合、宜业宜居的现代化新城已经初步显现，城市服务功能不断提升。

(二) 经验与启示

临港新片区在高质量社会服务体系建设中走出了一条创新之路，而创新、智慧、生态、韧性、低碳等代表未来方向的理念贯穿临港新片区社会服务体系建设全过程，彰显着高质量社会服务的"临港样板"。具体而言，临港新片区社会服务体系建设的经验启示主要包括三个方面。

1. 需求导向是增强公共服务精准化关键所在

公共服务改革要遵循问题导向，以满足公民和企业需要为目的。人是城市活力的关键，只有在建设过程中不断满足人的需求，为人的发展提供更健全的基础设施、更全面的生活服务，城市才能成为真正的美好聚居之地，才能吸引更多的人群流入，进而增强城市活力。新片区成立以来，始终坚持"城市是主场，企业是主体，市民是主人"的发展理念，在人口导入、优化人口结构的过程中，坚持以"人的需求"为牵引，针对特定的城市目标人群规划合理的城市配套、功能布局以及环境设计对应方案，打造以人为核心的高品质生活环境和舒适的工作环境，形成"以城聚产、以产聚人、以人兴城、产城人融合"的发展模式，走出一条高品质新城发展道路。

2. 制度创新是高质量社会服务建设的动力源泉

临港新片区是改革开放的"试验田"，突破创新是临港发展的内在生命力。临港新片区通过以制度开放为导向的全方位开放举措，对境外人员、跨境资金、金融服务等领域的准入进一步改革放权，与国际市场全方位接轨。除市场准入环节外，临港新片区在营商环境塑造方面开展了一系列创新探索。在全市率先推出"一业一证"，实施"证照联办"和单一综合窗口建设，进一步优化企业办事流程，提高政府办事效率。临港率先形成了一站式全流程审批服务新模式，创造了审批验收服务等多项新纪录，体现了"临港速度"和"临港温度"。在"一个月洽谈、三个月拿地、六个月开工"的政府服务理念下，临港新片区成为营商环境高地。速度的背后是临港新片区全力推进的"放管服"改革，简政放权的减法，换来办事速度和体验的加法，创新为产城融合发展提供源源不断的动力。

3. 智能化是高质量社会服务体系建设的支撑

智能化手段，支撑着科学化的服务理念，也推动着高质量社会服务建设。换言之，现代城市治理要运用现代信息技术手段来提升治理能力与服务水平。临港一体化信息服务平台得益于信息技术和大数据的共同加持，以具体场景为基础,科学设计各种算法和数字模型,根据精准服务平台运行过程中产生的海量数据和报错数据,形成了以政务服务与城市管理为核心的社会服务体系网络,从而实现了精准服务、精细化治理。

着眼于服务便利、运行高效,打造一体化的信息平台。临港新片区"一体化信息管理服务平台",不仅高效服务市场主体,还能高效发现问题、处置问题和防范风险,实现"一网通办""一网统管"。平台能借助信息化流程方便企业办事,使审批服务事项得以全程网办,大大减少企业跑窗口次数;再造办事业务流程,整合了分散式信息系统,把"以部门为中心"转换为"以企业为中心"。平台借助信息化流程,将特斯拉项目"签约后17个月就投产"、新奥燃机项目"5天4证"等"经典案例"的流程,固化为可复制、可推广的标准模式。通过科技赋能,推进整体智治能力和服务能级提升,不仅可显著提高管理效率而且能节约管理成本。

打破壁垒,实现共建共享,促进服务能级提升。一是要加快推进部门间信息共享和业务协同。通过互联的网络平台调动公共服务资源,打开公共服务传统供给方式所存在的部门分割、资源约束、协作困难等服务管理死结。二是完善大数据条件下公共服务供需耦合机制、信息整合机制、决策创新机制、跨部门资源共享与协作机制、电子政务平台信息互动机制,为实现社会公共服务供给的精准化提供基础支撑。

## 四 对策和建议

随着产城融合的快速发展,临港新片区人口结构、产业格局等方面将发生新的变化,到2025年,临港常住人口规模将达到80万人左右。城市人口加快集聚、大量高端人才的导入及人才比例逐渐增大,对不同层次生活与服务的需求不断放大,以"15分钟服务圈"为基本单元的各类社区服务配套设施,及高端个性服务需求量将爆发式增长。适应新片区人口发展和产业创新需要,亟须加速推进城市公共配套设施建设,进一步提升社会服务体系的能级。

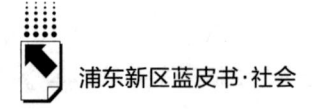

临港新片区产城融合的一个突出特点是国际化水平高。新片区成为高新产业发展之地，集聚了一批全球顶尖企业和国产领先品牌。通过引进高新产业、吸引众多高品质人才涌入，临港将汇聚大量高知分子、海归精英、科创人才，塑造城市精英生活圈。未来更将新增超千家高新企业，国际专业人才将导入，必然会形成独特的人文居住环境，这势必会对既有的公共服务体系提出新的要求。临港未来的社会服务要综合考虑本地居民、产业人口、国内外人才等各类人群需求，打造多元化、复合型、全天候的城市发展新空间，建构符合新片区定位和特点的社会服务与治理模式。

针对临港新片区产城融合过程中社会服务体系建设面临的新问题，应从以下三个方面进一步推进。

## （一）加速推进治理数字化进程

在社会服务体系建设上，临港新片区的目标就是要打造开放创新、智慧生态、产城融合、宜业宜居的现代化新城。对标国内外城市建设的最高标准、最好水平，在提升城市服务和治理现代化水平领域先试先行、创造经验，是理所当然的要求，是亟须落实的重要事项。

### 1. 提升城市数字服务能级

依托新技术，以智慧城市、宜居城市建设为机遇，打造具有临港特色的城市治理和服务新模式。依托全市"一网统管"平台，采取人工智能、智能安防、大数据等现代科技手段，推动城市治理由人力密集型向人机交互型转变、由经验判断型向数据分析型转变、由被动处置型向主动发现型转变，创建"净畅宁和美"的全球一流宜居城市。不断探索"AI+智能预审""AI+综合监管""AI+政府服务"，打造个性化、精准化、主动化、智能化的政务服务新模式，实现"一网通办"服务从"通办"到"智办"的转型升级。

加速"AI+"多元应用场景落地，推动无人驾驶、智能工厂等应用示范，重点打造智能网联汽车车载试验区，建设城市级智能服务 AI 试验场。重点在智慧交通、数字园区、智慧工厂、数字文旅和数字校园等领域，打造典型数字孪生城市示范场景，打造安全、顺畅、和谐的全球一流宜居城市。

2. 推动生活场景数字化，提供线上线下融合的社区生活服务

构建智慧化社区生活场景，提升居民生活品质。创建一批智能医联体服务平台，探索"互联网+医疗健康"服务模式和运行机制。发展数字教育，打造以智能物联、在线教育为特点的示范学校。推进数字社区生活服务圈建设，提供教育培训、远程诊疗、日间照料等服务。推进实体旅游资源发展线上数字化体验产品，如数字天文馆、数字少年宫等新型数字平台。结合临港地标性建筑，建设临港新片区旅游公共服务平台，如智能停车、多语种伴游、沉浸式观景、线上旅游营销等应用场景，打造多彩数字生活，创示范标杆。

（二）创建"家门口"综合服务样板间"湖畔汇"

加速推进社区治理数字化进程，打造社区建设品牌。为实现优质的"家门口"服务，在全面推进"家门口"服务设施建设的基础上，以新片区核心区环滴水湖区域为重点，探索打造线上线下融合、面向未来的"家门口"服务示范项目"湖畔汇"。结合临港特色，聚焦重点产业发展需求，聚焦劳动就业保障等相关领域，推进线上线下并行、服务治理共驱的产城融合治理样板。以社区云、随申办旗舰店建设为抓手，开发体现新片区特点的线上服务品牌。基于面向未来的工作生活方式，复合设置各类社区服务功能，打造具有临港特色的"家门口"多功能厅。推动社区"互联网+"养老、托育、医疗、家政等多种公共服务全面发展与信息资源集成，加快社区公共服务设施设备智能化升级改造，如创建一站式集成电子健康档案、智慧养老、数字图书馆、个人学习账户等数字资源，同时在线下空间综合运用各类智能化手段，提升"家门口"服务的便利性和可及性，打造服务载体多样化、服务平台智能化的"15分钟服务圈"。

（三）建设国际化活力新社区

以顶科社区为示范点，加快推进国际化活力社区建设。国际社区不同于

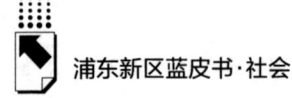

一般社区，是集科研、居住、公共服务等元素于一体的综合社区。不仅要为社区内的工作、生活人群提供优质的生活服务配套设施，还要为他们提供优质的科创研发配套服务。一是要围绕国际创新协同功能，聚焦生物医药、人工智能、新能源、新材料、量子通信等领域，打造全球前沿科学策源地，重点为前沿科学策源功能配套相应的商务会展专业服务设施，为顶尖科学家和科技创新人才提供精准的生活配套。二是完善各类生活服务配套。统筹平衡区域内配套设施，结合"15分钟服务圈"理念，引入便利国际人士生活的相关设施和服务，布局各类公共服务和基础教育设施，为社区生活提供完善的配套服务保障。三是在两个国家战略的叠加效应的大背景下，探索并率先实施国际协同区自治管理和服务。探索国际化、现代化、科学化的现代治理，提升现代服务的时效性、精准性，加强资源需求导入与行政事权下放，鼓励中外居民参与公共事务，增强社区归属感和认同感。

临港社会服务体系建设目标明晰：国际风、未来感、海湖韵。未来的临港新片区，将持续彰显改革开放高地的澎湃活力，以高水平开放为最大红利，以科技创新为强大动力，以新兴服务业为特色优势，建设智慧、低碳、韧性的现代化新城，一定会让更多的人心向往之。

# B.13
# 城中村治理：从空间失序迈向规范治理

魏程琳*

**摘　要：** 城中村是产城融合的重要空间载体。城中村作为外来人口集中居住之所，面临着基础设施落后、人口超载、违建、群租、违规生产经营等问题，成为城市有效治理的洼地。浦东新区采取城中村改造、"五违四必"、群租治理、集中物业管理、租赁制度建设等举措，削减城中村违建空间和降低违规居住人口，一定程度实现了城中村的规范化治理。未来城中村治理应强化租客视角的行动框架，采取包容性城中村改造方案，提升多元主体的治理参与和治理获得感，体现城市温度。

**关键词：** 城中村治理　空间失序　规范治理　城市温度

城中村是在城市空间重构过程中，受城乡二元管理制度、城乡二元土地制度影响而出现的特殊空间[1]。城中村因靠近城市商业区或产业园区，且住房价格低廉，成为外来人口集中居住之地，存在环境恶劣、缺乏公共服务、贫困人口集聚、犯罪率高等社会问题[2]。推动城中村更新、提升城中村治理水平，是改善居民生活条件、提升产城融合程度、消解城中村治理难题的重要举措。

---

\* **魏程琳**，同济大学政治与国际关系学院副教授，主要研究方向为城乡社会治理。
[1] Feng, J., Zhou, Y., Wu, F., "New Trends of Suburbanization in Beijing since 1990: From Government-Led to Market-Oriented," *Regional Studies*, 2008, 42 (1): 83-89.
[2] Zhang, L., Zhao, S. X. B., Tian, J. P., "Self-Help in Housing and Chengzhongcun in China's Urbanization," *International Journal of Urban and Regional Research*, 2003, 27 (4): 912-937.

2019年11月，习近平总书记在上海考察时强调，"无论是城市规划还是城市建设，无论是新城区建设还是老城区改造，都要坚持以人民为中心"。2020年8月，习近平总书记在主持召开长三角一体化发展座谈会时强调，旧城区改造"这件事涉及群众切身利益和城市长远发展，再难也要想办法解决"。2022年6月25日，在中国共产党上海市第十二次代表大会上，李强同志指出要加快形成"中心辐射、两翼齐飞、新城发力、南北转型"的空间新格局，加快老旧小区、城中村改造，提升人民群众的居住品质。

# 一 工作缘起

2020年，浦东新区常住人口总量达568.15万人，户籍人口达312.61万人，非户籍人口达255.54万人。浦东新区有12个街道、24个镇、1007个居民委员会、358个村民委员会，其中具有城中村形态的村庄有200个左右。城中村外来人口密集、房屋老旧、基础设施薄弱，面临着公共服务超载等问题，给城市社会应对突发事件带来挑战。

## （一）城市开发中的城中村

城中村面临的治理难题具有全球性，它首先表现为居住失序。城中村空间通常是亲属网络、所有权体系和租赁关系的复杂组合物，这成为其难以有效治理的关键成因。上海的城中村主要有四种类型：①征地遗留型，征地之后因项目资金不足等原因遗留下来的城市边角地带，成为穿插在城市高楼大厦之中的城中村；②房地产开发遗留型，作为"毛地"出让给房地产，房地产商因拆迁难度大而遗留下来的边角地；③规划实施滞后型，土地虽早已征收，但因项目资金或规划控制区域问题而未进行拆迁；④产业开发遗留型，前期城市开发以零星引进项目进行点状开发，形成厂中村、城中村[①]。

---

[①] 上海市国土资源调查研究院课题组：《全面推进上海"城中村"改造土地政策研究》，《科学发展》2013年第5期。

浦东新区城中村的类型以第四种为主，以街镇、管委会或经开区为主体的产业发展模式，产生产业园区点与点之间的未城市化地带——城中村。城中村成为产业园区工作人员以及附近小服务业人员的重要居住地。

### （二）城中村居住治理难题

城中村是城市开发建设过程中形成的特殊空间，其产权复杂性、空间不规范性和人口产业的多元性，给城市规范治理带来难题。通过调查问卷可知，浦东新区城中村治理问题主要集中在外来人口居住上。一是房屋老旧、基础设施落后，消防安全设备以及公共厕所、绿化等服务资源稀缺，基础设施承载力有限，过度的人口集聚带来空间超载。二是空间建设密度高、容积率低，空间内容多样（附近通常有餐饮店、菜市场），空间不规则化程度高，政府开展管理和服务的难度大。三是流动人口集聚带来群租、非正规生产经营等现象，日常生活中的飞线充电、乱停车问题突出，导致违规活动日常化，城市执法任务很重，根本忙不过来。四是因房东、二房东、外来人口在居住生活方面利益一致，城中村的规范化治理政策往往受到各方面的抵制和规避而难以落地。泥城镇某村毗邻彭镇工业园区，随着周边工厂兴起成为外来人口集聚的城中村。该村周边除了中集洋山、上海汽车、上海电气和特斯拉超级工厂，还有大量在建工地。以产业工人和农民工（建筑工）为主的外来人口租住在周边的村庄。但外来人口流动性大，村庄内有的闲置厂房被改造成居住点，群租现象突出。城中村的农户分散出租房屋，又有二房东群体参与租赁服务活动。由于农民私房出租（群租）没有明确的法律规定和专门的管理部门，城中村居住空间治理找不到抓手。

城中村是城市应急治理体系的薄弱环节。2022年4~6月，浦东新区新冠肺炎疫情相对高发的城中村有72个，涉及人口23.3万人。这些城中村老旧住宅多、人口密度大，居住条件和卫生环境比较差，居民共用厨房、卫生间的现象普遍。不完整的居住生活空间，加大了疫情传播风险，使得城中村成为疫情防控的重点和难点。

2022年5月，浦东新区人民政府印发《浦东新区加快经济恢复迈出引领区建设更快步伐实施方案》①，明确提出要加快城中村改造工作。要求区政府部门和各街镇，针对批发市场、老旧小区、城中村等区位制定改造方案，加快城中村的拔点、改造工作。随后，浦东新区采取分类治理：加快拔点已有规划和项目覆盖的非保留村，优化改造尚无规划和项目覆盖的非保留村，不断提升规划长期保留村的品质。本文着重梳理党的十九大以来，浦东新区在城中村治理上的举措机制，希望为全国其他地区的城中村治理提供经验参考。

## 二　浦东新区城中村治理的举措机制

针对城中村违建、群租、人口超载等问题，浦东新区通过治理违建房、群租房，完善租赁制度，集中物业管理权等方式，推进城中村空间规范化与人口减量化，努力提升空间价值和空间治理效度。

### （一）消除违建空间

消除违规空间是城中村实现规范治理的基础。经过2022年上半年的疫情，城中村人口多元、公服资源薄弱等问题引起政府高度关注。2022年6月起，浦东新区以北蔡等城中村违建整治为起点，"整理""管理""治理"三管齐下，全面推进"五违四必"环境综合整治工作。环境综合整治除了聚焦城中村，还关注存量违法建筑、违法用地、违法居住等空间的治理和改造。

一是成立工作专班。为如期实现城中村空间整治目标，各街镇成立工作专班。例如曹路镇明确规定，工作专班由处级领导带队包干，从各部门抽调精干力量组建工作小组，形成"包干领导+中层干部+专班联络员"的城中村治理攻坚模式。该镇聚焦农村自建出租房乱象，深入开展无证建筑的分类梳理工作，截至2022年9月，该村已拆除违建点位225处，面积达16059.99平方米。

---

① 浦东新区官方网站，https://www.pudong.gov.cn/azt_zcfg/20220530/676815.html。

二是依托数据治理。浦东新区城中村治理逐渐建立起"五违"数据库，对违法建筑、违法用地、违规居住、环境综合等问题点位进行全面排查，形成问题整治数据库，并保持动态更新，为全面整治城中村违建打牢基础。张江镇政府还依托居村民自治监督举报群租、违规出租、违规经营等现象，形成政社敏捷联动治理机制。

三是增加租赁性住房。城中村为新上海人、产业工人、低收入群体和外来灵活就业人员提供了居住空间。从城中村转移出来的租住需求如何满足？为做好空间整治和公共服务有机衔接，浦东新区正大力推动职工宿舍、人才公寓等租赁住房供应，还准备在产业集聚、商业集聚、交通枢纽区域加大保障性租赁住房筹措力度，切实改善一线产业工人、引进人才等目标群体的阶段性住房困难。

截至2022年9月底，浦东新区"城中村"百日攻坚活动已完成整治点位682处，面积66738.16平方米，点位完成率为97.01%（任务目标95%），面积完成率为100.14%，全区无证建筑数据库内拆除量为1005处、15.66万平方米。浦东新区准备通过为期2年的环境综合整治行动，推动全区城中村面貌显著提升[①]。

## （二）减少违规居住人口

房东或二房东违规扩建、改造居住空间，增加了居住空间规范治理的难度。二房东从农户手中低价租赁房子，通过自营的房产中介或熟人关系向外来人口出租。在二房东的作用下，原本2层6间的农房被改造变成10~12个房间，原有的阳台、厨房、客厅都变成小房间，居住人口从原来的四五人，变成近20人。20人在一栋房屋内生活起居，生活空间资源的紧张度、消防安全的风险度随之增加。

城中村的二房东通常不是本市人，不在本地居住。二房东的核心利益是赚取房租差价，并不关心租户生产生活给村庄带来的问题。违规居住人口乱

---

[①] 《浦东城中村改造百日攻坚显成效》，https：//www.jfdaily.com/news/detail？id=532381。

扯电线、乱停车辆、违反垃圾分类等问题，皆转嫁给村民和村干部。租客生活成本外溢，给周边农户带来噪声、占用停车位、路面保洁等难题，成为群众投诉较为集中的一个领域。

张江镇被称为张江科学城的后花园，这里为许多科学城从业人员提供了优质便捷的居住环境。然而，由于居住需求量巨大，张江镇城中村、拆迁安置小区和城郊村都饱受群租困扰，部分动迁小区群租率甚至超过80%，在该镇从事房屋出租的二房东一度超过2000人。2018起，张江镇启动整治群租的"拔点工程"，为全镇89个小区建立独立档案，掌握每户群租房的基本信息、整治进展、出租合同以及视频档案。截至2020年6月，张江镇共整治了20084套群租房，做到了所有过程全部公开透明，所有的群租整治采取同一个标准，整治效果取得小区居民认可[1]。张江镇探索出的"以房管人"的群租治理经验在全区和全市获得推广。

针对疫情期间群租房防疫治理难的情况，浦东新区合庆镇于2022年7~9月，在全镇范围梳理出240个重点整治点位，并向当事人发放了整改告知书。在此过程中，合庆镇积极探索制订"以房管人，以面积定居住"的相关规定，落实"一房一方案一验收"的要求。同时，运用村民"四议两公开"方法推动房屋出租行为纳入村民自治公约，实现以村民小组为单元的扁平化管理，努力构建"环境适宜、人口适度"的良好农村人居环境。

### （三）集中物业服务管理权

物业是社区治理的"三驾马车"之一。物业部门直接服务社区居民，承担着社区治安、环境维护和外来人口治理等职能，是参与社会治理的重要力量。城中村或城郊村由于没有集中的物业服务，保洁、保安以及停车、电动车充电等问题都无法得到有效解决。外来人口居住治理问题，也都集中反映到物业的服务和管理上。

---

[1] 《曾经云集两千多名二房东，这个镇如何做到群租"清零"？》，https://export.shobserver.com/baijiahao/html/257213.html。

物业是推动基层治理的重要抓手,围绕提高物业管理水平的问题,各地也进行了各种形式的改革和创新。浦东新区张江镇的乡村人才公寓和北蔡镇正在试行的"物管家",都通过集中物业服务权能化解外来人口居住空间治理难题。张江镇的乡村人才公寓服务和管理模式如表1所示。

表1 张江镇的乡村人才公寓

| 房屋托管 | 农民托管,镇企业收储,双方签订为期10~15年的租赁合同 |
|---|---|
| 收储标准 | 镇企与村民一对一协商,对违建、未达到安全标准的房屋,不收储 |
| 房屋更新 | ①不动原有房屋结构,按照中档现代公寓标准,对房屋进行改造,开辟公区部位供租客烧饭、洗衣、会客、聊天。楼上有露天阳台、室外有公共活动空间<br>②每栋房屋更新成本为50万~80万元 |
| 房屋出租 | ①要求房客有明确的工作单位,在签订租赁合同时,明确房屋使用规则、双方权利义务<br>②单间面积15平方米左右 |
| 出租对象与租金水平 | ①通过网络平台与单个房客或企业对接,以企业租赁为主。主要面向张江高科城白领人员<br>②租金为1700元/(间·月)。与当地市场价齐平,但房屋和环境质量相对较高 |
| 房屋运维服务 | ①实行独栋别墅、单间房屋电子卡门禁制度,聘有专门保洁人员对房屋内外的公共区域进行保洁<br>②实行24小时的紧急物业服务 |
| 运维主体 | 镇属企业(张江镇投资公司),公司企业员工为管理和服务主体 |
| 社会关系营造 | 选出楼栋负责人,不定期举办楼栋租客联谊会、村民租客联谊会,强化租客与村庄社会的纽带 |
| 创新时间及托管房屋总数 | 2018年12月开始,以张江镇新丰村、环东中心村为主,共有14栋133间房屋,租客有150人左右 |
| 政策支持 | 政府的人才租房补贴 |

邻近国家张江高科城的张江镇,其25万人口中有14.8万外来人口,面临着服务管理非户籍人口的重大压力。在区政府办公协调会上,张江镇被赋予疏解张江高科城人口住房压力的使命,这成为乡村人才公寓模式的制度背景。张江镇政府通过镇属企业,选择合适的村庄区位空间,与村"两委"干部、村民对接,以委托出租的方式,从农民手中租赁房屋,租赁合同期限

为10~15年。乡村人才公寓的服务对象是园区白领，镇企在改造农房时，重点提升居住者的舒适度和乡村环境质量。据测算，每栋260平方米的房子，更新资金为50万~80万元。

2022年3月，北蔡镇联勤村因外来人口多、流动性大、居住环境脏乱差，新冠肺炎感染人数较多，被称为上海本轮疫情的"风暴眼"。全村3600名常住人口中，本村村民仅有800人，外来人员高达2800人。疫情之后，北蔡镇加紧布置城中村更新工作，全镇9个城中村中有5个已经进入"拔点"阶段。对于尚不能实施征地拆迁工作的村，则通过引进物业公司，着力改善基础设施和人居环境，物业服务费由国有物业公司托底保障。联勤村的"物管家"是浦东新区城中村物业化管理的试点村，村庄内的保安（村庄出入口值班）、保洁、绿化养护、停车、设施维修都由专业的物业公司管理。调查显示，能否实现物业管理权能集中和服务管理精细，决定着村委会、村民大会和物业公司"三驾马车"协同治理的效度。

### （四）加强农村房屋租赁制度建设

相较城市住房租赁，农村房屋租赁行为缺乏相应的法律规定。城管部门可以对城市社区的群租房进行制度化处罚，却无法对农房租赁做出行政处理，只能以违法建筑、消防安全等理由消除违规居住空间和人口。

浦东新区在租赁住房治理中逐渐将租赁关系治理制度化。2021年，张江镇出台《张江镇关于推进租赁住房管理服务工作，筑牢科学城人才安居服务底板的实施意见》（浦张府〔2021〕14号），建立"1+1+4"工作架构，即：保留1块牌子，新建1套班子，下设4个小组。在保留群租整治办的基础上，成立镇租赁住房管理服务中心，下设4个工作组：第一小组综合协调组，负责做好与相关职能单位的沟通协调，牵头跨部门协作，探索智能化应用场景落地等工作；第二小组群租整治组，负责做好群租日常巡查、联合整治、行政处罚等工作；第三小组数据平台组，负责24小时安防系统的安装推进、相关部门报警数据的联网接入、租赁住房数据库的日常维护，推进登记备案数字化转型相关工作；第四小组权益保障组，负责租赁纠纷热线服务，监督住房租赁合同履行，保障租客合法权益。

经过数年持续的群租综合治理，张江镇逐步理顺了租赁住房市场，推动二房东从拼成本、拼群租的恶性竞争逐渐转向拼装修、拼服务的良性循环。在此基础上，张江镇建立了一套科学的市场监管规则，对于遵守规则的二房东，确保其合法稳定收益；对于违反规则的二房东，按相关法律法规，严惩不贷。张江镇通过开设租赁纠纷服务热线，建立二房东信用档案，督促租赁双方履行合同。对于二房东克扣押金、拒付违约金等违约行为坚决惩处，切实保障租客权益，净化住房租赁市场。截至 2021 年 9 月，已解决租赁纠纷27 起，为租客挽回直接经济损失 15 万余元[①]。

张江镇探索出的群租房治理制度化，为农房租赁治理提供了可操作的思路。2022 年 1 月，上海市住房和城乡建设管理委、市房屋管理局、市农业农村委、市公安局联合颁布《关于加强本市农村宅基地房屋租赁管理的指导意见》，在全国首开农村租赁住房管理制度先河。各区各街镇参照指导意见制定了具有可操作性的指导实施意见，例如浦东新区周浦镇就出台了《周浦镇农村村民住房租赁管理指导意见》，明确提出：用于出租的农房应该符合规划建设许可和消防安全要求，出租房屋每个房间不得多于两人（有法定赡养、抚养、扶养义务关系的除外），人均住房面积不得低于 5 平方米，灶间、卫生间、阳台等非居住部位不得单独出租供人员居住，单栋建筑承租人超过 10 人的设置独立式火灾探测报警器等安全设施设备。笔者认为，除了对租赁住房硬件做出规定外，政府的指导意见还应借鉴张江镇租赁住房管理中心模式，推进全街镇范围内的租赁住房信息集中化、治理制度化。

---

① 《出租房如何有效治理？浦东张江镇有"利器"》，https://www.shanghai.gov.cn/nw15343/20210928/af3e29e4793142c181b94e829d11b46e.html。

## 三 城中村的治理成效与经验启示

空间不仅被社会关系支持,也生产社会关系和被社会关系所生产[①]。城中村空间产权和社会关系的复杂性,是其难以实现规范化治理的主要原因。浦东新区采取城中村改造(征地拆迁)和社会治理创新两种方案,在城中村居住空间治理上取得显著成效。

### (一)重塑城中村治理的空间社会基础

城中村社会关系复杂,以地缘为基础的非正式老乡团体大量存在,这一方面加剧空间资源的稀缺性、竞争性和非规则性,另一方面会导致利益团体以非正式手段干扰政府的群租治理、环境治理、人口治理目标。地方政府采取的各类集中整治行动,仅能获取短暂性的治理效果,集中的行政力量一旦抽离城中村空间,问题很快就会卷土重来。城中村以外来人口和非规则空间为基础的空间社会结构,是城中村治理陷入治乱循环主要根源。浦东新区通过城市更新、"五违四必"等方式,消除了农民用于出租给外来人口的违建构筑物,外来人口生产生活社交失序的空间基础被消除。

农民房屋出租由分散的农户或二房东进行,房屋产权(房东)、经营租赁权(房东和二房东)和使用权(租客)主体众多,诱致规范管理和集中治理不可能。张江镇设置租赁住房管理中心专门管理城乡租赁住房及其主体,张江镇人才公寓模式和北蔡镇的物业部门管理城中村租赁空间模式,都实现了空间治理权能的集中化,大大简化了城中村空间治理关系。一方面便于查清人口底数,控制群租现象,减轻城中村的人口压力;另一方面便于通过保安、保洁、停车等物业服务,对居住及其附属空间实行常规化管理,化解集中治理"不可能困境"。与此同时,不少街镇还通过环境整治、公共文

---

[①] 〔法〕亨利·列斐伏尔:《空间:社会产物与使用价值》,王志弘译,包亚明主编《现代性与空间的生产》,上海教育出版社,2002,第47~58页。

化体育空间建设，进一步完善城中村的基础设施，提升城中村的宜居程度。

以空间改造、关系改善为基础的治理策略，将不规则的空间和复杂的治理关系予以简化、规范化，使得直接的居住者、出租者和管理者处于同一治理空间，共享治理信息、共担治理责任。

### （二）明确政府部门的治理责任

多个部门分头治理城中村事务的"九龙治水"格局，是城中村治理资源难以整合、城中村空间治理成效不理想的重要原因之一。经过政策梳理，政府各部门在农房租赁治理中的职责如表2所示。

在农民房屋租赁治理中，最常见的主体是公安派出所做的人口核查，城管部门所做的违建房屋整治、群租房治理。而农民房屋租赁治理的两端主体的治理职能并未得到充分发挥，如宅基地审批和房屋建设以及村社群众自治。为了落实主体治理责任，整合治理资源，地方街镇参照市政府文件制定农民房屋租赁管理指导意见，明细行政主体的职责，为后续有效治理提供制度架构。浦东新区周浦镇以镇政府发文形式，规定了街镇各职能部门的农房租赁治理责任，如表3所示。

表2　上海市政府部门在农房租赁治理中的职责

| 部门 | 职责 |
| --- | --- |
| 房屋管理部门 | 负责宅基地房屋租赁行为管理,组织开展宅基地住房租赁合同登记备案等工作 |
| 农业农村部门 | 负责宅基地使用管理,统筹推进乡村治理和农村人居环境整治工作 |
| 规划资源部门 | 负责宅基地规划、用地管理,指导宅基地使用权及房屋所有权登记工作 |
| 住房和城乡建设部门 | 负责宅基地建房的建筑活动管理,指导街镇加强燃气安全管理 |
| 公安部门 | 负责有关宅基地房屋租赁的治安管理、人口管理,对村居民委员会履行消防安全责任的情况实施日常监督检查 |
| 消防救援机构 | 负责指导街镇加强宅基地房屋租赁的消防安全管理 |
| 城管执法部门 | 负责指导街镇依法查处有关宅基地房屋的违法违规租赁行为 |
| 市场监管部门 | 负责依法查处有关宅基地房屋租赁的违法违规经营行为 |
| 民政部门 | 负责指导推进农村基层群众自治工作,促进村民对宅基地房屋租赁有关事务的积极参与 |

表3 周浦镇各职能部门在农房租赁管理中的职责

| 部门 | 职责 |
| --- | --- |
| 公安派出所 | 负责农村村民住房租赁的治安管理、人口信息登记,依法查处涉及租赁房屋治安等的违法行为 |
| 城运部门 | 负责开展涉及租赁房屋的联勤巡查、联动处置 |
| 城运中心(应急管理中心)和属地派出所 | 负责农村村民住房租赁的消防监督检查,依法查处涉及租赁房屋消防等的违法行为 |
| 规建办、土地所 | 负责合法依规开展村民建房的规划编制、建房审批和用地手续办理工作 |
| 经发办 | 负责加强设施农用地管理、用房管理及对私自搭建田间窝棚的清理,防止用于不合法、不合规出租 |
| 市场监督管理所 | 负责依法查处农村村民住房内涉及市场监督职能的无证照经营等违法行为 |
| 卫生监督所 | 依法对农村村民住房承租人员违反卫生等法律法规的行为进行处理 |
| 城管执法部门 | 负责对集体土地违法用地、违法建筑及擅自变更建筑用途的处罚,负责根据相关法律法规对涉及违法搭建的村民住房进行查处 |
| 社区事务受理中心、"家门口"服务中心 | 在民政等职能部门的指导下开展租赁备案工作,指导各村将村民住房租赁管理纳入村民自治章程和村规民约 |
| 平安办 | 负责把农村村民住房租赁管理工作作为社会治安综合治理、平安创建和人口管理与服务工作的重要内容,纳入考核指标 |
| 司法所 | 负责关于农村村民住房租赁规范管理的法治宣传和法律指导,以及房屋租赁纠纷的调解。负责汇集农村村民住房租赁管理的法律法规,厘清依法规范管理的基本规范 |

街镇作为最基层的行政主体,能够通过块块统筹完成中心工作。在细化城中村治理的责任主体和工作方案之后,街镇通过设立"指挥部"、工作专班等临时机构,形成专项工作或中心工作的推动机制。疫情之后,饱尝城中村防疫之艰辛的街镇,迅速制定指导意见和实施方案,开启城中村治理工程。

### (三)推进城中村治理制度化

城中村难以治理的根源在于其空间形态、治理关系、治理主体、治理制度和治理过程都未能实现规范化。浦东新区通过系列举措,推进城中村治理规范化。除前文已述的空间规范化(拆除违规空间、制定出租空间标准)、治理关系规范化（群租房治理、合同治理或集中物业管理）、治理主体规范化（责任明确）外，还体现在治理制度建设上。表4列出了农房租赁治理的规范化和制度化体现。

表4 农房租赁治理规范化和制度化

| | 规范化之前 | 规范化治理 |
| --- | --- | --- |
| 空间形态 | 违建、群租、空间形态复杂 | 空间形态规范、出租房有标准 |
| 治理关系 | 政府部门与房客之间有一房东、二房东和村级组织，关系复杂且难以抓住要害 | 合同治理，将二房东纳入治理制度，落实村级组织的属地责任，简化治理关系 |
| 治理主体 | 多部门多头执法 | 以街镇为主体，明确各部门责任，实行统合式常规化管理模式 |
| 治理制度 | 依据各街镇情况而定 | 从市到街镇皆有明确的治理制度和规范标准 |
| 治理过程 | 依据各街镇情况而定 | 治理过程法治化、规范化、技术化 |

制度创新立足于基层实践创新之上。上海市2022年初发布的农民房屋租赁管理指导意见，是全国首个规范农民房屋出租行为的省部级政府文件，一改农房出租无制度可依的情形。事实上，在此之前，上海的各区各街镇都在积极探索城中村、农民房治理的制度化举措，为上海在全市层面出台规章制度提供参考。例如，张江镇出台了群租治理的工作方案，将二房东群体纳入制度治理范畴，保证群租治理全过程公开，杜绝空间治理的随意性，保障政策的严肃性、稳定性，大大提升了租客、二房东和社会大众的制度预期稳定性。再如，金桥镇的类住宅治理以法律为依据，对非法居住、违法搭建、群租等行为进行有针对性的管理，保证治理过程规范、治理结果公正。上海市出台的农民房租租赁管理指导意见将为其他城市化解城中村、农民房租赁问题提供思路。

## （四）经验启示

浦东新区采取城中村改造和社会治理创新并举的治理路径，形成以下三条可供其他地区参考的经验。

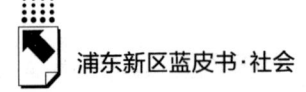

第一,党委、政府高度重视。针对疫情中暴露出来的城中村治理问题,地方政府在疫情之后及时采取应对方案,总结问题、组织专班、制定改造方案,逐步有序推进城中村改造。对暂不改造的城中村,制定空间改进完善方案,整合治理资源全方位推进,体现了地方党委、政府迎难而上、担当作为的意识。

第二,重视制度建设。在制度建设阶段是人塑造制度,制度建设完成后是制度塑造人。社会治理创新能否持续,关键在于制度建设是否符合现实需求,是否具体可操作。浦东新区的街镇在城中村治理中,通过总结问题和对策并将之制度化,批量处理同类治理问题,提高了治理效率,打消了观望者的搭便车企图,推进了社会治理规范化。基层街镇在城中村和农民房租赁治理上的制度化实践,也推动了全市农房租赁治理的制度建设。

第三,重视数字技术应用。2021年初,上海市提出数字化转型,推动数字技术服务经济、生活和社会发展。在社会治理层面,各街镇通过建立数字信息平台和数字治理系统,增强了对城中村、群租房等特殊地带的治理效度。张江镇通过将群租房空间、人口信息数据化,及时查看、跟踪群租治理情况,有效约束了二房东群体。北蔡镇通过"一码通用"技术,及时查看城郊村、城中村租客们的垃圾分类参与情况,通过垃圾箱内的监控摄像头实现精准追责,推动房东、房客共担环境保护责任。当前视频监控技术在城中村道路、公共场所的普及应用,大大节约了一线人力资源。

## 四 改进建议

全国乃至全球的大城市皆面临城中村和城郊村居住治理的难题。城中村居住治理的核心问题有两点:第一,因区位和价格优势诱致外来人口聚集,出现人口超载问题;第二,因区位与周边空间质量不匹配而诱致征地拆迁(或城市更新)治理问题。突发公共卫生事件的强力冲击,将城中村这一特殊空间的人口社会治理问题凸显出来,也增强了地方政府改造城中村的决心。然而，城中村改造过程复杂、资金要求高、利益协调难度大以及空间增值幅度有限等特点，也导致相当部分城中村注定无法拆迁改造。通过社会治理创新，推进城中村居住治理规范化，成为地方政府目前及未来相当长时期内的一项重要工作。

当前城中村治理仍面临如下三个有待改进的问题：第一，地方政府或基层干部对于城中村存在"一拆了之"的治理心态；第二，城中村治理的社会参与不足；第三，城中村治理未能体现城市温度。针对如上问题，本文提出如下改进建议。

第一，全面评判城中村功能，不要贸然进行大拆大建，防止出现金融风险和社会风险。在完全城市化或高度城市化之前，城中村和城郊村治理将是中国城乡社会治理面临的一个持续性问题。笔者在浦东新区各街镇反馈的城中村治理信息中看到，诸多街镇和社区干部在城中村治理建议一栏中填写的是"尽快完成城中村征地拆迁工作"。这反映出地方政府工作人员希望"一拆了之"的治理期待。2022年下半年，不少区的街镇迅速启动城中村拆迁"拔点"工作，一个重要动因是城中村混杂的人口和空间给现代社会治理带来巨大挑战。

高成本的城中村改造消灭了城中村问题所依凭的空间基础，并未消灭城中村问题的社会基础和经济基础，大城市运转离不开外来人口提供的各类服务，外来人口在薪酬待遇得到显著提升之前仍会选择价格低廉的城中村、城郊村或类似地域的空间作为居住空间。城中村改造与其说是化解问题，不如说是转移问题。事实上，正因为城中村、城郊村发挥了承载外来人口居住的功能，大城市才得以正常运转。建议地方政府一是量力而行开展城中村拆迁，防止大拆大建带来的金融风险和居民安置难题，二是全面评判城中村的功能，继续完善城中村基础设施和治理体系，保障在近期不会拆迁的城中村正常运转。

第二，创新城中村的社会治理机制，提升城中村或城郊村治理的社会参与度。在住房、医疗、教育等福利保障增进有限的背景下，城市对外来人口的吸引力主要体现为薪酬和生活权利保障。在租赁住房治理中，有的街镇通过乡村人才公寓建设，激活农宅财产价值潜力，增进产城融合程度，通过各类社会营造活动，推动租客和村民的社会融合；还有一些地区政府或村社集体通过公共项目改善租赁住房的充电桩、厕所等基础设施，赋权租客参与社会治理[1]。然而，外来人口在城中村的治理参与权利和生活权利保障总体上处于缺位状态。2022年9月，浦东新区城中村调查数据显示，绝大多数城中村未掌握外来人口党员信息，尚未与外来人口党员或专业人士等精英建立必要的联系。未来城中村治理应强化租客视角的行动框架，通过建立居民点流动党支部等机制将外来人口纳入治理结构，维护城市功能性运转。

第三，加大对外来劳动者的住房保障力度，在城中村治理中体现城市温度。当前上海市的租赁住房主要有如下几类：一是政府提供的廉租房，主要服务对象是拥有本市户籍的低收入群体，主要特点是房屋为政府所有、租金低廉；二是政府委托国有公司提供并运营的公共租赁性经租房，主要服务对象是市属国企、央企、政府和其他事业单位符合人才标准的人口，主要特点是房屋为企业所有、租金低廉，政府通过前期的地价或其他优惠政策对企业予以经济补贴，如上海地产集团提供的馨越公寓、馨逸公寓、耀华滨江公寓等项目，以及华润集团提供的有巢公寓项目；三是政府提供房屋由企业运营服务的保障性租赁住房，或者由房地产商提供并自行运营且被政府认定为人才公寓的住房，前者如松江区的闲猫国际公寓，后者如各房产开发商按照政策要求按比例提供的租赁住房，主要服务对象是周边企业员工，主要特点是房屋质量较好，按照市场价收取租金，政府根据租客的人才等级给予一定的住房补贴（松江区、临港区有人才租房补贴），租客可以是非人才性人口；四是由长租公寓企业、房产中介、私人性二房东或一房东提供的私人性、市场性租赁住房，主要对象是针对各类有住房需要的人口，主要特点是房租高、房屋质量差、房屋管理不规范。

当前政府提供的保障性租赁住房或员工宿舍数量严重少于租客需求，私

---

[1] 魏程琳、钟晓华：《空间再组织：城乡接合部闲置农房产权整合与社会有效治理——上海农房再利用案例研究》，《中国农村经济》2022年第4期。

人住房依然是租赁住房的主要来源。政府在城中村改造时承诺提供更多租赁住房，实际上是有入住门槛的，在城中村居住的相当部分租客不符合人才等级标准，不能享受质优价廉的保障性租赁住房或者租赁住房补贴。城中村改造的结果往往是外来人口不断向其他城中村或更远处的城郊村转移，或者距离工作地更远，或者要承受更高的房租，抑或是承受更加糟糕的居住环境。建议采取包容性的城中村改造进路①，将租客、原居民的生活需求考虑在内，在城市发展中保障非人才性外来劳动者的权利，彰显人民城市的城市温度。

---

① 叶裕民：《特大城市包容性城中村改造理论架构与机制创新——来自北京和广州的考察与思考》，《城市规划》2015年第8期。

# B.14
# 先破后立：金桥镇探索"类住宅"治理新模式

刘羽晞*

**摘　要：** "类住宅"乱象是当前困扰不少地区的一个老大难问题。由于法律依据缺失、多元利益分散以及管理力量不足等因素，"类住宅"治理长期以来面临诸多挑战。金桥镇禹洲国际根据园区"类住宅"现象的实际问题，积极探索治理方案，构建起"类住宅"治理的新"三驾马车"，通过自治共治的方式，广泛听取民意、吸纳民智、聚集民力，取得了明显的治理成效。目前，"非法居住""非法经营"的问题得到基本解决，人口密度大幅度下降，整体环境显著优化，"自治共治"的管理机制基本形成，居民的安全感、幸福感与满意度不断提升。未来，"类住宅"治理将继续探索进一步完善优化的空间，健全常态化治理机制，遵循法治思维，坚持综合治理，深化自治共治，总结归纳"类住宅"治理的主要经验，从而形成易操作、能复制和可推广的"金桥样板"。

**关键词：** "类住宅"治理　非法居住　自治共治　综合治理　上海金桥

随着上海城市建设加快发展，城市布局和产业布局逐步调整、不断优

---

* 刘羽晞，上海交通大学国际与公共事务学院博士研究生，上海交通大学社会治理创新研究中心研究人员，主要研究方向为城市治理、基层治理。

## 先破后立：金桥镇探索"类住宅"治理新模式

化，全市人口分布向郊区扩散，浦东新区成为全市人口重要导入地区之一。根据最新的人口普查数据，上海各区中，仅有浦东新区的常住人口突破500万人，为568.15万人，是上海市常住人口最多的行政区。庞大的人口数量带来了巨大的发展潜力，也带来了旺盛的住房需求，浦东新区承载着更大的宜居压力。近年来，地铁上盖商务型公寓、开发区周边青年公寓和宿舍等"类住宅"项目不断增多，"酒店式公寓""LOFT""SOHO公寓"等楼盘广告屡见不鲜，而这些眼花缭乱的概念实则指向同一个"灰色地带"——"类住宅"。作为房产开发中的一个"擦边球"，"类住宅"是指一些商业办公项目在开发过程中，不按规划批准的建筑物使用性质进行建设，擅自改变房屋结构、设施设备，改变房屋规划用途为居住等现象。这些行为违反了规划和建设管理等法律法规，扰乱了房地产市场秩序，严重影响了公共安全，还滋生许多社会治理隐患。

由于住宅限购政策的实施，"类住宅"市场开始大行其道，大量投资需求也相继进入了"类住宅"市场。它们披着创新外衣，却以商办之名，行居住之实，违背了开发的初衷。特别是，"类住宅"内鱼龙混杂，人员流动大、治安难度大、隐患多元等问题十分突出。清理整顿"类住宅"，是维护城市规划权威性和严肃性、维护房地产市场秩序、守住城市安全底线、维护人民群众利益的重要举措。[①] 长期以来，全国多地都很重视"类住宅"的整顿和治理，宁波早在2014年初就已经出新规避免写字楼"类住宅"化；厦门也在2019年联合7个部门齐力整治"类住宅"；上海则是自2017年起就掀起了"类住宅"的整顿风暴，颁发了《关于开展商业办公项目清理整顿工作的意见》，把17000万平方米的"类住宅"项目纳入清理整顿范围，从严管控"类住宅"乱象，从源头遏制类住宅萌芽。然而，"类住宅"现象的形成非一朝一夕，"类住宅"治理还在进行时，还需要不断探索行之有效的治理方案，建立长期的管理机制，防止"类住宅"的反弹回潮。

---

① 搜狐焦点：《应勇：上海坚决遏制"类住宅"乱象》，https://sh.focus.cn/zixun/893b2df6d43229b9.html，2017年5月17日。

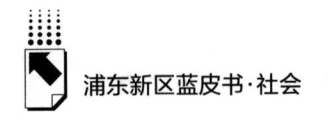

## 一 背景·缘起

金桥镇地处浦东新区中部，南部是张江高科技园区，北部是高行镇，西部是花木街道，东部是高乐镇，凭借着独特的区位条件，金桥镇吸纳了大量周边区域的流动人口，也被不良开发商钻了空子，在土地规划为商业建设的地块上，开发了不少"类住宅"建筑，例如常见的SOHO公寓、LOFT公寓、服务式公寓、公寓式办公楼等。业内通常将其称为"商改住"。这些房屋使用年限较短，无法落户、入学，也没有居委会入驻，缺乏有序的管理和服务，但由于房屋不限购、户型较小、价格较低等特点，近年来吸引了很多购房者，也被很多中间商和二房东擅自改建，分割成多个迷你房间以供多人居住，严重影响了公共安全，滋生了社会治理的隐患。值得一提的是，普通的住宅小区其实也存在"多改多住"的现象，一般称之为"群租"。而"类住宅"不属于住宅小区，"多改多住"的情况也不能被纳入"群租"的范畴，只能定义为"非法居住"。据统计，金桥镇内的"类住宅"共有60余处，多年来，"类住宅"始终是金桥镇城市管理中的一大难题，其中，禹洲国际园区的"类住宅"乱象最为突出。

位于金港路上的禹洲国际园区是金桥镇域内一处典型的"类住宅"园区，板块地理位置优越、周边生活配套设施齐全，7栋高层围绕2万平方米的意式水景园林而建。在一般老百姓眼里，这个庞大的园区像一个颇为豪华的"住宅小区"，实际却是典型"打擦边球"的"类住宅"。一共7栋楼，其中1栋是纯商务楼，其余6栋楼则鱼龙混杂，涵盖商铺、办公、居住等诸多种类，还有不少未经许可开出的桑拿房、民宿、棋牌室等。由于房屋层高5.3米，给室内搭建插层提供了空间。二房东向业主把房屋租赁下来，把房屋分隔改建成好多个几平方米的小间，每个小间又装上"袖珍"洗手间，增设油烟管道、私接电线电表等，把每个迷你间以低价出租给务工人员，或是转包给企业搭建拥挤的上下铺以供员工居住。6栋商务楼宇，总共2500套房子，有超过2/3被出租，最多的时候住了12000多人，可见人口密度相当之大。长期以来，禹洲国际的 6 栋楼以及禹洲广场商务楼每日人流量巨大，人员混杂，流动性大，管理面临严峻挑战。

属地政府持续不断地开展整治，但是乱象还是反复回潮。究其原因，主要包括以下几个方面的难点。其一，法律依据缺乏。普通住宅有相应的物业管理等规章保障，办公用房也有相应的管理办法，而禹洲国际园区属于商办项目，其中的"类住宅"乱象也没有合适的法律法规适配，面临着认定难、执法无凭据的困境，长期处于政府监管的真空地带。其二，涉及多方利益，群众意愿不一，协调困难。"类住宅"涉及房东、二房东、租户等多方利益，"类住宅"的整顿会使房东、二房东收益骤减，特别是收入普遍较低的"非法居住"租户整顿之后该何去何从？其三，由于禹洲国际建设之初划批为商用项目，并非住宅小区，因此组织覆盖不健全，缺少管理资源和力量，园区里的人流量大且底数不清，经常出现"看得见、管不着"的难题，管理起来十分困难。以往，金桥镇也采取过针对"类住宅"的综合执法行动，对于"非法居住"的个例而言是有效的，然而如果这个群体十分庞大，政府出面整治也很难起到良好效果。随着疫情的来临，类住宅人员信息不清、安防设施不到位、卫生条件差等问题接连暴露，禹洲国际园区"类住宅"乱象的治理已刻不容缓。

## 二 举措·机制

"类住宅"现象是快速城市化进程中出现的一种"城市病"，伴随着高房价和高房租的重重压力，"非法居住""非法经营"的乱象层出不穷，其中相关的重大事故、公共安全事件、邻里纠纷等时有发生，在管理上面临着巨大的挑战。住宅的有序使用和租赁涉及多方主体的利益，关乎整个住宅市场的健康发展，对基层社会的和谐稳定具有决定性作用。金桥镇党委、政府针对镇域内"类住宅"较多的情况，于 2021 年底，以禹洲国际为试点，全面启动了"类住宅"综合治理工作。禹洲国际园区内房屋属于商办性质，不仅有复杂的业态环境，还存在大量的转租给他人用于居住的违法行为，产生了严重的治安、消防等隐患，"类住宅"的整治难度很高。对此，金桥镇组织平安办、城管中队、派出所等职能部门与园区物业一同成立综合治理工作专班，在宣传教育、依法治理的基础上，引导业主自治管理委员会和广大业主开展园区自治，努力形成物业、业主自治管理委员会、社工站的"三驾马车"架构，从法治、自治、共治角度出发，建立起多元参与的长效治理机制。

## （一）结合实际创新管理模式

### 1. 打造园区特有的"三驾马车"管理架构

园区特殊的商办性质决定了这里无法成立居委会，这就在一定程度上造成了基层管理的缺位。对此，园区内建立了包括社工站、自治管理委员会和物业的新"三驾马车"架构，其中，自治管理委员会是园区自治共治的主平台，将园区里的各方主体（如业主、商铺代表、二房东、物业等）都考虑进来，每栋楼设定一个指标，按比例选取2~3个人，将积极主动的、民主推荐的和群众公认的代表选入自治管理委员会，园区里的重大决策和举措都会经过自治管理委员会讨论决定，发挥信息传达、民主协商、自治共治的重要作用。社工站由金桥镇党委、政府筹建，在一定程度上相当于居委会，站长相当于居委书记，将政府的意志贯彻进园区，承担一部分政府的公共职能，具有承上启下的作用，比如宣传贯彻党和政府的各项方针政策、协助维护园区治安和生活秩序以及调解园区纠纷等。物业公司中的物业经理则属于"召集人"，协调自治管理委员会的各项工作，辅助调配园区资源，为住户提供优质的保洁、绿化、秩序维护、设施设备运行等专业服务。

### 2. 推动自治共治实现精细化治理

园区内部人员冗杂，不同人员的身份背景、性格阅历、价值观念和行为习惯都千差万别，邻里之间也较为疏离。找准基层治理实践的基点，推进精细化治理，是精准满足民众需求、提升公共服务水平和畅通沟通渠道的关键所在。园区简化了志愿者的队伍架构，采取网格化管理，以"楼长1人+层长5人"为核心力量，积极寻找在园区治理进程中可以发光发热的"能人"。楼长、层长主要是从疫情中发挥积极作用、受业主广泛认可以及具有威望和动员力的志愿者代表中选出,他们之中既有长期居住的老党员,也有退休的专业技工,还有积极热心的青年人。他们主要负责协助及配合政府相关部门、居委、社区工作站开展(6+1)工作,即人口管理、治安管理、消防管理、群租管理、环境卫生、民生民本及疫情防控工作,做到产生隐患及时发现、立即上报,并做好相关政策日常宣传工作。

3. 抓实联防联动消除安全隐患

禹洲国际园区内部的"非法居住""非法经营"现象十分普遍,产生了很多安全隐患,比如违章安装煤气管道、房间内违规插层、擅自增设卫生间和厨房等,给园区内的治安防控工作带来了巨大的挑战。为了弥补辖区面积过大和治理资源不足之间的"鸿沟",园区采取了联防联动的策略,一是在园区中心位置搭建了"平安屋",设置了清晰的标识以便居民识别,配齐人员、设备和张贴规章制度,提高突发性事件的响应速度,及时发挥联防联动的智能作用。二是根据园区业态条件,利用园区一楼的地理位置优势,把商铺串联起来,组建成"平安商户联盟",建成联勤联动的常态化机制,在日常生活中及时发现、响应和上报问题,配合"三驾马车""楼长制"的运作,不断织密覆盖园区的巡防网络体系,确保园区整体稳定有序,从而提升居民群众的安全感和幸福感。

(二)聚焦问题进行逐个击破

1. 归结顽症,设定明确治理目标

工作专班通过走访发现,"非法居住"现象屡禁不止主要有以下几点本质原因。其一,大量对低租金房屋的租赁需求。禹洲国际内的"类住宅"多以迷你户型为主,租金低、性价比高、业态齐全,吸引了大量对住宅条件要求不高的普通劳动者。其二,存在法律真空,缺乏有效监管。尚未针对商办用房的"非法居住"现象出台明确的法律法规,监管也涉及房管、建设、市容等多个部门,缺少执法权限,难以通过规章制度有效约束二房东改建、分隔和转租行为,园区也经常无能为力。其三,经济利益的驱动为"非法居住"提供了市场。房屋经过多改多租,不仅大大提高了房东和二房东的租金收益,也大大降低了租户的居住成本,由此"非法居住"的现象涉及多方的利益蛋糕,始终难以根除。从源头问题出发,禹洲国际园区成立了"类住宅"整治工作专班,和广大业主一起围绕"加强人口管理、消除安全隐患"两大目标共同努力,确保治理行动稳健有序推进。

2. 摸清底数,循序渐进清退"非法居住"人口

第一,摸清园区人员底数。结合防疫期间采集的数据,工作专班对园区2430套房产开展地毯式排查,梳理出650余套非法居住的房产,涉及近3850人,还查实白领公寓的违法搭建情况,其中涉及隔间130户租户168人。第二,根据排查到的数据,工作专班进一步掌握了所有房东特别是二房东的名单,梳理出拥有10套住房以上的二房东共10人,发放告知书,进行统一的约谈。约谈实行宽严相济的方式,先进行教育引导,告知二次装修擅自插层、擅自增加建筑面积、擅自增设卫生间和厨房、擅自改变空间分割、擅自改变建筑使用性质等行为的违法性质,以及"非法居住"带来的安全隐患等;对于问题严重且劝说无效的,则集中公安、城管、市场监管等多方面的执法部门召开会议,进行联合执法整治,强制性责令其限期整改。在"先礼后兵"的劝诫引导下,二房东普遍对清退工作从敷衍应付变为认真履行。第三,在赢得了二房东的支持之后,管委会再督促二房东亲自出面,根据自己手里负责的房源,负责劝说"非法居住"的住户搬离园区,通过层层加压、循序渐进、逐个击破的方式,弱化了管控过程中的矛盾,保证了清退工作的平稳有序进行。

3. 依法治理,保障居民的合法权益

针对园区内的问题,工作专班展开了分门别类的依法治理行动,还安排了律师接受免费咨询,保证治理工作的科学性、合法性和权威性。其中,对于"非法经营"的问题,有明确的法律依据,工作专班联合城管、公安、市场监管、消防等职能部门共同行动,采取发现即整、即查即改、从速从快的处置方式。而对于"非法居住"等存在部分法律空白的情况,工作专班开展了走访和约谈工作,循循善诱,使业主、二房东以及租户等认清"非

法居住"的危害性,再由业主自治管理委员会采取自治和共治的方式予以解决。考虑到房东与租客合同纠纷等情况,律师除了负责咨询业务外,还兼顾代理诉讼业务。针对租客搬离暂无居所的问题,工作专班引入了正规中介,及时推出可靠、高性价比的房源,"堵疏"结合,切实保护租客的权益,尽最大努力解决现存租客搬离居所后的居住问题,让被清退的租客无后顾之忧,提高对清退工作的接受度、认可度和支持度,推动清退工作顺利进行。

### (三)"破而后立"优化管理制度

#### 1. 提升园区品质

为了维护类住宅整治的阶段性成效,防止二房东再次接手房源、搭建插层、加装煤气管道以及一屋多住等情况的反复和回潮,园区采取"先破后立"的策略,先大刀阔斧地一次性全面清除类住宅中的违规搭建情况,防止二房东再次出租房源引租客入住。其次,自治委员会为房东提供品质良好、价格更低的装修公司以供其选择,为房东提供了极大的便利,推进住房的规范化装修,推动园区房源的合法合规入住。最后,通过对类住宅的整治,减少鱼龙混杂的人群,提升园区内的整体居住环境,从而倒逼园区的低层次业态自动优化升级,逐步把脏乱差的餐馆、老旧的便利店等清出园区,从而创造一个安全舒适的园区环境。

#### 2. 推行门禁卡制度统一园区管理

经业主自治管理委员会决议并向镇政府申请批准后,在职能部门的规划指导下,禹洲国际在园区周围搭建了围栏,只开放固定的进出口,实行统一管理。园区全面摸底排查了每套房里的住户信息,一一登记造册建立"一户一档",根据登记在册的住户相应发放门禁卡,且限制一套住房最多只能容纳5人,每个人都要及时登记在案,遏止了"非法居住"行为的再次发生。再根据园区实际和业主需求,设定了快捷的出入道口,开通"一进二出",安装数字哨兵,落实出入扫码,有效防止了不明人员随意进出园区的情况。此外,园区还推行门禁卡制度,发放两种类型的红卡绿卡,绿卡代表业主,红卡则是在园区里经营商铺、办公的相关工作人员,其他人员进入园区则需要填写出入单,进行登记。统一的园区管理制度有效避免了闲杂人员的进出,防止了"非法居住"的乱象,大大减少了园区的安全隐患,也优化了园区的居住环境。

### 3. 循序渐进探索长效治理机制

"类住宅"现象的形成非一朝一夕,整治行动也并非一劳永逸。通过前期的综合治理和管理架构建设,园区的工作专班针对类住宅的问题不断探索,制定了严格的工作计划和整治项目推进表。在工作专班的办公室里,悬挂了一张精确到每天的整治进程表(见表1),里面详细罗列了园区的排摸计划、已整治数量、搬离人数、回潮情况等,使得整治项目更加直观可见,推动整治工作有序推进。同时,工作专班还将类住宅治理的进程进行归纳总结,形成一套可复制、可推广的长效工作机制,把成功的管理经验逐步推广到金桥镇其他区域的"类住宅"项目。针对"类住宅"项目无法可依、执法无抓手的问题,工作专班积极探讨房屋的法定性质和法治路径,邀请政协委员开展多次会议,推动尽快填补法律真空,促进治理行动的规范化。此外,园区还邀请媒体实地采访,对类住宅乱象及治理情况进行宣传报道,弘扬正义的声音,提高社会的关注度,促进更多地区、更大范围的类住宅乱象得到有效解决。

表1 禹洲国际"非法居住"整治进程(更新于2022年9月21日)

单位:套,人

| 项目 | 排摸计划套数 | 涉及人数 | 已整治套数 | 搬离人数 | 举报新发现套数 | 回潮整治套数 |
|---|---|---|---|---|---|---|
| 1期 金港路333号 | 89 | 509 | 85 | 498 | 11 | 2 |
| 2期 金豫路100号1号楼 | 90 | 516 | 88 | 510 | 2 | 0 |
| 2期 金豫路100号2号楼 | 89 | 515 | 84 | 507 | 4 | 2 |
| 2期 金豫路100号3号楼 | 60 | 373 | 60 | 373 | 9 | 18 |
| 3期1号楼 金湘路201弄15号 | 151 | 890 | 151 | 890 | 12 | 34 |
| 3期2号楼 金湘路225弄11号 | 141 | 851 | 140 | 849 | 9 | 0 |
| 总计 | 620 | 3654 | 608 | 3627 | 47 | 56 |
| 金湘路201弄7号裙楼公寓 | 130 | 168 | 130 | 168 | 0 | 0 |

## 三 创新·成效

"园区是我家，治理靠大家。"遵循着这一理念，金桥镇创新了"类住宅"管理办法，搭建起由物业、自治管理委员会以及社区工作站组成的新"三驾马车"，首次尝试将"类住宅"纳入社区治理和居民自治的范畴，把广大居民的诉求，以及由于"非法居住"造成的各种乱象，运用法治、自治与共治相结合的方式加以解决。同时加强宣传教育引导，多次请来职能部门为业主、住户尤其是二房东普法，让广大群众认清"非法居住"的危害性，从而打出一套标本兼治、疏堵结合、惩防并举的"组合拳"。

截至2022年8月31日，园区的"类住宅"治理取得了显著成效，共解决"非法居住"655套，涉及2200余间小户，共清退"非法居住"租户3627人，整改各类隐患400多处，其中整改燃气隐患56户、消防隐患394处。目前，禹洲国际园区内6栋楼的治理工作已基本完成，其成功经验也广泛复制推广到金桥镇其他"类住宅"点位，取得了不错的成效。通过"前期摸排、中期整改、后期维护"的全流程路径，金桥镇在镇域内全面开展了"类住宅"的专项整治活动，交出了一份成效显著的"类住宅"治理样板。

### （一）破解了"非法居住"的顽疾

在多方共同努力下，禹洲国际"非法居住"乱象的整治取得了良好效果。违规铺设的各种管道被清理了，擅自搭建的房间隔层插层被拆除了，迷你卫生间、一面墙的电表以及无数上下铺等乱象都不见踪迹，"非法居住"的整治工作得到了业主、二房东和租户等多元主体的广泛理解，中介、二房东以及非法居住的租户也一一退场……"当再次走进整改后的房间，只见原本拥挤不堪的室内一下子清爽明亮起来，房屋的布局也顿时宽敞了不少。"工作专班负责人如是说。可见，"非法居住"的整治工作起到了立竿见影的效果。整个园区的人员数量也得到了显著的下降，人员的流动性也有所降低，园区车辆乱停乱放、飞线充电等现象明显减少，清退掉非法居住的租户之后，邻里关系也更加亲近和谐。此外，园区内突击检查中发现的治安、消防、燃气等安全隐患均得到了及时的处理。整体上看，无论是公共区域还是室内空间都变得宽敞且明亮，园区面貌焕然一新。"增强人口管理、消除安全隐患"的整治目标基本完成。

### （二）优化了园区环境和秩序

解决了"类住宅"乱象之后，园区内部的环境和秩序都得到了显著的提升。如今，园区里一间房十几个人住的"鸽子笼"不见了，规范出租的房源逐步告别了"脏乱差"的窘境，人员冗杂的情况得到了大幅度的改善。以往，由于"类住宅"现象长期存在，园区里一天要产生20吨左右的垃圾，给园区物业带来了很大的压力，垃圾清扫和环境整治也面临着严峻挑战。而现在，园区大面积清退了"非法居住"的人群，也相应减轻了园区环境治理的负担。此外，楼栋上下电梯的效率也得到了显著提升，以前电梯很久都下不来，有时候甚至根本没办法乘坐电梯，给园区老年人和着急上班的青年人带来了极大的不便。而随着人口密度的大幅度降低，现在的电梯一按就能到来，为居民提供了应有的便利。多数居民都表示，走进禹洲国际园区，看到的是一片祥和安宁，对居住环境的满意度也大大提升。看着园区环境有了天翻地覆的改变，业主尝到了自治共治的甜头，参与自治的积极性也越来越高，很多业主都争相报名加入自治管理委员会，进一步激发了园区的生机与活力。

### （三）创新了自治共治的管理架构

随着社区工作站人员的补全和配齐，目前社工站、物业与业主自治管理委员会组成的"三驾马车"管理架构初具雏形，通过各方相互配合，积极协调交流，把分散的意志凝聚起来，把有限的力量整合起来，解决了治理力量缺位的问题，建立起了多元参与园区治理的综合性治理体系，在社会治理创新的道路上获得了显著成效。通过推行"楼长制"和联防联动机制，禹洲国际园区"三个实有"（实有人口、实有房屋、实有单位）的信息数据已基本摸清，人员信息得到基本掌握，并建立了即时采集模型，为政府今后托底管理、社会治理和城市治理打下坚实基础。随着业主自治委员会的不断发展，园区内业主、商铺、志愿者等多元主体的自治管理意识也越来越强。截至2022年8月31日，物业、业主自治管理委员会接到的园区业主对各类违法违规行为的举报近100起，业主主动作为的积极性不断凸显。社区工作站的成立，进一步完成了组织覆盖，不仅为园区治理提供指导性意见，更成为串联业主自治管理委员会、物业、广大业主和其他园区租户的纽带，凝聚起自治、共治的合力。

### （四）形成了可复制可推广的经验

实际上，由于房产限购政策，这种把商办项目换为居住的情况较为普遍，在金桥镇甚至是整个浦东新区也是屡见不鲜。而作为金桥镇最具代表性的"类住宅"园区，禹洲国际的综合治理行动已接近尾声，工作专班总结和归纳了治理全过程的核心举措，继续积极探索，把其成功经验复制推广到镇域内其他"类住宅"，陆续开展更大范围、更大力度的综合整治行动，不少地区也取得了不错的治理成效。此外，工作专班还建立了"类住宅"的长效管理机制，以及每个星期、每个月的固定巡查机制，对非法居住、非法经营进行动态排查，防止反复回潮，巩固了"类住宅"治理的阶段性成果，维护了园区的稳定与秩序，探索形成了切实可行的治理模式。目前，《上海市浦东新区住宅小区治理创新若干规定》已把这一典型的类住宅治理案例纳入其中。这是第一部社会治理领域的浦东法规，也标志着"类住宅"这个老大难问题的法律真空正在逐渐被填补，后续的治理将有法可依，为继续开展金桥镇其他"类住宅"项目综合治理工作提供了对标模板。

## 四 启示·展望

"类住宅"的整治，目前尚在进行，还没有到达终点。聚焦"类住宅"的痛点和难点问题，金桥镇一鼓作气，疏堵结合，创新突破，形成了很好的经验和做法，也为其他地区的"类住宅"治理工作提供了借鉴和参考。2022年，浦东新区区委常委、政法委书记来金桥镇调研时，现场查看了禹州国际园区"非法居住"整治情况，详细听取了金桥镇关于常态化疫情防控下的"类住宅"治理、群租综合整治等工作的汇报，对前阶段"类住宅"治理的工作情况给予了充分的肯定。目前，禹洲国际"类住宅"的治理举措已经形成了常态化的管理机制，也在镇域内其他"类住宅"地块复制推广，取得了不错的成效。针对金桥镇"类住宅"治理工作现阶段的短板和不足，本文提出以下新的展望和要求。

### （一）以政府主导兜底保障治理效能

基层治理要发挥政府的主导作用。面对非法居住、非法经营、擅自搭建房间隔层等复杂性问题时，政府要主动协调工作、履行职能，对这些问题进行合法合规的处置，对反复发生的疑难杂症重拳出击，对阶段性的治理效果进行巩固和保障。特别是，针对"类住宅"这类反复出现的问题，基层政府必须起到统筹的作用，统一调度资源、传达阶段性政策、凝聚治理合力。在这个过程中，基层政府并不意味着要直接参与治理全过程，而是要起到总揽全局的作用，从思想、举措、组织、机制、服务等各个层面进行全方位的牵头和引领。只有政府在背后兜底，园区内部的自治管理委员会、社工站以及物业这"三驾马车"才能够有所依托，齐头并进，更好地进行民主协商，推动联勤联动，实现通力配合，保障治理工作顺利进行，切实解决"类住宅"这一城市顽疾，从而形成多方力量共同参与的治理格局。

### （二）以自治共治不断激发治理潜力

基层治理是国家治理的基石。当前浦东新区基层治理的形势已充分表明，唯有加强基层队伍的建设工作，不断提升民众自我管理、自我服务的能力，激活园区自治共治的活力，才能有效满足园区内多元主体的差异化需求，提升民众的获得感和幸福感。"类住宅"的治理工作关乎园区内居民、房东、企业和租客等多元主体的利益，应当进一步凝聚多方意志，挖掘园区内的"能人"发挥他们的专长,增进协商,协调解决园区治理的复杂问题。特别是要充分发挥园区"能人"的作用,因为他们不仅熟悉园区的形势,还有一定的威望和公信力,由他们组成的自治共治队伍能够有效得到大部分民众的认可、理解和支持。金桥镇的"类住宅"园区都在探索治理的自治共治机制,推动资源逐渐汇聚、群众意志不断凝结以及贤达能人的深入参与。此外,为了拓宽民主协商的渠道,畅通的民意传达机制也是十分必要的,比如建立社区、楼栋微信群,完善楼长、层长管理机制,确保民众能随时建言献策,民意能及时传达到自治管理委员会和社工站,把问题控制在萌芽阶段,从而有效避免矛盾的激发。

### (三)以"疏堵结合"切实提升治理温度

"非法居住"的群体往往属于外地来沪的务工人员,他们社会适应能力较低,生存、生活需求往往得不到保障。我们应该认识到,"类住宅"治理是一项长期的系统性工程,不仅要封住"非法居住"的漏洞和缺口,还要让被清出的租户有所归依,从而在源头上化解治理难题。一方面,要做好"非法居住"现象回潮的封阻工作,严防严控房屋中介、二房东等再次改造房屋出租的情况,通过房屋登记、装修报备、人口逐一排查监管、多部门协同宣传教育等方法,使他们意识到多改多租的安全隐患和违规情况,严格提防隔断材料、高低床等进入园区,多措并举让"非法居住"无缝可钻。另一方面,要做好"非法居住"人群的疏通工作,在清出这些租住群体的同时,还应该及时配套相应的房源,保障这些人群的基础性居住需求,比如政府可以把一些清理腾退出来的房源集中起来,由房管部门牵头,统一改建装修成公租房、廉租房或是人才公寓等,促进这些人群得到妥善的安置,情法并施,彰显关怀,提升治理的温度。

### (四)以常态化治理着力稳定园区秩序

近年来,"类住宅"问题引起各方重视,但是治理上面临着一个普遍的问题:短期内收效显著,"非法居住""非法经营"现象大幅减少,但监管一旦放松，又死灰复燃。"类住宅"的治理工作，不是一朝一夕的任务，而是要始终紧绷着一根弦，推动"类住宅"的常态化管理，为广大居民群众创造安居乐业的生活环境。其一，要进一步加强园区出入口管理和实有人口管理，重点关注新入住的人员，把询问登记、掌握来向、信息报告等作为园区物业门卫管理的常态化工作，推行电子化、数据化的方式及时掌握房屋与住户的信息，同时压实房东主动申报的责任。其二，动态更新园区"三个实有"（实有人口、实有房屋、实有单位）的基础数据，用好大数据分析等手段，推进"门、车、人、房"等要素的精细化管理，杜绝"类住宅"乱象的反复回潮。其三，做实做强群防群治、联勤联动机制。整合园区警务、平安建设、视频监控、矛盾纠纷调解等功能资源，把工作力量放到离问题最近的地方，完善"平安屋""平安商户联盟"的工作，切实防范园区的安全隐患，稳定园区的正常秩序。

## 五 对策·建议

"类住宅"治理是一项长期的工程。目前，金桥镇禹洲国际园区的"类住宅"治理取得了阶段性的成果，创新探索出一种自治共治的治理方式，凝聚了多元主体的意志，减少了治理过程中的冲突和摩擦，形成了"类住宅"整治的示范样板。但仍存有一些问题，比如"类住宅"领域依然存在法律真空、治理方案执行标准模糊、民主协商机制还有待进一步健全、"类住宅"治理还存在回潮现象等。"非法居住"现象极易引发卫生、噪声、消防、治安等一系列问题，但这不单单是房屋租赁的问题，而是经济社会快速发展进程中产生的一种特殊的社会现象，是特大城市突出的"城市病"之一，其实质是人口大量流动带来的综合管理和服务问题。不应简单地一禁了之，而应采取多措并举的方式，循序渐进在各个层面予以突破，压缩灰色居住、灰色租赁和灰色经营的空间，消除"非法居住"现象滋生的土壤，从根本上消除"类住宅"的乱象。

一是树立"类住宅"治理的法治思维，守住法治底线。"类住宅"并不是一个新名词，这种规划上属于商办、实际用于居住的住宅，属于"两不靠"的类型，在管理上没有清晰明确的法律抓手，比如住宅实行户籍管理，清晰统计人口，纳入社区管理；而"类住宅"不能落户，里面却住了人，也不能享受周边的教育资源。诚然，对于"类住宅"的定性和管理，法律尚还存在一些空白地带，法律的缺失也是禹洲国际在综合治理过程中遇到的最大的难点。越是复杂的疑难杂症，越是需要运用法治思维去思考，将既有的相关法律作为参考，坚持依法治理。在自治管理委员会协商于民、自治共治的过程中，工作专班采取抽丝剥茧的方式，聚焦到房屋用途和由此产生的违法行为本身，以既有的法律规章为准绳和底线，严格依法依规解决法律明文禁止的"违法行为"。"类住宅"整治牵涉诸多部门，如规土、监管、房管、工商等，各个部门都有相应的执法权限，难免存在难归类、难认定和难执行的情况。下一步，应当尽快寻求"类住宅"治理的法治路径，促进"类住宅"治理的有法可依、有章可循。

二是持续优化"类住宅"治理的机制，促进达成共识。"类住宅"牵涉到业主、二房东、租户、企业等多元主体的利益，不同主体的利益诉求是各不相同的，如果仅仅采用约束性的机制，持续性地批评、惩治，虽然可在一定程度上减少"类住宅"的存量，但容易激发多元主体的抵触情绪。在自治共治的过程中，"类住宅"顽疾的整治不能仅依托于强制性的约束手段，还应该通过支持引导和正向激励等方式，充分调动和发挥园区内最多数民众的积极性和主动性，比如承诺"非法经营"的民宿酒店如果在期限内迁出，则帮助其尽快寻找合适、高性价比的商业板块入驻等。在下一阶段的类住宅治理过程中，禹洲国际面临的可能是更难啃的"硬骨头"，除了强制性的约束机制外，还可以考虑采用正向激励的方式，与治理对象充分沟通、协商交流，争取达成利益共识，从而调动园区多元主体参与"类住宅"治理的内生动力，减少治理过程的摩擦和冲突，促进治理过程的顺利进行，从根本上消灭"类住宅"的乱象。

三是深化"类住宅"的综合整治，实现疏堵结合。"类住宅"引发的问

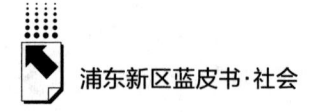

题错综复杂,问题与问题之间也不是相互独立的,而是具有较强的关联性,"类住宅"治理应该充分考虑各个问题和环节之间的衔接和联动问题,做到全盘考虑、综合整治、多措并举、联动发力。比如园区的低层次业态容易受到低收入人群的青睐,从而助长群租现象,如果单纯只是疏散了"非法居住"的租客,而没有及时优化业态环境的话,很可能导致群租现象的反复,所以"类住宅"的综合整治要注重疏堵结合,在相关问题上共同发力。目前,面对覆盖面积大、人口数量多、业态种类参差不齐的现状,园区应当以点带面,逐步扩展综合治理的深度和广度,持续推进园区的综合整治行动,促使园区的各方面"堵点"都得到有效"疏通",从而更好地聚合园区资源、消除安全隐患、净化园区环境、提升业态品质,切实提高居民群众的安全感和满意度。

**权威报告・连续出版・独家资源**

# 皮书数据库
## ANNUAL REPORT(YEARBOOK) DATABASE

**分析解读当下中国发展变迁的高端智库平台**

### 所获荣誉
- 2020年，入选全国新闻出版深度融合发展创新案例
- 2019年，入选国家新闻出版署数字出版精品遴选推荐计划
- 2016年，入选"十三五"国家重点电子出版物出版规划骨干工程
- 2013年，荣获"中国出版政府奖・网络出版物奖"提名奖
- 连续多年荣获中国数字出版博览会"数字出版・优秀品牌"奖

皮书数据库　　"社科数托邦"微信公众号

### 成为用户
登录网址www.pishu.com.cn访问皮书数据库网站或下载皮书数据库APP，通过手机号码验证或邮箱验证即可成为皮书数据库用户。

### 用户福利
- 已注册用户购书后可免费获赠100元皮书数据库充值卡。刮开充值卡涂层获取充值密码，登录并进入"会员中心"—"在线充值"—"充值卡充值"，充值成功即可购买和查看数据库内容。
- 用户福利最终解释权归社会科学文献出版社所有。

数据库服务热线：400-008-6695
数据库服务QQ：2475522410
数据库服务邮箱：database@ssap.cn
图书销售热线：010-59367070/7028
图书服务QQ：1265056568
图书服务邮箱：duzhe@ssap.cn

社会科学文献出版社　皮书系列
卡号：826876559617
密码：

# S 基本子库
# SUB DATABASE

**中国社会发展数据库**（下设 12 个专题子库）

紧扣人口、政治、外交、法律、教育、医疗卫生、资源环境等 12 个社会发展领域的前沿和热点，全面整合专业著作、智库报告、学术资讯、调研数据等类型资源，帮助用户追踪中国社会发展动态、研究社会发展战略与政策、了解社会热点问题、分析社会发展趋势。

**中国经济发展数据库**（下设 12 专题子库）

内容涵盖宏观经济、产业经济、工业经济、农业经济、财政金融、房地产经济、城市经济、商业贸易等 12 个重点经济领域，为把握经济运行态势、洞察经济发展规律、研判经济发展趋势、进行经济调控决策提供参考和依据。

**中国行业发展数据库**（下设 17 个专题子库）

以中国国民经济行业分类为依据，覆盖金融业、旅游业、交通运输业、能源矿产业、制造业等 100 多个行业，跟踪分析国民经济相关行业市场运行状况和政策导向，汇集行业发展前沿资讯，为投资、从业及各种经济决策提供理论支撑和实践指导。

**中国区域发展数据库**（下设 4 个专题子库）

对中国特定区域内的经济、社会、文化等领域现状与发展情况进行深度分析和预测，涉及省级行政区、城市群、城市、农村等不同维度，研究层级至县及县以下行政区，为学者研究地方经济社会宏观态势、经验模式、发展案例提供支撑，为地方政府决策提供参考。

**中国文化传媒数据库**（下设 18 个专题子库）

内容覆盖文化产业、新闻传播、电影娱乐、文学艺术、群众文化、图书情报等 18 个重点研究领域，聚焦文化传媒领域发展前沿、热点话题、行业实践，服务用户的教学科研、文化投资、企业规划等需要。

**世界经济与国际关系数据库**（下设 6 个专题子库）

整合世界经济、国际政治、世界文化与科技、全球性问题、国际组织与国际法、区域研究 6 大领域研究成果，对世界经济形势、国际形势进行连续性深度分析，对年度热点问题进行专题解读，为研判全球发展趋势提供事实和数据支持。

# 法律声明

"皮书系列"(含蓝皮书、绿皮书、黄皮书)之品牌由社会科学文献出版社最早使用并持续至今,现已被中国图书行业所熟知。"皮书系列"的相关商标已在国家商标管理部门商标局注册,包括但不限于LOGO( )、皮书、Pishu、经济蓝皮书、社会蓝皮书等。"皮书系列"图书的注册商标专用权及封面设计、版式设计的著作权均为社会科学文献出版社所有。未经社会科学文献出版社书面授权许可,任何使用与"皮书系列"图书注册商标、封面设计、版式设计相同或者近似的文字、图形或其组合的行为均系侵权行为。

经作者授权,本书的专有出版权及信息网络传播权等为社会科学文献出版社享有。未经社会科学文献出版社书面授权许可,任何就本书内容的复制、发行或以数字形式进行网络传播的行为均系侵权行为。

社会科学文献出版社将通过法律途径追究上述侵权行为的法律责任,维护自身合法权益。

欢迎社会各界人士对侵犯社会科学文献出版社上述权利的侵权行为进行举报。电话:010-59367121,电子邮箱:fawubu@ssap.cn。

社会科学文献出版社